广视角·全方位·多品种

北京蓝皮书

BLUE BOOK OF
BEIJING

北京市社会科学院/编
谭维克/总　编
许传玺　赵　弘/副总编

北京公共服务发展报告
(2012~2013)

ANNUAL REPORT ON PUBLIC SERVICE OF BEIJING
(2012-2013)

主　编／施昌奎
副主编／庞世辉　杨　松

社会科学文献出版社
SOCIAL SCIENCES ACADEMIC PRESS (CHINA)

图书在版编目（CIP）数据

北京公共服务发展报告. 2012～2013/施昌奎主编. —北京：社会
科学文献出版社，2013.3
（北京蓝皮书）
ISBN 978 – 7 – 5097 – 4327 – 0

Ⅰ.①北…　Ⅱ.①施…　Ⅲ.①地方政府 – 社会服务 – 研究报告 –
北京市 – 2012～2013　Ⅳ.①D625.1

中国版本图书馆 CIP 数据核字（2013）第 035566 号

北京蓝皮书
北京公共服务发展报告（2012～2013）

主　　编/施昌奎
副 主 编/庞世辉　杨　松

出 版 人/谢寿光
出 版 者/社会科学文献出版社
地　　址/北京市西城区北三环中路甲 29 号院 3 号楼华龙大厦
邮政编码/100029

责任部门/皮书出版中心（010）59367127　　　　　责任编辑/周映希
电子信箱/pishubu@ ssap. cn　　　　　　　　　　责任校对/郝永刚
项目统筹/周映希　　　　　　　　　　　　　　　　责任印制/岳　阳
经　　销/社会科学文献出版社市场营销中心（010）59367081　59367089
读者服务/读者服务中心（010）59367028

印　　装/北京季蜂印刷有限公司
开　　本/787mm×1092mm　1/16　　　　　　　印　　张/21
版　　次/2013 年 3 月第 1 版　　　　　　　　　字　　数/339 千字
印　　次/2013 年 3 月第 1 次印刷
书　　号/ISBN 978 – 7 – 5097 – 4327 – 0
定　　价/65.00 元

北京蓝皮书编委会

主　任　谭维克

副主任　许传玺　赵　弘

委　员　谭维克　许传玺　赵　弘　周　航　殷爱平

主要编撰者简介

施昌奎　北京市社会科学院管理研究所所长，研究员。研究方向：公共管理、慈善事业、会展经济。主持完成"政府行为研究""金融工程研究""会展经济运营管理模式研究""北京慈善事业运营管理模式研究""转型期北京慈善事业运营管理模式研究""扩大民间资本在首都公共服务领域中的作用与实现路径研究""北京公共服务资源空间布局战略研究"等多项重点课题。出版《信息时代》《超文本公司管理》《会展经济：运营·管理·模式》《会展经济运营管理模式研究——以"新国展"为例》《北京慈善事业运营管理模式》《转型期慈善事业运营管理模式》《人文北京指引下的首都慈善事业发展之路》等多部著作。发表学术论文和研究报告80余篇。获得北京市哲学社会科学优秀成果二等奖。

庞世辉　北京市社会科学院管理研究所副研究员。研究方向：公共管理、公共财政。主持"北京政府采购政策与机制研究""北京市轨道交通财政补偿机制研究""北京出租车行业政府管制案例研究""出租车行业政府管制理论与政策研究""北京医药产业与医疗体制改革和谐发展研究"等多项重点课题。先后获得北京市优秀调研成果三等奖、北京市社会科学院优秀成果一等奖。

杨松　北京市社会科学院市情调查研究中心副主任，副研究员。主要研究方向：公共管理、公用事业管理、城市治理、市场监管等。完成"WTO与中国分销体制改革研究""北京商品交易市场政府管制研究""和谐海淀建设评价指标体系研究""北京城管内涵式发展实现路径研究""北京市政管理城乡一体化研究""北京公用事业市场化研究"等多项重点课题。出版《首都城市公用事业市场化研究——趋势、运营、监管、比较》和《北京市政公用事业特许经营制度创新研究》等专著。发表学术论文和研究报告60多篇。获北京市社会科学院优秀成果一等奖。

摘　要

本书是以北京市社会科学院管理研究所的研究人员为核心团队成员，由政府部门、科研机构、高等院校等各方专家、学者共同撰写的关于北京市公共服务发展与创新的研究成果。

全书分为总报告、总评价、科技教育篇、社会保障篇、基础设施篇、公共安全篇及环境保护篇，运用定量与定性相结合的方法，对北京市公共服务各领域的发展现状、问题成因进行了深入分析，对 16 区县公共服务发展状况进行了综合评估和排名，并提出了对策建议。

2012 年，北京公共服务规模与水平已步入小康社会初级阶段，科技人员总数和高等教育人口数在世界城市中处于领先地位，基础教育经费资源与教师资源在区县间的布局趋向均衡，基本社会保险覆盖率已经达到或超过 95%，地铁里程仅次于纽约，旅游人次位居世界前列，群众安全感指数保持在 90% 以上，食品监测抽查总体合格率达到 97%，节能减排国内持续领先，绿色北京建设步伐加快。

北京市各区县公共服务综合排名前 6 位的分别为东城区、西城区、门头沟区、朝阳区、石景山区、延庆县。从排名可以看出，核心区与功能拓展区因其重要的社会经济职能，掌握了更多的公共服务资源，因此排名相对靠前。而生态涵养发展区，虽然公共服务资源相对较少，但因其人口少与环境好，因此基本排在中间。只有城市发展新区，一方面因其处于发展过程之中，公共服务资源不如功能核心区与功能拓展区丰富，另一方面流动人口的不断涌入降低了人均享有的公共服务资源量，同时这些区县的生态环境也不如生态涵养发展区。多方面原因使得这些区县的公共服务绩效排在了最后，形成了近似"U"形状态，这些城市发展新区的公共服务有待进一步提升。

尽管北京公共服务在规模和水平上已步入小康社会的初级阶段，但公共服务质量还存在许多亟待改进的地方。原创性科技成果不多，学前教育总量不足，来京务工人员随迁子女接受义务教育仍然艰难，城市减灾防灾的基础设施需要更新换代，食品和药品安全政策、标准和技术需要全方位提升，PM2.5的监控和综合治理难度越来越大，这些问题都需要在改革中加以克服和完善。

在十八大"全面建成小康社会"宏伟目标的鼓舞下，2013年北京公共服务投入会越来越大，公共服务水平和质量将会越来越高。

Abstract

This book is a study on the research results of Beijing public service development and innovation, co-authored by experts and scholars from government departments, research institutions and universities, with researchers in Administration Research Institute of Beijing Academy of Social Sciences as core team members in particular.

The book consists of a general report, an overall evaluation, and chapters of science, technology and education, social security, infrastructure, public safety and environmental protection. Through the combination of quantitative and qualitative methods, an in-depth analysis on the development status quo and causes of problems in all areas of Beijing public service is made, comprehensive evaluation and ranking of public service development status in 16 districts and counties are given, and countermeasures are also proposed in this book.

In 2012, the scale and level of Beijing public service have entered the primary stage of a moderately prosperous society. Beijing is leading the way in the total number of scientific and technical personnel and higher education population in the world. The layout of Basic education funding resources and teacher resources is achieving balance among districts and counties in the city. Basic social insurance has reached over 95% coverage, subway mileage in Beijing seconds only to that of New York, tourist trip is among the highest in the world, people's sense of security index keeps over 90%, total qualified rate of food safety checks monitoring exceeds 97%, energy saving and emission reduction continues to maintain domestic leading position and the pace of green Beijing construction is accelerating.

The top 6 on the Beijing Public Service Comprehensive Ranking are the following districts and counties: Dongcheng District, Xicheng District, Mentougou District, Chaoyang District, Shijingshan District and Yanqing County. As the ranking shows, core area and functional extension area occupy more public service resources due to their important social economic function, so their rankings are relatively high. While ecological conservation development area with less public service resources, it basically ranks in the middle as a result of lower population and better environment. Only new urban development area, on the one hand, has not public service resources as much as core area and functional extension area because it is in the process of development; on the other hand, the continuing influx of floating population poses serious impacts on the per capita public service resources in that area. Meanwhile, the ecological environment in districts and counties of that area is not as good as ecological conservation development area. Various reasons have resulted in districts and counties in that area ranking in the last row in the public service performance and forming the approximate "U" development type. Therefore, public service in the new urban development areas needs to be enhanced.

The scale and level of Beijing public service have entered the primary stage of a moderately prosperous society, but the quality of public service is still in great need of prompt improvement. Original scientific and technological achievements are few, preschool education is not enough, and the children of migrant workers still have difficulties in receiving compulsory education. Urban infrastructures for disaster prevention and mitigation need to be upgraded, food and drug safety policies, standards and technologies need to be improved in an all-round way and monitoring of Pm2.5 and its overall control efforts have been increasing. All those problems need to be overcome and improved in the reform.

Inspired by the ambitious goal of building China into a moderately prosperous society in an all – round way put forward in the 18th National Party Congress, the year 2013 will see an increasing investment in Beijing public service, and the level and quality of public service will also go much, much higher.

目 录

B I 总报告

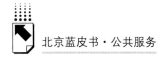

B Ⅳ 社会保障篇

B Ⅴ 基础设施篇

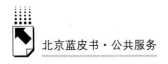

B Ⅵ   公共安全篇

B Ⅶ   环境保护篇

皮书数据库阅读**使用指南**

CONTENTS

B I   General Report

BⅡ Overall Evaluation

BⅢ Science, Technology and Education

B IV   Social Security

B V   Infrastructure

B VI   Public Safety

B VII   Environmental Protection

总 报 告

General Report

B.1
北京公共服务总量跨入小康，
公共服务质量有待提高

北京市社会科学院管理研究所"北京公共服务创新发展研究"课题组*

摘　要：

　　北京公共服务规模与水平已步入小康社会初级阶段，科技人员总数和高等教育人口数在世界城市中处于领先地位，基础教育经费资源与教师资源在区县间的布局趋向均衡，基本社会保险覆盖率已经达到或超过95%，首都国际机场是世界第二大机场，地铁里程仅次于纽约，旅游人次位居世界前列，群众安全感指数保持在90%以上，食品监测抽查总体合格率达

---

* 课题组成员：施昌奎、庞世辉、毕娟、吴向阳、杜鑫、陆小成、鄢圣文。施昌奎，北京市社会科学院管理研究所所长，研究员，博导，主要研究方向：公共管理、慈善事业；庞世辉，北京市社会科学院管理研究所，副研究员，主要研究方向：公共财政、公共政策；毕娟，北京市社会科学院管理研究所，副研究员，博士，主要研究方向：公共管理、技术经济；吴向阳，北京市社会科学院管理研究所，副研究员，主要研究方向：环境经济学；杜鑫，北京市社会科学院管理研究所，博士，主要研究方向：公共管理、社会保障；陆小成，北京市社会科学院管理研究所，副研究员，博士，主要研究方向：公共服务、基础设施、低碳创新；鄢圣文，北京市社会科学院管理研究所，副研究员，博士，主要研究方向：社会保障、人力资源管理。

到97%，万元GDP能耗绝对值全国最低。北京公共服务总量虽已跨入小康阶段，但公共服务质量和布局还有待进一步改善，特别是城市发展新区的公共服务亟待提升。

关键词：

北京　公共服务　小康社会　初级阶段

一　总体结论：北京公共服务规模与水平已步入小康，公共服务质量与布局有待改善

在十八大提出"全面建成小康社会"宏伟目标的2012年末，北京公共服务规模与水平已步入小康社会初级阶段，但公共服务质量与布局还有待进一步改善。

1. 北京公共服务规模与水平已步入小康社会初级阶段

2012年底，北京经济总量可达1.8万亿元，人均GDP达到中等发达国家水平，第三产业比重接近发达国家水平。在经济总量和财政实力不断增长的带动下，北京公共服务规模与水平又跃上一个新台阶，先期步入小康社会初级阶段。从科学技术方面来看，北京科技体制改革全面部署，首都创新体系建设不断推进，中关村国家自主创新示范区改革试点工作成效显著，全国科技支撑和引领作用得以发挥，科技人员总数和高等教育人口数在世界城市中处于领先地位。从基础教育方面看，2012年全市义务教育普及率巩固在99.5%以上，高中阶段毛入学率保持在98%以上，2012年义务教育阶段来京务工人员随迁子女49万人，其中公办学校接收比例达到74.7%，基础教育经费资源与教师资源在区县间的布局表现出差距不断缩小的趋势。从社会保障来看，北京市基本社会保险覆盖率已经达到95%，提前达到了小康社会标准。2012年第二季度，北京市五项社会保险参保人数继续保持两位数增长，参加基本养老、基本医疗、失业、工伤和生育保险人数分别达到1133万人、1221.2万人、925万人、875.7万人和754.7万人，同比分别增长11.3%、11.5%、14.4%、4.5%和99.1%。2012年底，北京市有望实现城镇职工养老、医疗、失业、工伤和生

育保险参保率分别达到97.4%、97%、97%、94.85%和95.6%。从基础设施来看，北京首都国际机场是全球第二大机场，地铁里程仅次于纽约，很快都将跃居世界第一，北京是世界著名的旅游目的地城市，旅游资源丰富，通过不断加强旅游基础设施建设和提高服务水平，北京的旅游人次位居世界前列。从公共安全看，"平安北京"建设措施有力，群众安全感指数保持在90%以上，食品监测抽查总体合格率达到97%。从环境保护看，北京万元GDP能耗绝对值全国最低，为0.43吨标准煤，"绿色北京"战略正引领北京向生态城市迈进。

2. 北京公共服务质量还有待进一步改善

尽管北京公共服务在规模和水平上已步入小康社会的初级阶段，但公共服务质量还存在许多亟待改进的地方。科技方面，北京科技创新机制和能力仍显不足，原创性的创新成果不多，进一步深化科技体制改革、强化企业技术创新主体地位、促进科技和经济社会发展紧密结合的任务还很艰巨。基础教育方面，北京存在学前教育总量不足、中小学布局结构性失衡、教育质量参差不齐、来京务工人员随迁子女接受义务教育困难等问题，教育的质量均衡任重道远。社会保障方面，"扩面、提标"的任务依然繁重，来京务工人员的社保转移接续工作仍需完善。基础设施方面，与世界巨型城市相适应的航空运输和轨道交通仍需加大投资力度，城市减灾防灾的城市基础设施也需要更新换代。公共安全方面，食品和药品安全政策、标准和技术都需要全方位提升，食品药品安全领域的隐忧依然存在，公共财政要逐步加大对食品药品安全方面的投入。环境保护方面，城市空气质量是困扰北京的一个长期问题，要加大对PM2.5的监控和综合治理力度，加快绿色北京战略的实施和生态城市建设的步伐。

3. 北京城市发展新区的公共服务有待提升

从北京市各区县公共服务综合评分来看，东城区（0.8115）、西城区（0.7607）、门头沟区（0.6823）、朝阳区（0.6637）、石景山区（0.6427）、延庆县（0.6422）排名前六位。门头沟区、石景山区、延庆县等远郊区县，尽管其在GDP、经济基础与城市化水平等方面不如其他核心城区，但其基本公共服务却表现得相对较好。排在中间的区县有海淀区（0.6389）、怀柔区（0.6179）、平谷区（0.6133）、昌平区（0.5995）、丰台区（0.5870）、密云县（0.5762）。排在最后的是房山区（0.5591）、顺义区（0.5550）、通州区

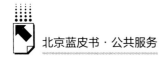

（0.5105）、大兴区（0.5001）。

从北京市各区县公共服务绩效的整体排名可以看到，核心区与功能拓展区因其重要的社会经济职能，掌握了更多的公共服务资源，因此排名相对靠前。而生态涵养发展区，虽然公共服务资源相对较少，但因其人口少与环境好，基本排在中间。只有城市发展新区排名靠后，一方面因其处于发展过程之中，公共服务资源不如功能核心区与功能拓展区丰富，另一方面流动人口的不断涌入降低了人均享有的公共服务资源量，同时这些区县的生态环境也不如生态涵养发展区，多方面原因使得这些区县的公共服务绩效排在最后，形成了核心区与功能拓展区较高、城市发展新区较低、生态涵养发展区又略高的近似"U"形状态，这些城市发展新区的公共服务有待进一步提升，中央和市级财政转移支付体制应及早确立。

二 科技体制改革进一步深化，创新体系建设仍需加强

2012 年是《"科技北京"行动计划（2009~2012 年)》的收官之年，也是实施"十二五"科技北京发展建设规划承前启后的重要一年。纵观 2012 年北京的科技管理，深化科技体制改革是主线，促进科技发挥支撑引领作用是重点，首都创新体系建设是抓手。

1. 科技体制改革全面部署

为深入贯彻落实《中共中央国务院关于深化科技体制改革加快国家创新体系建设的意见》（中发〔2012〕6 号）和《国家中长期科学和技术发展规划纲要（2006~2020 年)》（国发〔2005〕44 号）精神，北京市委、市政府研究制定了《关于深化科技体制改革加快首都创新体系建设的意见》，此意见于2012 年 9 月 29 日正式颁布实施。市委、市政府同期在北京创新大会上全面部署了北京深化科技体制改革的战略任务，指明了北京科技体制改革的方向。

2. 科技支撑引领作用持续发挥

一是科技推动区域经济结构优化。2012 年，北京市深化与国家部委的部市会商工作，梳理完成战略性新兴产业储备项目 180 余项，促使战略性新兴产业快速发展；认定北航科技园、北理工科技园等 6 家"战略性新兴产业孵育

基地"，累计支持 90 个战略性新兴产业培育项目，在孵企业数 539 家；国家现代农业科技城建设加快推进，首都现代农业育种平台培育通过国家审核的新品种 148 个，系统作物前沿实验室创制了世界首个水稻全基因组芯片，德清源生物质能资源化利用技术出口到美国；为进一步激发科技促进服务业发展的作用，2012 年 2 月制定实施了《关于进一步促进科技服务业发展的指导意见》，重点发展研发服务、设计服务、工程技术服务、科技中介服务等。二是科技惠民和科技服务民生的效果显现。2012 年北京市组织编制了落实科技部、财政部"科技惠民计划"实施方案，筛选 245 项科技成果进入《科技惠民计划先进科技成果目录库》。在轨道交通建设、清洁汽油生产、十大危险疾病防治科技攻关和成果推广应用、突发气象灾害风险预警业务平台搭建等领域取得新成果。成功举办"2012 北京科技周"展示民生科技成果和科普项目，第十五届科博会展示了"科技成果落地北京"近 70 个项目和"国际技术转移"13 个重点项目。三是科技与文化融合激发新的生产活力。2012 年 5 月 18 日，"中关村文化与科技融合示范基地"成为首批国家级示范基地，带动软件、网络和计算机服务业、数字娱乐产业、创意设计产业以及新闻出版与版权交易快速发展。还通过实施重大项目、推动科技成果转化等手段加快文化科技企业培育进程。

3. 首都创新体系建设不断推进

一是中关村国家自主创新示范区先行先试改革试点工作取得成效。中关村空间范围和布局调整规划获得国务院批准，"一区多园、各具特色"的空间布局深化拓展。国家发改委等 9 个中央部委和北京市政府出台了《关于中关村国家自主创新示范区建设国家科技金融创新中心的意见》，促进科技与金融相结合又添重要的政策保障。2012 年上半年，新增上市公司 18 家，130 家企业参加非上市公司代办股份转让试点。中关村高端人才创业基地揭牌运行，22 家企业入驻。中关村科学城新增 11 个产业技术研究院和特色产业创新园项目，累计建设 48 个重大建设项目。二是创新政策和服务体系进一步完善。推进了《北京市促进科技成果转化和产业化条例》立法调研工作。颁布实施了《中关村国家自主创新示范区新技术新产品（服务）认定管理办法》《北京市技术市场统计管理办法》《北京市高新技术成果转化项目认定办法》等政策文件。

2012 年上半年，科技创新平台建设取得新进展，全市科技企业孵化器达到 83 家，大学科技园达到 26 家。65 家机构申报北京市国际科技合作基地，180 家国外技术转移机构参加"2012 北京跨国技术转移大会"，国际科技合作交流日趋活跃。

当前，北京进一步深化科技体制改革、强化企业技术创新主体地位、促进科技和经济社会发展紧密结合的任务还很艰巨。其主要抓手是加快首都创新体系建设，尤其是在创新科技资源统筹、科技成果转化、科技管理理念和方式转变等方面仍需加强。

三 基础教育资源均等化不断推进，教育质量均衡有待完善

2012 年，北京市着力推进基础教育均等化，加大投入保障学前教育需求，规范学前教育收费及管理，并将基础教育发展的重点放在提高质量、促进均衡上。

1. 学前教育供给能力有所提升且收费进一步规范

北京市幼儿园已经形成了以公办为主体的办园格局。2011 年，全市幼儿园 1305 所，在园儿童 31.1 万人。公办幼儿园 797 所，在园儿童 21.1 万人，占比为 67.8%。市政府于 2011 年 5 月制定并颁布实施《学前教育三年行动计划》，启动"三项工程"和六项措施，计划三年内市、区两级政府投入约 50 亿元，新建改扩建 118 所幼儿园、增加学位 7.5 万个，有效缓解学前教育入园难问题。2012 年市级财政加大对学前教育投入，拨付学前教育专项补助经费 12 亿元。重点支持新建改建公办幼儿园设施设备配套，部门办园、街道乡镇幼儿园办学条件达标，改善城乡结合部及远郊区县农村地区 105 所农村幼儿园办学条件，补助部门办园运行经费，奖励民办普惠性幼儿园；加强幼儿教师培训，加快幼儿教育引进力度，2011 年增加专任教师 2493 人，2012 年预计增加专任教师 3000 人。2012 年秋季开学时增加学位 2.3 万个。

同时，市教委、市纠风办、市监察局、市发展改革委、市财政局、市审计局、市新闻出版局于 2012 年 5 月 4 日制定下发《关于 2012 年北京市进一步规

范教育收费工作的意见》，要求规范幼儿园收费行为。在规范收费的同时，为保障幼儿园的正常运转，市财政在 2011 年投入 6 亿元的基础上于 2012 年再投入 12 亿元，进一步加大了财政补贴力度。

2. 义务教育朝优质、均衡方向发展

北京义务教育快速发展，先后实施小学规范化、初中建设、校园安全、农村义务教育等一系列重大建设工程，办学条件和水平得到大幅提升。截止到 2012 年 10 月，北京全市义务教育普及率巩固在 99.5% 以上，高中阶段毛入学率保持在 98% 以上。2011 年普通中小学预算内教育经费达到 316.8 亿元，小学、初中、高中生均公用经费分别达到 8719 元、11242 元、13612 元；2012 年义务教育阶段来京务工人员随迁子女 49 万，其中公办学校接收比例达到 74.7%，"十一五"以来每年为随迁子女教育投入经费超过 10 亿元。当前，从北京市基础教育公共服务资源投入状况、公平性分析等来看，北京市基础教育经费资源与教师资源在区县间的布局表现出差距不断缩小的趋势。

为了进一步促进义务教育均等化发展，北京市政府于 2012 年 8 月 17 日颁布《北京市中小学建设三年行动计划（2012～2014 年）》，主要目标在于满足未来三年本市适龄儿童人口高峰的入学需求，进一步优化中小学教育资源配置和学校布局，基本消除薄弱环节，全面提升中小学办学条件和现代化水平。今后 3 年，北京将新建、改建、扩建 200 所中小学校，增加 16 万个学位；大力推动教育信息化建设和学校特色、多样化发展，丰富优质教育资源，重点推进城乡新城中小学建设和数字化资源共享。

目前，北京面临学前教育总量不足、中小学布局结构性失衡、教育质量参差不齐、来京务工人员随迁子女接受义务教育困难等问题，这些都对实现基础教育质量均衡提出了挑战。尤为突出的是异地高考各方利益相关者激烈博弈，各种诉求相互交织，因此，制定合理的制度和规则已迫在眉睫。

四　社会保障水平提前步入小康，养老服务质量急需全面提升

2012 年，北京社会保障制度的覆盖面进一步扩大，各项社会保险待遇显

著提高，社会保障水平提前步入小康社会初级阶段。为了实现北京市"十二五"规划目标，落实十八大"全面建成小康社会"的宏伟目标，北京社会保障水平和质量还需大幅提高，特别是养老服务质量亟待全面提升。

（一）社会保险体系不断完善，制度体系有待进一步整合

已实现养老保险制度城乡一体化和医疗保险制度全覆盖，失业、工伤、生育保险保障能力进一步提升。积极推进职工医疗保险制度一体化，市级公费医疗制度、农民工医疗保险制度与职工医疗保险制度实现并轨。《关于农民工参加基本医疗保险有关问题的通知》（京社保发〔2012〕17号）规定农民工按照1%比例参加医疗保险的参保人员，自2012年4月起，统一按照城镇职工缴费标准缴费。《关于本市城镇居民生育医疗费用有关问题的通知》（京人社医发〔2012〕49号）和《关于本市职工基本医疗保险有关问题的通知》（京人社医发〔2012〕48号），将城镇居民、灵活就业人员以及外地农民工的生育费用纳入基本医疗保险报销范围。未来几年，北京市仍需健全职工和居民社会保险体系，加快消除城乡二元结构，实现社会保险制度的整合和衔接；积极推动本市与外省市社会保险的转移接续，提高流动人员的社会保险便利性；完善社会救助、社会福利和优抚安置体系。

（二）社会保障水平稳步提高，低收入退休人员的相关政策应尽快出台

继续稳步提高企业退休职工基本养老金、城乡居民基础养老金、福利养老金、最低工资、失业保险金、工伤职工伤残津贴等六项待遇标准，确保按时、足额发放六项津贴。发布《关于北京市2012年调整工伤人员护理费的通知》，2012年7月1日起上调护理费；加大对本市低于养老金平均水平的退休人员的调整力度和政策倾斜，近110万退休人员受益。失业保险金每档上调60元；发布《关于调整本市职工生育保险相关政策的通知》，将产假天数延长到98天。上调农村五保户供养最低标准，2012年7月1日起，分散供养的五保对象月领取生活费为437~598元。

2012 年社会保障相关待遇标准调整情况

待遇标准名称		2011 年标准（元/月）	2012 年标准（元/月）	增长额（元）	增幅（%）
企业退休人员平均养老金		2280	2510	230	10.1
工伤保险定期待遇	伤残津贴	2575	2848	273	10.6
	供养亲属抚恤金	1534	1684	150	9.8
企业最低工资标准		1160	1260	100	8.6
失业保险金标准		836	896	60	7.2
城乡居民基础养老金		330	357.5	27.5	8.3
福利养老金		250	277.5	27.5	11

资料来源：2012 年第一季度全市人力资源和社会保障形势分析，北京市政府信息公开专栏。

（三）社会保险扩面和征缴力度不断加大，社会保险费征缴联动工作机制需继续完善

五项社会保险参保人数继续保持两位数增长，参加基本养老、基本医疗、失业、工伤和生育保险人数分别达到 1133 万人、1221.2 万人、925 万人、875.7 万人和 754.7 万人；稳定就业的农民工参加养老、医疗保险分别超额完成全年 150 万人目标，累计发放社保卡 1180 余万张（9 月底）；五项社会保险基金收支总规模均比上年同期增长 23%，社会保险基金收大于支，基金结余同比增长 23.2%，五项社保基金累计收入 589.67 亿元，同比增长 21.73%；城乡居民养老保险、城镇居民医疗保险参保率分别达到 94% 和 92%。外籍人员参保人数增加，截至 7 月底，参加本市养老、医疗、失业、工伤、生育保险的外籍人员分别为 13378 人、15044 人、14517 人、15631 人、14834 人。为了实现北京市"十二五"时期社会保障发展规划中基金征缴率 97% 以上的目标，根据《社会保险法》的要求，人力社保与工商、民政、编办、公安等部门的协作需要加强，征缴联动工作机制需要进一步完善，努力实现应保尽保、应收尽收。

（四）社会保险基金稳步增加，基金运行和监管任务艰巨

截至 2012 年 9 月底，北京市五项社会保险基金累计收入 1166.22 亿元，

同比增长27.86%；累计支出870.47亿元，同比增长20.63%。各项社会保险基金运行平稳，养老、医疗、失业、工伤、生育保险基金累计收入分别达733.08亿元、362.54亿元、34.02亿元、14.85亿元、21.73亿元，累计支出分别为478.25亿元、347.73亿元、18.87亿元、12.67亿元、12.95亿元。全面实行医保费用总量控制，截止到上半年，总额预付试点范围扩大到33家三级医院和区县所属二级医院，有效控制医药费用过快增长。强化基金内控监督，分析筛查异常数据46.4万笔，对380家定点医疗机构进行明察暗访和专项检查，加大违规行为查处力度。医疗保险基金收支平衡略有结余，1~6月基金收入225.1亿元、支出220.9亿元，结余4.2亿元。为了确保基金的平稳运行，需要进一步完善基金预算制度，加强基金精算，完善基金监督体系，逐步提升监督工作信息化水平，确保社会保险基金安全。

总体来看，2012年度北京市注重健全完善社会保险政策体系，加快实现"人群全覆盖"，开始向社会外来务工者和农村人口倾斜。同时我们也看到，北京市在继续以管理精细化为手段提升养老服务质量，完善社会救助与养老助残体系，为逐步实现社会保障公共服务均等化和一体化而努力。

五 基础设施建设全面提速，与市民期待还存在距离

1. 交通基础设施加大投资，与市民期待还存在距离，应大力鼓励绿色出行

2012年，北京市加大交通基础设施的投资力度，交通领域总投资达到190亿元，交通基础设施项目达到110项，特别是加大了轨道交通建设投资力度。北京市交通基础设施建设大幅增长，然而，市民仍然感觉交通设施不完善，甚至建设缓慢。私家车出行需求较大，核心城区的交通限行政策继续实施，对北京核心城区交通拥堵有些效果，但与市民期待的交通出行需求还有很大的差距。应加快交通基础设施建设力度，以轨道交通、公共自行车、地面公交线网建设为重点和突破口，加快北京城市轨道交通建设的规划和开工，特别要加强核心城区与周边城乡结合部、远郊区县、旅游景点等关键区域的轨道交通建设，加大公共自行车建设力度，发展慢行交通＋公共交通系统，增强市民绿色出行意识，构建城乡一体的快速交通网络，促进交通疏解与产业转移、人口均

衡分布的一体化、协同化发展。

2. 信息基础设施建设存在压力，应提高信息服务能力，构建智慧北京

2012 年，北京继续加快信息基础设施建设速度，完成一系列的信息工程项目。信息管网发展迅速，建设各类信息管道 6000 多公里，累计达到 2 万多公里。北京在信息基础设施建设方面还存在不少的挑战和压力，与世界城市要求还存在不少的差距，提升公共信息服务能力是北京在建设世界城市背景下面临的重要挑战和压力，信息基础设施条件与市民更高层次的消费期待存在一定差距。应加强信息基础设施建设，加大信息基础设施方面的科技研发和技术创新，提升基本资源、交通、生态环境、人口、市政市容、公共安全数字化管理水平，逐步实现基础设施智能化、城市管理精细化、社会服务网格化。

3. 排水基础设施滞后，"7·21"暴雨事件暴露的问题值得深思

北京在排水等基础设施建设方面与世界城市的要求还存在较大差距。北京发生的"7·21"特大自然灾害反映出北京的城市基础设施特别是排水基础设施还相对滞后、标准不高，防汛指挥运行机制不畅，缺乏防汛减灾知识普及，社会动员能力不足等严重问题。认真总结应对"7·21"强降雨抢险救灾的经验教训，实施一批城市基础设施薄弱环节改造和排险消隐工程，重点治理城市积涝点、给排水管线、老旧地下管网和道路桥梁、险库险渠等隐患。加快改善落后地区特别是山区农民的生产生活环境，鼓励环境恶劣的山区移民，提升区域防汛抗灾能力。根据世界城市标准，提高基础设施建设标准，加强现有设施的检查、更新、维护和建设，淘汰落后的基础设施，在供水、排水等基础设施领域提供安全、快捷、高效的保障，提高供水、排水重大安全事故的预警能力。要进一步健全供水基础设施保障体系，加强防洪减灾等安全基础设施建设，加强极端天气监测预警，提高协统应对和应急处置能力。

4. 供热供气加大覆盖面，加强供热节能设施建设，助推北京建设低碳城市

截至 2012 年 10 月 16 日，北京市共完成 9700 处、1.8 万项较大规模供热检修和维修。在各类供热方式中，清洁能源（包括燃气、燃油、电、热电联产）供热面积达到 71.4%，燃煤达到 28.6%。北京供热节能减排工作形势严峻，城市热源建设滞后，供需矛盾日益突出；供热燃气需求加大，供热保障要求提高；供热系统能耗较高，供热节能潜力较大；供热单位高度分散，管理水平参差不齐；体制改革相对滞后，供热市场尚需培育等问题突出。加强供热节能设施建设，助推北京低碳城市建设，应改革收费制度，实行用热商品化、货币化；整合供热资源，优化供热结构；积极推行供热计量改造和收费；加强市级主管部门的组织、协调、指导、监督；加大新材料、新技术的推广，保证节能改造工程的质量；加快供热行业改革，积极培育和规范供热市场。

5. 建设国际活动聚集之都，需要加强配套设施建设

北京举办国际活动（会展活动）的场馆基础设施近年来得到了快速发展。但从未来打造国际活动聚集之都的要求来看，北京场馆基础设施仍然存在承载能力不够的问题。与国外城市比较，北京场馆设施数量较少，单体规模偏小，缺乏多功能、综合性的大型会展场馆。场馆周边环境复杂，交通拥堵，不利于国际活动聚集所带来的人流物流聚集与分散；部分老场馆设施老化严重，改造空间有限，不适应国际活动的需要。提升北京国际活动聚集之都基础设施承载能力，应科学制订适应国际活动聚集之都要求的基础设施建设规划，加强政府对国际活动聚集之都基础设施建设的投资力度，逐步改革基础设施建设的投融资体制，拓宽融资渠道，挖掘场馆设施及周边资源的潜在功能，发挥基础设施的综合承载能力。

6. 医疗卫生设施建设加快，但服务资源布局不均衡

从北京各区县的历史布局情况来看，人均医生数、护士数和床位数等三种医疗卫生设施与资源表现出明显的差异，设施与资源更多地聚集于中心城区。从现实感受看，东城区与西城区的高水平医疗卫生设施与资源并没有带来与之相应的消费体验。从每个区县的纵向历史变化看，三种医疗卫生设施与资源在许多区县都出现了不同程度的下滑。北京市医疗卫生设施与资源在空间布局上存在一定的差异，以收入分配的评价标准看，有些时候几乎接近了较不公平的警戒线。这种趋势能否改善也需要相关政策的不断支持与相应体制机制创新不断推动。北京的医疗卫生公共服务设施与资源的布局失衡问题比较严重，因此，在以后的医疗卫生设施与资源的布局上，应该加大对资源匮乏区县的供给力度，同进还要考虑到人口快速增长的因素，以及北京市医疗卫生设施与资源服务于全国人民的特殊性。

六 公共安全形势总体平稳，综合应急管理需落在实处

1. 民意引导警务，推动"平安北京"建设

2012 年北京社会治安形势总体良好。刑事、治安事件发案率持续下降，破案率不断提高，治安秩序稳定，群众安全感指数始终保持在 90% 以上。北京市公安系统开通八大民意渠道，开展了"百万群众大走访"问卷调查活动，收集了 312 万群众的意见和建议，形成了完整系统的"民意库"。在民意的主导和引领下，针对首都发展的实际和群众反映出的突出问题，先后推出了"村庄社区化管理"、"高峰勤务"、"社区民警驻区制"、"巡逻民警站巡制"，以及驻警制、院警制、校警制等系列防控机制，初步构建了全时空的社会面防控格局。同时，在各项警务工作中深化为民服务理念，推出了诸如简化行政审批程序，提高智能化交通管理水平等一系列新举措，推动了平安北京的建设。各级综治组织以"平安志愿者行动"为载体，广泛动员组织群众积极参与"平安北京"志愿服务，开展实名防控、区域防控、等级布控、网格巡控等，以治安志愿者为主体的首都群防群治队伍已日渐成为"平安北京"建设的主要力量。

2. 区域联动协作，完善食品安全责任体系

北京市多年来高度重视食品安全工作，2012 年前三季度，全市食品监测抽查总体合格率达到 97%，其中 6 类重点食品的总体合格率达到 98%，无重大食品安全事件发生，全年食品安全工作保持较高水平。2012 年北京市与天津、河北等八省区市政府签署食品安全联动协作机制备忘录，为合理构建食品安全保障体系，共同提升食品安全水平，将在信息、案件、检验检测、问题食品处置、技术与供销等方面加强区域协作，共同打造风险防控体系。初步建立起"地沟油"检测指标体系和资源化处理体系，实施餐厨垃圾排放登记制度，并纳入工商、卫生、环保等部门对餐饮服务单位的日常监管范畴。逐步通过 GPS、IC 卡、称重计量等信息化技术手段，实现餐厨废弃油脂从产生到利用全过程可追溯，鼓励市民有奖举报"地沟油"制售窝点，加快餐厨垃圾处理设施建设。审议《北京市食品安全条例（修订草案）》，规定北京市食品安全工作的重心是严格控制市场准入和强化食品安全责任，已建立起了食品安全部门

监管责任、属地监管责任、综合监管责任、行业管理责任构成的责任体系。检测体系不断完善，推广临近保质期食品销售专区制度，以及全面推行流通领域食品市场准入和退出机制，目前首都食品安全监控系统可以在半小时内向全市食品生产经营者统一发布下架信息。

3. 延伸药品追溯，推动社会化药品监管

进一步加强药品安全监管，启用药品安全投诉举报中心12331热线；实现药品追溯延伸至本市所有零售药店；建立药品安全"黑名单"，进一步加强药品和医疗器械安全监督管理，推进诚信体系建设；开展"利剑"行动突查药品安全，76家药企无一例违法生产；进一步完善不良反应监测，结合北京医疗机构和制药企业的特点，制定《北京市药品不良反应报告和监测管理办法实施细则》，首次建立不良反应监测员制度，在加强医疗机构和企业的不良反应监测责任、扩大信息采集来源等方面均有创新；推动社会管理，深化药品安全"百千万"工程，以街道（乡镇）为单元，聘用万名药品安全员培训上岗；出动执法人员1.4万余次，检查场所5400余家，消除整改各类隐患154项，保障党的"十八大"药品市场安全稳定。

4. 继续开展公共卫生惠民服务，宣传健康生活方式

2012年北京市继续启动对60岁以上老年人和在校中小学生免费提供流感疫苗接种服务，截至11月7日，全市已累计接种流感疫苗1231179支，其中免费流感疫苗累计1158626支；全面启动全民健康生活方式行动，提倡通过个人适量运动、合理膳食、改变不良行为方式，养成良好的生活习惯，防止慢性非传染性疾病的发生；开展灾区疫情监测，针对"7·21"后可能出现的疫情及时发布预警；同时规定受灾地区禁止使用受污染的生活饮用水；在灾区建立了居民安置点每日健康巡检制度，保证灾后无疫情发生。

5. 气候灾害考验城市应急系统，建设安全、安心的城市需要顶层设计

2012年"7·21"特大气候灾害造成数十人死亡，全市受灾人口达160.2万人，因灾造成经济损失116.4亿元。一场"出其不意"的暴雨考验着北京城市安全，暴露出城市公共安全设施的脆弱性，而背后隐藏的公共安全隐患不容忽视。一是北京城市化进程发展过快，缺少整体的公共安全规划，城市公共安全设施严重不均衡，老旧城区设施老化未及改造，新区设施严重缺乏，一旦发生安全

或灾害事件，都可能引发严重后果。二是城市综合减灾应急处置方案有而不专、多而不实。城区90座下凹式立交桥已于汛期前建立了"一桥一预案"，排水、交通、电力等部门都制定了个性化方案，力保暴雨中排水通畅。然而，在强大的暴雨面前，多处立交桥下出现严重积水，导致全市交通几乎瘫痪。事实证明，有应急预案、无应急能力，仍不能保证城市安全，综合抢险能力亟待提高。三是公共安全设施标准过低。四是城市公共安全预警体系不健全。五是灾后评估不及时，对国际上其他国家抗灾经验总结不够，没有及时吸取教训，及时修正北京市应急方案和措施。六是市民危险意识不强，自救能力较弱。

重特大灾害当中的应急救援是政府基础公共服务当中的重要内容，目前政府的应急管理体制和机制还存在一些问题，需要加强应急管理工作的顶层制度设计，防止在政府管理工作当中"头痛医头，脚痛医脚"。应把当前所面临的食品药品安全、气候灾害、地铁安全等一系列安全问题统筹考虑，并确定对于城市或区域的风险排序，结合现有的公共资源进行有效治理。建设安全、安心的北京，需要按照特大型国际化大都市的标准进行顶层设计。一是按照国际化特大型城市发展需要制定城市公共安全标准，推进城乡公共安全均等化、标准化。二是立足城市整体发展需要制定北京市公共安全规划。三是借鉴国际上其他城市减灾抢险应急管理经验，完善北京市应急管理体系，提高北京市减灾应急综合抢险能力。四是构建城市公共安全预警信息系统。五是适应城市公共安全的新特点，组建综合抢险救灾队伍，不断提高综合抢险救灾能力。六是开展全民安全教育，培养安全意识，训练抢险救灾自救能力。

七 生态文明建设深入开展，气候和环境治理任重道远

1. 节能减排国内持续领先

"十二五"时期，北京市将努力推动节能减排工作在"十一五"领先全国的基础上再上新台阶。根据国家发改委的节能减排晴雨表，北京市在"十二五"前两年节能减排工作仍然领先。

重点治理机动车排放。机动车污染防治工作成效显著，超额完成淘汰老旧车任务。通过多部门、多渠道、多举措的整体推动和经济政策的鼓励引导，

2012 年已经淘汰老旧机动车 27.4 万辆，超额完成全年淘汰 15 万辆老旧机动车任务。2012 年 5 月 31 日，正式发布了北京市第五阶段《车用汽油》和《车用柴油》的京 V 燃油标准，汽油牌号由 90 号、93 号、97 号分别调整为 89 号、92 号、95 号。京 V 标准总体严于国家第五阶段车用油品建议指标，与欧洲同阶段标准基本接轨，比京 IV 提高减排 15%。加大在用车排放监管力度，共检查机动车超过 500 万辆次。加强机动车检测场管理。共检查机动车检测场 3999 场次。严格油气回收监管，加大日常监督检查和排放抽测力度。

不断完善节能减排机制。发布《北京市"十二五"节能减排全民行动计划》和北京市 2011 年节能低碳技术产品推荐目录。促进社会公众形成低碳行为，完善低碳产品的推广机制。全民行动计划的主题在于宣传教育，面对重点能源消费部门，提出了十大领域节能减排行动，涵盖家庭社区、政府机构、学校、企业园区、农村、宾馆饭店、商场超市、休闲场所、建设工地以及交通节能领域。

碳交易试点工作有序进行。开展碳排放权交易试点是北京市"十二五"时期控制温室气体排放的一项重要工作。作为碳排放交易试点省市，北京市 2012 年率先启动碳交易试点工作。作为配套措施，组建北京市碳排放权交易企业联盟、中介咨询及核证机构联盟和绿色金融机构三个联盟，启动北京市碳排放权交易电子平台系统，为 2013 年试行碳排放权交易做准备。

2. 环境质量和生态文明有所提升

继续治理大气污染。按照"人文北京、科技北京、绿色北京"和中国特色世界城市的建设要求，加快实施《北京市"十二五"时期环境保护和建设规划》和《北京市清洁空气行动计划（2011~2015 年大气污染控制措施）》。按年度实施大气污染控制措施。坚持能源低碳清洁化，完成 1218 蒸吨燃煤锅炉清洁能源改造工程，建成东南燃气热电中心，2012 年完成对东、西城 1.5 万非文保区居民的煤改电工程，推进核心城区无煤化进程，改善本市空气质量。累计投入运营新能源车超过 1000 辆。进一步控制扬尘污染，在东城、西城区启动扬尘污染控制区创建试点。

环境质量和生态文明持续提升。加快鲁家山等生活垃圾处理设施建设，在 2454 个城乡社区开展分类达标试点，生活垃圾产生量连续两年下降，焚烧、生化处理比例均提高到 15%，再生资源回收量增长 8%。加大污水处理设施建设改造力度，全市污水处理率达到82%，再生水利用量7.1亿吨。建成5个新城滨河森林公园、10个郊野公园、10个城市休闲公园，新增造林绿化面积25万亩，全市林木绿化率达到54%。通过采取积极的污染治理措施，2012年二氧化硫、氮氧化物、化学需氧量和氨氮排放总量目标分别比上年降低2%、3%、2%和2%。

3. 极端天气事件的预测预警能力亟待加强

全球气候变暖、极端天气事件增加给城市系统运行带来巨大挑战。2012年7月21日，北京遭遇61年来最强暴雨，给北京造成重大人员和财产损失。除城市基础设施标准过低、应急能力不足外，对极端天气气候事件的预测预警能力不足也是直接诱因。极端天气事件已经成为城市脆弱性的主要风险源，大雪、暴雨、干旱、极寒等都可能引发城市交通瘫痪、城市洪水、城市供水中断、电力中断等严重影响城市系统安全运行的事件。2011年6月23日的百年一遇的暴雨已经给北京应对雨雪天气提出了严重警告。一年过去了，北京应对极端天气事件的能力仍然亟待加强。对极端气候事件要尽早预测，提前预警，加强应对气候变化的科学研究，节能减排，减少温室气体排放。要尽早开展适应气候变化研究，适应已经无法改变的气候变化。要大力开展适应气候变化公众教育，提高公众应对极端天气事件的能力，提高预警信息转化为知识的能力和意识。

4. PM2.5治理任重而道远

2011年10月以来，北京连续出现灰霾天，严重影响了居民的日常生活，引发了社会公众对空气质量与健康问题的担忧，PM2.5成为社会关注的新焦点。北京市政府顺应民意，开始制订更加严格的空气标准，不再把"蓝天数"作为空气质量的目标，如何治理PM2.5成为市政府的民生工程。

为实现PM2.5达标，按照《北京市2012～2020年大气污染治理措施》，设定了三阶段的浓度控制目标。第一步，"十二五"期间，即到2015年，主要污染物的年均浓度比2010年下降15%，其中，PM2.5浓度要下降到60微克/立方米左右。第二步，"十三五"期间，即2016～2020年，主要污染物年均浓度比2010年下降30%，其中，PM2.5浓度再下降10个微克，达到50微克/立方米。第三步，即2020年以后，没有规定具体年限，但会通过持续不断努力，早日使PM2.5达标。环境空气质量标准达到世卫组织为发展中国家设置的最低标准，PM2.5年均浓度35微克/立方米。估计需要18～20年，即到2030年才可能达标。

为此，北京市环保局的首要任务是建设监测网络，目前已建成 35 个 PM2.5 监测站点和卫星遥感监测体系，形成地面和立体相结合的空气质量监测网络，并将污染物下降纳入政绩考核范围。但是 PM2.5 的治理成效还取决于能否实现区域联防联控、产业结构调整的实际效果等因素，因此，PM2.5 治理任重而道远。

Beijing Public Service Has Generally Gone into Moderate Prosperity, But the Quality of Public Service Has Yet To Be Improved

Research Group of Beijing Public Service Development and Innovation, Administration Research Institute of Beijing Academy of Social Sciences

Abstract: The scale and level of Beijing public service have entered the primary stage of a moderately prosperous society. Beijing is leading the global way in the total number of scientific and technical personnel and higher education population. The layout of Basic education funding resources and teacher resources is achieving balance among districts and counties in the city. Basic social insurance has reached over 95% coverage and the Capital International Airport has become the world's second largest airport. Subway mileage in Beijing seconds only to that of New York, tourist trip is among the highest in the world, people's sense of security index keeps over 90%, total qualified rate of food safety checks monitoring exceeds 97% and Beijing has the lowest absolute value of energy consumption per 10,000 yuan of GDP in the whole country. Although Beijing public service has generally gone into moderate prosperity, the quality and layout of public service has yet to be improved, especially the public service in the new urban development area.

Key Words: Scale and Level; Quality and Layout; A Moderately Prosperous Society; Primary Stage

总 评 价

Overall Evaluation

B.2

北京市十六区县公共服务绩效综合评价

北京市社会科学院管理研究所"北京区县公共服务绩效综合评价研究"课题组*

摘 要：

北京市建设首善之区，建设世界城市，必然要求提升政府公共服务能力和公共服务绩效，建立各区县公共服务绩效评价指标体系对于科学评价基层地方政府公共服务水平具有重要的理论意义和现实价值。文章采用综合评价法对北京市各区县公共服务绩效进行比较研究并进行综合排名，进而提出相关政策建议。

关键词：

公共服务绩效　公共服务均等化　评价指标体系

* 执笔人：施昌奎、陆小成、罗植。施昌奎，"北京区县公共服务绩效综合评价研究"课题组组长，北京市社会科学院管理研究所所长，研究员，博导，研究方向：公共管理、慈善事业、会展经济；陆小成，"北京区县公共服务绩效综合评价研究"课题组副组长，北京市社会科学院管理所副研究员，博士后，主要研究方向：公共管理、低碳创新；罗植，博士，北京市社会科学院与清华大学联合培养博士后，主要研究方向：公共管理、公共政策分析、政府管理创新。

一 北京市各区县公共服务绩效综合评价指标体系的设计

北京市各区县公共服务绩效评价指标选择原则：科学性、实用性、系统性、层次性、动态性、稳定性、可测性、可比性，所构建的评价指标体系如下（见表1）。

表1 北京市各区县公共服务绩效评价指标体系设计

目标层	准则层	指 标 层
北京市区域共服务绩效评价指标体系X	基础教育 X1	教育经费支出占地区财政支出的比例 X11 普通中小学生均教育经费支出(元/人) X12 普通小学每百在校生拥有专任教师数 X13 普通中学每百在校生拥有专任教师数 X14 平均每万人在园儿童数 X15 每百在园儿童拥有专任教师数 X16
	社会保障 X2	人均社会保障和就业支出(元) X21 社会保障和就业支出占财政支出比重 X22 平均每万人城镇居民最低生活保障人数 X23 平均每万人抚恤补助优抚对象人数 X24 平均每万人社会救助人数 X25
	医疗卫生 X3	人均医疗卫生支出 X31 卫生经费占地方财政支出百分比 X32 平均每万人诊疗人次数(千人) X33 平均每万人健康检查人数(千人) X34 每千人拥有执业医师数 X35 每千人拥有注册护士数 X36 每千人拥有医院床位数 X37
	文化体育 X4	公共图书馆个数 X41 人均公共图书馆总藏数(册、件/人) X42 公共图书馆总流通人数(万人次) X43 平均每万人拥有体育场馆个数 X44 城镇居民家庭每百户健身器材拥有量(台/户) X45
	环境保护 X5	空气质量二级及好于二级的天数 X51 林木绿化率 X52 环境保护支出占地方财政支出比重 X53 万元 GDP 能耗(吨标煤) X54 垃圾无害化处理率 X55
	公共安全 X6	每万人刑事案件立案数 X61 刑事案件侦破率 X62 每万人火灾事故死亡人数 X63 每万人火灾事故直接经济损失(元) X64 每万人交通事故死亡人数 X65 每万人交通事故直接经济损失(元) X66 每万人生产安全事故死亡人数 X67

二 公共服务绩效综合评价指标数据采集及其预处理

通过采集北京市各区县 2011 年相关指标的数据①，并对原始数据进行处理，构成北京市各区县公共服务综合评价的基础数据。其中人均数主要是用常住人口数，不是利用本地户口人数，以充分体现公共服务供给的以人为本和均等化要求（社会保障支出人均量以户籍人口计）。评价指标预处理的目的是使具有不同类型和量纲的指标可以进行综合汇总，对指标的预处理包括指标的一致化处理和无量纲化处理。在本报告研究中，主要采取通常使用的临界值法进行处理。

（一）基础教育服务指标数据采集及处理

2011 年北京市各区县基础教育服务指标数据的采集及无量纲化处理，分别如表 2 和图 1 所示。在教育经费支出占地区财政支出的比重中，东城区达到

表 2　2011 年北京市各区县基础教育服务指标数据

指标\n区县	教育经费支出占地区财政支出比（%）X11	普通中小学生均教育经费支出（元/人）X12	普通小学每百在校生拥有专任教师数 X13	普通中学每百在校生拥有专任教师数 X14	平均每万人在园儿童数 X15	每百在园儿童拥有专任教师数 X16
东 城 区	19.40	31883.01	7.25	10.34	135.77	9.61
西 城 区	14.84	36308.01	6.95	10.62	126.19	8.87
朝 阳 区	10.73	32928.90	6.78	12.91	147.39	10.18
丰 台 区	12.91	18953.75	5.90	12.45	170.69	7.85
石景山区	12.43	20098.21	6.68	12.14	177.16	7.94
海 淀 区	16.66	19518.06	5.04	8.81	154.52	7.55
房 山 区	6.75	22482.05	7.39	11.56	256.40	7.89
通 州 区	8.32	14919.50	5.77	11.84	117.54	6.52
顺 义 区	8.23	25270.75	6.67	11.04	155.70	6.71
昌 平 区	8.06	21448.67	6.75	14.79	99.45	7.60
大 兴 区	7.56	24165.05	7.38	13.77	139.00	5.46
门头沟区	8.60	38103.63	10.65	12.36	172.31	5.29
怀 柔 区	9.82	30445.49	8.58	13.17	249.92	4.68
平 谷 区	10.15	28318.94	11.61	11.74	171.03	2.34
密 云 县	10.60	23196.09	7.78	10.37	213.69	7.60
延 庆 县	12.47	30146.80	10.72	11.46	195.14	7.04

①　北京市统计局：《2012 北京区域统计年鉴》，同心出版社，2012。

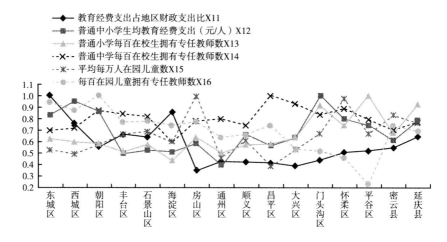

图1　2011年北京市各区县基础教育数据无量纲化处理

19.4%，排名第一，西城区、朝阳区在该项指标中均处于前列，而房山区仅为6.75%，排名最后。在普通中小学生均教育经费支出中，门头沟区最高，达到38103.63元，而丰台区最低，仅为18953.75元。在普通小学每百在校生拥有专任教师数中，平谷区、延庆县、门头沟区等远郊区县排名靠前，而海淀区最低。在普通中学每百在校生拥有专任教师数中，也是昌平区、大兴区、怀柔区等远郊区县均排名靠前，而海淀区最低。本研究报告，将学前教育纳入基础教育服务指标的考察之中，结果显示，在平均每万人在园儿童数中，房山区遥遥领先，昌平区、通州区、大兴区等排名靠后，在每百在园儿童拥有专任教师数中，朝阳区和东城区排在前列，平谷区明显落后于其他区县。

（二）社会保障服务指标数据采集及处理

如表3和图2所示，在人均生活保障和就业支出中，门头沟区、东城区和延庆县处于各区县的前列，最低的是海淀区和大兴区。在社会保障和就业支出占财政支出的比重中，排名在前的包括东城区、石景山区和海淀区，排在最后的是房山。平均每万人城乡居民最低生活保障人数中，本研究城乡居民保障人数统计中包括城市居民和乡村农民，门头沟区最高，约达到475人，而最低的是昌平区和海淀区还不到24人。在平均每万人抚恤补助优抚对象人数中，延庆县最高，而朝阳区最低，在平均每万人社会救助人数中，门头沟区最高，海淀区和昌平区最低，该数据与城乡居民最低生活保障人数比重基本持平。

表3　2011年北京市各区县社会保障服务指标数据

区　县　　指　标	人均社会保障和就业支出（元）X21	社会保障和就业支出占财政支出比重 X22	平均每万人城乡居民最低生活保障人数 X23	平均每万人抚恤补助优抚对象人数 X24	平均每万人社会救助人数 X25
东 城 区	0.2924	18.92	192.40	10.37	192.40
西 城 区	0.2284	11.95	185.51	12.05	185.51
朝 阳 区	0.2041	8.99	44.53	8.16	44.64
丰 台 区	0.1809	13.88	63.86	11.18	64.04
石景山区	0.2602	16.63	165.22	8.39	165.22
海 淀 区	0.1678	14.14	23.92	10.14	24.13
房 山 区	0.2108	7.23	172.51	44.73	178.35
通 州 区	0.1851	8.66	80.48	29.46	82.15
顺 义 区	0.2640	7.96	79.23	49.97	81.64
昌 平 区	0.2528	8.91	23.93	13.98	24.79
大 兴 区	0.1776	5.03	31.65	20.48	33.11
门头沟区	0.2970	8.70	474.42	20.20	483.40
怀 柔 区	0.2407	7.67	265.36	66.47	290.32
平 谷 区	0.1962	9.02	277.73	60.14	280.50
密 云 县	0.1799	9.27	234.99	56.50	251.57
延 庆 县	0.2743	12.73	225.27	82.23	242.29

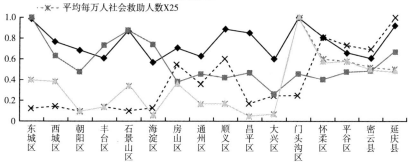

图2　2011年北京市各区县社会保障数据无量纲化处理

（三）医疗卫生服务指标数据采集及处理

如表4和图3所示，在人均医疗卫生支出中，最高的为怀柔区、密云县和延庆县，最低的为丰台区、昌平区和海淀区。在卫生经费占地方财政支出比重中，排名前列的分别为密云县、怀柔区和延庆县等。而排名最后的为门头沟区。在平均每万人诊疗人次数中，最高的为东城区和西城区，而其他各区县均远远落后于东城区和西城区，这一数据足以说明东城区和西城区在医疗卫生服务的诊疗方面是有较大优势的。这与优质医疗卫生资源主要集中于东城区与西城区，同时这些医疗机构也为全国服务的特征存在必然联系。因此，东城区与西城区的每千人拥有执业医师数、护士数和床位数这三项主要的医疗卫生资源也都显著高于其他区县。这些资源较为缺乏的是通州区，可能与人口大量流入有一定关系。

表4　2011年北京市各区县医疗卫生服务指标数据

指标区县	人均医疗卫生支出（元）X31	卫生经费占地方财政支出百分比 X32	平均每万人诊疗人次数（千人）X33	平均每万人健康检查人数（千人）X34	每千人拥有执业医师数 X35	每千人拥有注册护士数 X36	每千人拥有医院床位数 X37
东 城 区	0.0942	5.77	176.90	3.53	9.55	9.63	10.92
西 城 区	0.0963	4.58	167.66	2.23	8.38	10.20	11.11
朝 阳 区	0.0513	4.28	54.36	1.64	3.73	3.99	4.25
丰 台 区	0.0380	5.85	33.95	0.91	2.41	2.66	3.57
石景山区	0.0435	4.81	42.47	1.43	3.52	3.92	4.78
海 淀 区	0.0416	5.29	37.24	1.39	2.86	3.06	2.63
房 山 区	0.1009	4.33	49.96	0.91	2.75	2.67	5.67
通 州 区	0.0568	4.94	24.30	0.60	1.95	1.89	1.45
顺 义 区	0.0939	4.41	28.93	0.90	2.53	2.09	2.65
昌 平 区	0.0343	3.83	24.18	0.96	1.96	1.87	4.32
大 兴 区	0.0493	3.27	23.98	0.96	2.17	2.04	2.77
门头沟区	0.0796	2.77	48.32	1.83	3.84	4.47	8.72
怀 柔 区	0.2161	9.21	35.70	1.27	3.31	2.52	3.44
平 谷 区	0.1057	5.12	34.01	1.34	3.12	2.87	3.92
密 云 县	0.2004	11.34	31.39	1.36	2.92	2.04	2.25
延 庆 县	0.1383	7.34	32.87	1.65	2.73	2.16	2.72

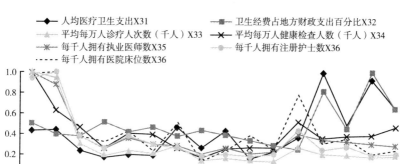

图3　2011年北京市各区县医疗卫生数据无量纲化处理

（四）文化体育服务指标数据采集及处理

如表5和图4所示，在公共图书馆个数方面，西城区和朝阳区均拥有3个、东城区、丰台区、石景山区、海淀区和房山区均为2个，其余为1个，基本做到拥有图书馆1个以上。在人均公共图书馆总册数方面，海淀区最高，为9册以上，平谷区、门头沟区和朝阳区人均为2册以上，其他区县则为1册左右，最少的为通州区和丰台区，人均仅为0.3册多。在公共图书馆总流通人数方面，最高的为海淀区，达到468万人次，其次为朝阳区，达到305万人次，其他区县则相对较少，一些区县仅为10万人次左右。在平均每万人拥有体育场馆个数方面，最多的为怀柔区和顺义区，最少的是石景山区。在城镇居民家庭每百户健身器材拥有量方面，最高的是海淀区，最低的是密云县和延庆县。

表5　2011年北京市各区县文化体育服务指标数据

指标 区县	公共图书馆个数 X41	人均公共图书馆总藏数（册、件/人）X42	公共图书馆总流通人数（万人次）X43	平均每万人拥有体育场馆个数 X44	城镇居民家庭每百户健身器材拥有量（台/户）X45
东城区	2	1.1758	55	4.0879	5
西城区	3	1.2258	75	2.5887	5
朝阳区	3	2.0257	305	2.3948	8
丰台区	2	0.3180	38	1.7143	6

续表

指 区 县 标	公共图书 馆个数 X41	人均公共图 书馆总藏数 （册、件/人）X42	公共图书馆 总流通人数 （万人次）X43	平均每万人拥 有体育场馆个 数 X44	城镇居民家庭每 百户健身器材拥 有量（台/户）X45
石景山区	2	1.3407	43	0.8991	7
海 淀 区	2	9.4885	468	3.2540	9
房 山 区	2	0.8066	10	4.2813	4
通 州 区	1	0.3360	19	2.2880	2
顺 义 区	1	0.6230	23	6.6448	5
昌 平 区	1	0.3452	31	2.8078	5
大 兴 区	1	0.5038	19	1.6585	5
门头沟区	1	2.0068	9	1.9388	4
怀 柔 区	1	1.4555	42	8.5445	4
平 谷 区	1	3.6124	13	5.8612	5
密 云 县	1	1.2527	8	5.2866	3
延 庆 县	1	1.0972	16	4.5455	3

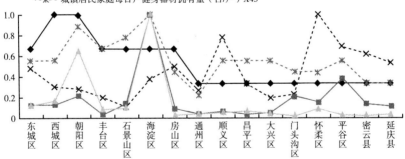

图4　2011年北京市各区县文化体育数据无量纲化处理

（五）环境保护服务指标的数据采集及处理

如表6和图5所示，在空气质量二级及好于二级的天数方面，最好的是延庆县，达到307天，其次是昌平区，达到301天，最差的是房山区，仅为258天。在林木绿化率方面，由于区县功能定位的差异，远郊区县表现出优势，最

表6 2011年北京市各区县环境保护指标数据

指标\区县	空气质量二级及好于二级的天数 X51	林木绿化率(%) X52	环境保护支出占地方财政支出比重(%) X53	万元 GDP 能耗(吨标煤) X54(逆向指标)	垃圾无害化处理率(%) X55
东 城 区	285	19.13	1.46	0.2055	100.00
西 城 区	282	14.62	0.99	0.1765	100.00
朝 阳 区	279	23.28	1.04	0.3190	100.00
丰 台 区	263	39	1.19	0.4667	100.00
石景山区	261	40.21	1.14	1.0683	100.00
海 淀 区	280	42.3	1.51	0.2387	100.00
房 山 区	258	54.73	0.87	2.1620	94.47
通 州 区	271	23.92	0.81	0.7246	94.49
顺 义 区	281	26.68	0.72	0.9039	93.97
昌 平 区	301	61.77	0.51	0.7899	95.33
大 兴 区	260	25.95	0.37	0.7098	92.68
门头沟区	272	58.22	4.75	0.6461	99.24
怀 柔 区	297	75.57	2.01	0.6149	97.09
平 谷 区	286	66.75	1.76	0.7357	100.00
密 云 县	298	65.51	3.58	0.6049	93.09
延 庆 县	307	65.84	2.37	0.6715	89.77

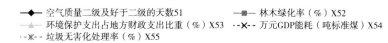

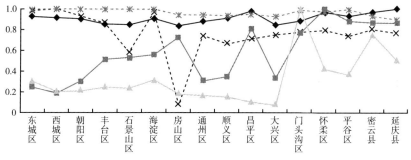

图5 2011年北京市各区县环境保护数据无量纲化处理

高的是怀柔区,达到75.57%,最差的是西城区,仅为14.6%。在环境保护支出占地方财政支出比重方面,最高的是门头沟区,达到4.75%,最低的是大兴区,仅为0.37%。在万元 GDP 能耗方面,能耗最低的是西城区和东城区,分别仅为 0.1765 吨标准煤和 0.2055 吨标准煤，最高的是房山区与石景山区，分别达到 2.1620 吨标准煤和 1.0683 吨标准煤。在垃圾无害化处理率方面，东城区、西城区、朝阳区、丰台区、石景山区、海淀区、平谷区均达到 100%，而其他区县均在 90% 左右，最低的延庆县也达到了 89.77%。

（六）公共安全服务指标的数据采集及处理

如表 7 和图 6 所示，在每万人刑事案件立案数中（因刑事案件有相对确定的立案标准，所以该指标越高更可能反应治理水平越低，属逆向指标），密云县和延庆县最低。在刑事案件侦破率中，最高的是平谷区，达到 86.78%，房山区和昌平区均最低，都不到 50%。在 2011 年每万人火灾事故死亡人数中，大兴区最高，而其他多个区县均无火灾死亡。在每万人火灾直接经济损失中，大兴区最高，达到 251438.66 万元，房山区、密云县与延庆县也达到万元以上，

表7　2011 年北京市各区县公共安全服务指标数据

指标 区县	每万人刑事案件立案数 X61	刑事案件侦破率（%）X62	每万人火灾事故死亡人数 X63（逆向指标）	每万人火灾事故直接经济损失（元/万人）X64（逆向指标）	每万人交通事故死亡人数 X65（逆向指标）	每万人交通事故直接经济损失（元/万人）X66（逆向指标）	每万人生产安全事故死亡人数 X67（逆向指标）
东城区	49.9780	64.69	0.0110	4557.65	0.0879	1056.04	0.0659
西城区	72.4113	81.48	0.0000	1999.85	0.1048	11468.55	0.0484
朝阳区	77.5888	59.51	0.0082	7144.57	0.4265	4546.75	0.0410
丰台区	90.0000	53.79	0.0046	8911.23	0.2903	4993.55	0.0645
石景山区	39.2429	80.99	0.0000	4938.49	0.1735	8818.61	0.1104
海淀区	79.5708	70.36	0.0059	4945.34	0.2352	1657.55	0.0412
房山区	51.2927	49.35	0.0000	27530.92	1.0238	16471.56	0.0414
通州区	63.2560	62.51	0.0000	9327.26	0.7680	14152.00	0.0800
顺义区	72.5683	68.16	0.0000	3823.14	1.1585	32824.04	0.0437
昌平区	52.4453	49.86	0.0000	1885.74	0.6099	19619.68	0.0000
大兴区	55.9692	61.77	0.1400	251438.66	0.3429	2323.30	0.0350
门头沟区	62.6190	72.73	0.0340	4484.15	0.4422	21326.53	0.0680
怀柔区	44.6900	75.57	0.0000	18577.30	0.7547	4552.56	0.1348
平谷区	40.0000	86.78	0.0478	8516.75	0.5502	8827.75	0.0239
密云县	38.3227	55.24	0.0000	15321.61	0.8068	43970.28	0.0637
延庆县	38.1505	59.41	0.0000	20536.36	0.9718	20144.20	0.0627

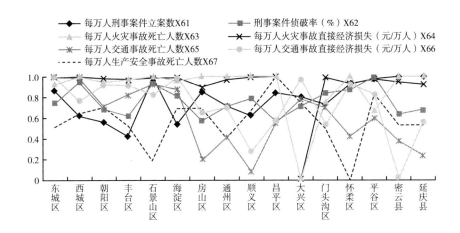

图6　2011年北京市各区县公共安全数据无量纲化处理

其他区县均在万元以下。在每万人交通事故死亡人数中，最高的是顺义区和房山区，而东城区和西城区最低。在每万人交通事故直接经济损失中，密云县最高，东城区最低。在每万人生产安全事故死亡人数中，怀柔区最高，昌平区最低。

三　北京市各区县公共服务绩效综合评价指标权重的确定

权重表示在评价过程中，是被评价对象的不同侧面的重要程度的定量分配，对各评价因子在总体评价中的作用进行区别对待。不同的权重将导致不同的评价结果，如果权重确定的不合理，评价指标得出的结论将失去意义。目前确定权重的方法很多。本报告主要采取层次分析方法来确定各区县公共服务的评价指标权重，根据近30多位专家调查结果计算，得出指标权重表（见表8）。

从表8中的各指标权重值可以看出，本报告所研究的公共服务评价不再是以GDP为指标，重在考查各项基本公共服务的均等化水平，如每百学生拥有专任教师数、每百在园儿童拥有专任教师数、人均社会保障和就业支出、每千拥有执业医师数、每千人拥有医院床位数、人均公共图书馆总藏数、公共图书馆总流通人数、空气质量二级及好于二级的天数、万元GDP能耗等指标在各单项指标评价中权值比较高。在基础教育指标权重中，更加强调专任教师数量；在社会保障中强调人均经费支出，在医疗卫生中强调医生与床位资源；在

表 8　北京市各区县公共服务绩效综合评价指标权重

目标层	准则层	指　标　层	权重
北京市区域共服务绩效评价指标体系 X	基础教育 X1 (0.2664)	教育经费支出占地区财政支出的比例 X11	0.0529
		普通中小学生均教育经费支出(元/人) X12	0.0885
		普通小学每百在校生拥有专任教师数 X13	0.2725
		普通中学每百在校生拥有专任教师数 X14	0.2725
		平均每万人在园儿童数 X15	0.0255
		每百在园儿童拥有专任教师数 X16	0.2882
	社会保障 X2 (0.1678)	人均社会保障和就业支出(元) X21	0.5252
		社会保障和就业支出占财政支出比重 X22	0.3124
		平均每万人城镇居民最低生活保障人数 X23	0.0541
		平均每万人抚恤补助优抚对象人数 X24	0.0541
		平均每万人社会救助人数 X25	0.0541
	医疗卫生 X3 (0.1884)	人均医疗卫生支出 X31	0.0347
		卫生经费占地方财政支出百分比 X32	0.0212
		平均每万人诊疗人次数(千人) X33	0.0985
		平均每万人健康检查人数(千人) X34	0.1122
		每千人拥有执业医师数 X35	0.2828
		每千人拥有注册护士数 X36	0.1987
		每千人拥有医院床位数 X37	0.2519
	文化体育 X4 (0.0807)	公共图书馆个数 X41	0.1282
		人均公共图书馆总藏数(册、件/人) X42	0.3597
		公共图书馆总流通人数(万人次) X43	0.3542
		平均每万人拥有体育场馆个数 X44	0.1199
		城镇居民家庭每百户健身器材拥有量(台/户) X45	0.0379
	环境保护 X5 (0.1569)	空气质量二级及好于二级的天数 X51	0.2793
		林木绿化率(%) X52	0.0861
		环境保护支出占地方财政支出比重(%) X53	0.0342
		万元 GDP 能耗(吨标煤) X54	0.2367
		垃圾无害化处理率 X55	0.3638
	公共安全 X6 (0.1398)	每万人刑事案件立案数 X61	0.0294
		刑事案件侦破率(%) X62	0.1748
		每万人火灾事故死亡人数 X63	0.2013
		每万人火灾事故直接经济损失(元) X64	0.1068
		每万人交通事故死亡人数 X65	0.2013
		每万人交通事故直接经济损失(元) X66	0.1068
		每万人生产安全事故死亡人数 X67	0.1794

环境保护中强调万元 GDP 能耗、垃圾无害化处理率和空气质量等指标；在公共安全中主要强调各种灾害的死亡人数。在准则层中，基础教育、社会保障和医疗卫生的权重比较高，基本在 0.15 以上，体现专家意见均比较注重这些公共服务的重要性。其他指标相对较低，但也都保持在 0.1 左右，总体差距并不悬殊，说明各指标重要性是比较均衡的。

四 北京市各区县公共服务绩效综合评价及排名

根据权重值和无量纲化数据，本报告主要采取加权算术平均，求得综合评价值，如表 9 所示。

表 9　2011 年北京市各区县公共服务绩效综合评价值

区县＼指数	基础教育 X1	社会保障 X2	医疗卫生 X3	文化体育 X4	环境保护 X5	公共安全 X6	综合评价值	综合排名
东 城 区	0.7732	0.8799	0.9546	0.2501	0.8888	0.8469	0.8115	1
西 城 区	0.7473	0.6511	0.8871	0.2889	0.8808	0.8854	0.7607	2
门头沟区	0.7566	0.7904	0.5015	0.1697	0.8942	0.7123	0.6823	3
朝 阳 区	0.8055	0.5248	0.3833	0.5032	0.8727	0.7962	0.6637	4
石景山区	0.7033	0.7777	0.3742	0.2110	0.7943	0.8060	0.6427	5
延 庆 县	0.7855	0.8024	0.2911	0.1729	0.8804	0.6535	0.6422	6
海 淀 区	0.6005	0.5424	0.2856	0.8830	0.9074	0.8618	0.6389	7
怀 柔 区	0.6990	0.6588	0.3374	0.2665	0.9126	0.6644	0.6179	8
平 谷 区	0.6654	0.5985	0.3252	0.2929	0.8881	0.7967	0.6133	9
昌 平 区	0.7276	0.6089	0.2489	0.1398	0.8642	0.7851	0.5995	10
丰 台 区	0.6861	0.5709	0.2691	0.1757	0.8609	0.7764	0.5870	11
密 云 县	0.6928	0.5633	0.2913	0.1831	0.8999	0.6167	0.5762	12
房 山 区	0.7061	0.5613	0.3431	0.2006	0.6663	0.6542	0.5591	13
顺 义 区	0.6465	0.6494	0.2436	0.1981	0.7901	0.6290	0.5550	14
通 州 区	0.6071	0.5082	0.1782	0.1104	0.8000	0.6832	0.5105	15
大 兴 区	0.6722	0.4180	0.2246	0.1206	0.7842	0.5424	0.5001	16

根据图 7 评价结果可以看出，在基础教育方面，朝阳区、延庆县、东城区、门头沟区、西城区排在最列。海淀区尽管教育资源比较丰富，但因学生较多，生均资源相对较少，因此没有排在前列。当然这一评分有一个隐含的假

定，即教师与经费是同质的。如果海淀区具有更优质的教师资源，那么这一评分会低估海淀区的水平。因此，这里只能是对公共服务进行一个初步的打分。除了海淀以外，通州区、顺义区、平谷区在基础教育方面也比较靠后，需要加强基础教育的供给水平。

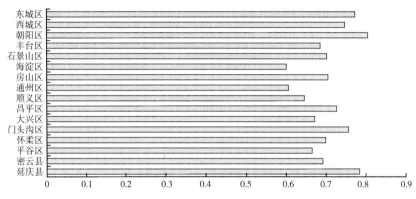

图7　2011 年北京市各区县基础教育服务综合评价值

如图 8 所示，在社会保障方面，东城区、延庆县、门头沟区、石景山区排在第一方阵。大兴区、通州区、朝阳区等排在最后，这些区县需要逐步提高社会保障方面的资金投入，提高社会保障服务水平。怀柔区、顺义区、昌平区尽管经济基础薄弱，但在 2011 年社会保障方面排名相对靠前。

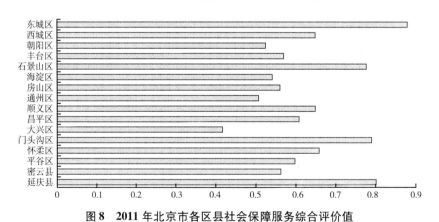

图8　2011 年北京市各区县社会保障服务综合评价值

如图 9 所示，在医疗卫生方面，东城区与西城区的水平显著高于其他区县，可能是因为服务于全国的原因，医疗卫生资源过度集中于东城区与西城区。排在东城区与西城区后面的有门头沟区、朝阳区和石景山区，这些区的医疗卫生服务也具有相当水平。排在最后的是通州区、大兴区和顺义区，需要加强这些区县在医疗卫生方面的物质资本投入和人力资本投入。海淀区的人口数量同样影响了其在医疗卫生方面的人均服务水平。

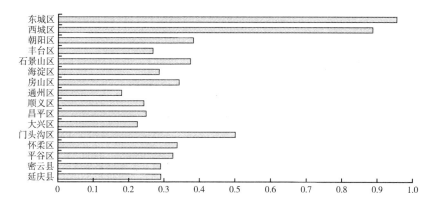

图 9   2011 年北京市各区县医疗卫生服务综合评价值

如图 10 所示，在文化体育方面，海淀区得益于国家图书馆而遥遥领先于其他区县，其次是朝阳区、平谷区和西城区。通州区、大兴区、昌平区和门头沟区排在最后，应该加强这些区县在公共文化体育方面投入。

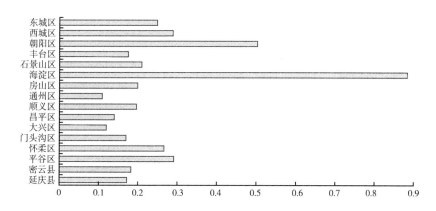

图 10   2011 年北京市各区县文化体育服务综合评价值

如图 11 所示，在环境保护方面，各区县的水平比较平均，怀柔区以微弱的优势排在第一，紧随其后的是海淀区、密云县、门头沟区和东城区。在该指标中，核心城区凭借着较低的 GDP 能耗排在前面，远郊区凭借着森林覆盖率和空气质量排在前面，近郊区则显得相对落后。

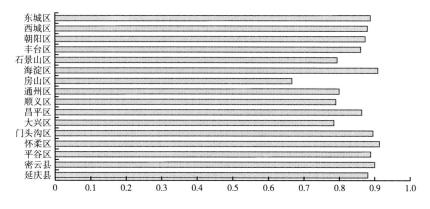

图11　2011 年北京市各区县环境保护服务综合评价值

如图 12 所示，在公共安全方面，西城区排在第一，跟随其后的是海淀区、东城区和石景山区。大兴区因为火灾问题排在最后。排在后面的还有密云县、顺义区和延庆县等。这些区县需要注意加强刑事案件、火灾、交通事故和生产事故等方面的安全保障。

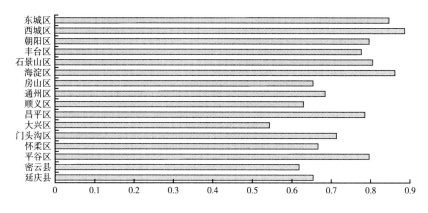

图12　2011 年北京市各区县公共安全服务综合评价值

如图 13 所示，北京市 2011 年各区县公共服务绩效综合评价值中，东城区（0.8115）、西城区（0.7607）、门头沟区（0.6823）、朝阳区（0.6637）、石景山区（0.6427）、延庆县（0.6422）排名靠前。门头沟区、石景山区、延庆县区等远郊区县，尽管其在 GDP、经济基础与城市化水平等方面不如其他核心城区，但其基本公共服务却表现得相对较好。排在中间的区县有海淀区（0.6389）、怀柔区（0.6179）、平谷区（0.6133）、昌平区（0.5995）、丰台区（0.5870）、密云县（0.5762）。排在最后的是房山区（0.5591）、顺义区（0.5550）、通州区（0.5105）、大兴区（0.5001）。

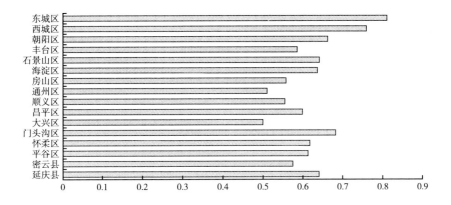

图 13　2011 年北京市各区县公共服务综合评价值

五　综合排名分析及政策建议

（一）综合排名分析

从北京市各区县公共服务绩效的整体排名（表 10）可以看到，功能核心区与功能拓展区因其重要的社会经济职能，掌握了更多的公共服务资源，因此排名相对靠前。而生态涵养发展区，虽然公共服务资源相对较少，但因其人口少与环境好，因此基本排在中间。只有城市发展新区排名靠后，一方面因其处于发展过程之中，公共服务资源不如功能核心区与功能拓展区丰富，另一方面流动人口的不断涌入严重影响了人均享有的公共服务资源，同时这些区县的生态环境也不如生态涵养发展区，多方面因素致使这些区县的公共服务水平相对滞后。

表10 北京市各区县公共服务绩效综合评分排名

综合排名	区县名称	综合评价值	综合排名	区县名称	综合评价值
1	东城区	0.8115	9	平谷区	0.6133
2	西城区	0.7607	10	昌平区	0.5995
3	门头沟区	0.6823	11	丰台区	0.5870
4	朝阳区	0.6637	12	密云县	0.5762
5	石景山区	0.6427	13	房山区	0.5591
6	延庆县	0.6422	14	顺义区	0.5550
7	海淀区	0.6389	15	通州区	0.5105
8	怀柔区	0.6179	16	大兴区	0.5001

（二）主要政策建议

根据北京市各区县公共服务绩效评价指标体系的构建及其评价结果分析，提出如下政策建议。

1. 改变以 GDP 为主导的单一经济指标评价，向均等化的公共服务绩效综合评价转变

地方政府绩效评价要实现由以 GDP 为主导的单一经济指标评价，向综合型、均等化、民本位、公共服务型的政府绩效指标评价转变，对地方政府绩效评价应以其公共服务绩效评价为主，鼓励和引导地方政府重视对基础教育、社会保障、医疗卫生、文化体育、环境保护、公共安全等方面公共服务的供给。海淀区和丰台区虽然属于城市功能拓展区，其在 GDP 及其增长速度方面具有一定的优势，但其在公共服务供给绩效的排名中却处于北京市的中等水平。城市发展新区因人口增长速度快，公共资源供给难以跟上，因此公共服务绩效不如功能核心区和功能拓展区。同时，其环境又不如生态涵养区，因此其公共服务绩效也不显著优于这些地区。由此可见，公共服务更能反映居民的满意程度，该指标体系的选择与建立有利于促进政府绩效的评价指标与模式的转型。

2. 坚持以人为本和均等化要求加强公共服务供给

基层政府应满足本区域所有人口的基本公共服务需求，不应将外来农民工、非本地户口的常住人口排除在公共服务供给领域之外，不仅要考虑城镇居民，还应将外来务工人员考虑在内，应坚持以人为本和基本公共服务均等化的要求，加强公共服务绩效水平的提高和均等化公共服务消费需求的满足，促进北京建设首善之区和世界城市。

3. 应不断提高公共服务财政支出比重和供给水平

基层政府应加强基本公共服务的财政支出，并不断提高公共服务财政支出比重和供给水平，注重对人均占有量的评价与服务，如重视对生均教育经费支出比重、生均教职工数、幼儿园建设，重视对人均社会保障支出、最低生活保障、社会救助等方面公共服务，重视对人均医疗卫生支出、健康检查、执业医师、医院床位数等指标，重视图书馆、体育场馆建设，重视空气质量、林木覆盖率、环境保护支出以及万元 GDP 能耗等指标，特别要重视火灾事故、交通安全、生产安全、社会治安等指标的公共服务供给和治理。

4. 针对区县公共服务绩效评价结果采取不同的对策

对于各区县公共服务绩效评价而言，通州、大兴、昌平等区应进一步重视提高基础教育服务和社会保障均等化服务水平；大兴区、通州区需要加强医疗卫生方面的政府资金投入和服务供给，海淀区需要提高医疗卫生服务的均等化水平。通州区、大兴区、昌平区、延庆县需要加快文化体育方面的公共服务供给和服务绩效。石景山、房山、大兴、通州、顺义等区域需要加强环境保护力度。而顺义区、门头沟区、密云县、房山区等区县需要加强公共安全服务供给。

5. 近期应重点提升城市发展新区的公共服务总水平

由于大量流动人口集中于城市发展新区，拉低了这些地区的公共服务水平，从公共服务均等化发展的角度考虑，近期应重点提升城市发展新区的公共服务总水平。由于城市发展新区的特殊性，一方面应该进一步加大公共服务资源在这些区县的投入，特别是要加大中央和市级财政转移支付的力度，令其增长速度赶上甚至超过人口的流入速度，另一方面可考虑将功能核心区与功能拓展区的优质资源向城市发展新区转移，这也可以在一定程度上疏解中心城区的拥挤现象。

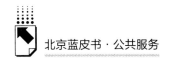

六　本研究报告的不足和局限性说明

本报告研究存在许多的不足，主要包括这些方面：第一，由于数据获取的难度和相关统计资料的不够齐全，无法选取更为优质的指标进行评价，某些方面还难以客观反映实际水平。限于指标选择、数据采集等方面的约束，本研究中没有单独设立基础设施、科学技术等公共服务指标。第二，鉴于各区县地域之间、城乡之间经济社会发展的巨大差距，要做到地域之间、城乡之间的公共服务完全均等是比较难的，在同一地域范围内，基本公共服务均等化在城乡之间、社会群体之间的合理差距在短时间内存在也应当是允许的①。因此，本报告研究主要从人均指标进行的宏观数据比较，存在的差距是客观的、合理的。所评价的数据均来自历年北京统计年鉴及北京区域统计年鉴，包括 2012 年最新出版的《北京统计年鉴 2012》，但反映的数据是 2011 年的，数据来源虽然具有一定的客观性、准确性、权威性，但时效性上相对滞后。第三，本报告研究主要采取的是量化指标评价，没有设计定性指标。针对公共服务水平的评价也没有考察公众满意度等指标，所评价的数据均来自于北京市 2011 年数据，仅仅是从某些方面反映北京市各区县在 2011 年的公共服务水平，没有对 2011 年以前的情况进行统计分析和评价，也难以评价和预测 2012 年及以后的公共服务水平，难以作为评价各区县政府政绩的唯一依据。可以说，本报告的研究属于尝试性探索，希望在公共服务绩效评价研究中引起社会各界的高度关注，通过本报告的抛砖引玉，进一步推进公共服务评价的科学化，促进公共服务理论研究与实践相结合。

参考文献

北京市统计局：《北京统计年鉴 2011》，中国统计出版社，2012。
张强：《基本公共服务均等化：制度保障与绩效评价》，《西北师范大学学报》2009 年第 2 期。

---

① 张强：《基本公共服务均等化：制度保障与绩效评价》，《西北师范大学学报》2009 年第 2 期。

Comprehensive Evaluation of the Public Service Performance in 16 Districts and Counties of Beijing

Research Group of Comprehensive Evaluation and Research on the
Public Service Performance in Districts and Counties of Beijing,
Administration Research Institute of Beijing Academy of Social Sciences

Abstract: To build Beijing as the best capital city and a world metropolis will inevitably require improving government's public service ability and public service performance. The establishment of the public service performance evaluation index system in Districts and counties of Beijing has an important theoretical and practical significance for scientifically evaluating the public service of local level governments. Based on comprehensive evaluation methods, the comparative study and overall ranking of the public service performance in Districts and counties of Beijing have been made, and relative policy recommendations have been put forward.

Key Words: Public Service Equalization; Evaluation Index System; Comprehensive Evaluation; Policy Recommendation

科技教育篇

Science，Technology and Education

B.3
行政化对北京市高校科技
创新的影响与化解路径

董丽丽　张耘*

摘　要：

　　作为科技创新体系中的重要主体，高校在首都科技创新发展中的战略地位日益凸显。与此同时，高校行政化现象日益严重，已经成为制约中国高校科技创新的重要因素。文章主要从目前北京科技创新现状出发，从内部和外部两个方面，就行政化对北京高校科技创新产生的影响及行政化背后的深层原因进行分析，在此基础上，对如何化解行政化的负面影响，加快推进高校科技创新水平提出具体路径。

关键词：

　　高校　行政化　科技创新

* 董丽丽，博士，北京市社会科学院与清华大学联合培养博士后，研究方向：科技政策、公共管理；张耘，北京市社会科学院管理研究所研究员，博导，研究方向：公共管理、技术经济。本文为北京社会科学院项目"行政化对北京高校科技创新的影响"阶段性成果之一。

引 言

作为中国科技创新的中心城市，北京拥有丰富的科研资源和人才资源等科技创新的关键要素，已经逐步成长为国际创新枢纽和全球的技术集散地。2012年9月发布的《2012首都科技创新发展报告》研究表明，在对纽约、伦敦等国际城市科技创新发展指数的测算结果中，"北京科技创新发展指数排名在所选择的10个城市中名列第5，得分56.39，整体处于创新发展水平的中间。"①国内方面，据北京技术市场管理办公室2012年7月发布的《2011年北京技术市场统计年报》统计，"2011年北京输出技术合同53552项，成交额1890.3亿元，比上年增长19.7%，是'十一五'初期（2006年）的2.7倍，占全国的39.7%，技术交易额1267.8亿元，增长18.9%，……其中，输出技术合同成交额再创新高，达1890.3亿元，占全国的四成，继续保持在全国的领先优势，技术交易为首都经济发展乃至全国经济发展提供了强有力的科技支撑。"②

高校作为培养高层创新人才的重要基地，同时也是进行科研创新的源头，不仅肩负着教学和培养创新人才的重任，还承担着解决中国重大科技问题、实现科技创新和科技成果转化的职责。据统计，北京地区的科技资源总量约占全国的1/3，共有各类科研院所400余所。普通高等院校89所，其中中央在京高校38所，市属高校43所。据北京新闻报道：2010年度国家科学技术奖国家三大奖中，北京高校共获得43项，继续处于国家高校的领跑地位。北京高校获国家自然科学奖二等奖3项，国家技术发明奖二等奖6项，国家通用项目获奖33项，占全国高校通用项目获奖总数的21.7%，比上年增加了近两个百分点，市属高校获国家科技进步奖共4项，其中，北京建筑工程学院的特大异型工程测量重构技术已运用于故宫古建筑大修及鸟巢、国家体育馆等工程项目。目前，北京高校已成为全国高校和北京地区科技创新的重要组成部分，成为推动首都经济发展的重要力量，并将继续为建设人文北京、科技北京、绿色

---

① 首都科学发展战略研究院：《2012首都科技创新发展报告》，科学出版社，2012，第22页。

② 北京技术市场管理办公室：《2011年北京技术市场统计年报》，北京技术市场管理办公室网站，http://www.cbtm.gov.cn/bjjssc/scjc_ show_ ids401monitorTypes1.html。

北京提供强有力的支持。

与此同时，我们也看到，尽管政府对高校科技创新的支持力度不断加大，仅2008年一年，北京高校共承担科研课题3.2万项，科技经费总量达110余亿元，但高校科技创新仍然存在亟待解决的问题。例如，科技创新研究的成果转化率偏低，高校大学生缺少创新精神和创新能力等，著名的"钱学森之问"正是针对这一现状提出的，而钱老对于在中国的教育体制下，为什么难以培养出杰出创新人才的疑问也成为中国高校和教育界需要深刻思考的大问题。我们必须看到，现阶段，仍有一些因素制约着首都高校科技创新的发展，其中，行政化问题就是一个很重要的制约因素。

自20世纪90年代开始建设现代大学制度以来，行政化问题一直备受关注。特别是随着问题的日益凸显，关于行政化的探讨也与日俱增。2010年2月，温家宝总理在线与网友交流时也提到这一问题，至"两会"期间，部分代表对高校行政化与去行政化的辩论，以及之后相关领域的学者、专家和网友的广泛参与使得这一问题成为全国上下，政府、学术界和百姓都关注的热点话题。《国家中长期教育改革和发展规划纲要（2010～2020年）》中，首次表达了政府对高校行政化问题的高度关注和对高校去行政化改革的积极态度。

一　行政化的定义

按照权力主体来区分，高校内部主要包括教师权力、学生权力和行政人员权力这三种权力。其中教师权力和学生权力统称为学术权力，与其对应的行政权力也包括两个方面，即以中国共产党高校基层党组织为载体的政党系统和校长带领下的校、院、系行政管理系统。学术权力和行政权力是高校的两种主要权力分类，也是影响大学的最基本权力，它们对大学的发展皆具有重要意义。其中，学术权力是一个大学是否能够创新的关键，是一个大学存在的灵魂，与此同时，行政权力为学术权力服务，是学术权力得以彰显的重要保障，也是一个大学能够健康发展的重要基础。

行政化主要是指，当行政权力在大学的日常运行中超出了自身存在的合理边界，代替学术权力取得绝对的主导作用，从而使得现有的大学制度形成一种以行政为本位和导向，以行政管理为中心的制度体系。从具体表现来看，北京高校行政化主要分为高校外部行政化与高校内部行政化，从制度系统论的观点来看，行政化的构成主要包括三个层面，即"以体制为核心的正式制度、以观念为核心的非正式制度、以命令—执行为核心的实施机制"①。

二 行政化对高校科技创新等方面产生的影响

（一）高校外部行政化的具体表现及其对科技创新的影响

高校外部行政化具体表现为以下几个方面：一是政府掌握着高校的办学权、管理权、经济权和考核权，高校实际上成为政府教育行政部门的附属机构，丧失了本应具有的办学自主权和学术自由，同时也抑制了科技创新的环境建设和内在活力；二是政府将高校划分为不同的行政级别，特别是 1999 年以后，中国开始相继实施"985"、"211"等建设工程，书记、校长成为副部级和正局级的官员，在加强建设一批重点大学和重点学科的同时，也使得高校具有更强的行政级别机构象征，这就影响了高校学术环境的建设，同时，政府在经济和政策上更多向行政级别高的大学倾斜，这使得其他非重点大学的科技创新资源更少、享有的政策扶持也更少，从而导致各个高校将日常工作的重心转移到如何与政府打交道、如何获取行政级别上来，从而使得高校内部崇尚权力之风盛行，缺乏科技创新的内在动力。

（二）高校内部行政化的具体表现及其对科技创新的影响

1. 高校内部行政机构众多，行政权力凌驾于学术权力之上

在校内科研课题的研究方向、范围选择、职称评审的标准、科研项目的最后审批权等本应由学术权力主导的学术性事物都由行政部门主导。科研人员只拥有形式上和程序性的参与职能，而最终决策权掌握在行政人员手中，科研人

---

① 任增元：《制度理论视野中的大学行政化研究》，《大连理工大学博士学位论文》，2012 年：导论。

员甚至有时发言权都难以保障。这种学术权力的弱化使得大学中鼓励科技创新的基础性要素，即平等、自由的大学精神难以彰显，同时，缺乏话语权和学术自主权也严重挫伤了科研人员作为学术主体的创新积极性。从而，在外部科技创新环境和内在科技创新内驱力方面都产生了一些负面影响。

2. 学术、政务"双肩挑"现象普遍存在

"双肩挑"主要是指高校中的教师在承担教学和科研等学术性事物的同时，还兼负行政职务和工作的现象。双肩挑现象是中国高校行政化的一个突出表现，其深层原因是学术权力的弱化以及官本位思想盛行，科研人员要想获得学术资源和提升学术影响力，就必须借助行政地位之手，这导致在学术上有造诣的专家学者担任领导职务成为其作为学术带头人的重要条件之一。双肩挑严重分散了科研人员的精力，一个人很难在兼顾行政工作的同时专心搞好科研，其后果往往是使得一些原本在学术中已有所成的专家、教授在担任领导职务之后不得不将大部分的时间和精力投入行政事务中来，使得其很难继续潜心学术，进而形成学术带头人往往很难专心做学术的困局。

三　导致高校行政化的原因分析

导致高校行政化的原因主要分为两个层面，一是科举制、官本位思想、计划经济等组织结构、制度和文化层面的因素，二是高校内部学术权力和行政权力核心价值和终极目标差异造成的二者固有矛盾等内部原因。这两大方面的原因相互交织，共同构成了高校行政化的双重根源。

（一）中国长久以来的科举制和官本位思想是高校行政化的历史渊源

科举制是中国几千年来一直沿用的人才选拔和任用制度，"学而优则仕"的思想不仅成为大多数读书人的终极梦想，官本位的思想也成为封建社会知识分子和其他社会阶层的核心价值观。直至今日，科举制度和官本位所带来的深层影响也根植于中国体制和文化的方方面面。与此同时，以儒家为代表的中国传统文化礼教也始终占据着中国文化的核心地位，以崇尚开放、平等和自由的西方学术文化传统与提倡服从、等级制度森严的儒家文化存在深层次的矛盾和冲撞，因此，虽然中国近代开始兴建大学，中国传统文化和科举制度等形成的体制和观念上的官本位倾向都充当着中国大学的行政化强有力的推手。

（二）高校学术权力与行政权力的固有矛盾是高校行政化的内部原因

高校内部主要分为两大并行的权力系统，即以教授、学生以及学术组织为主体的学术权力系统和以管理人员、行政管理组织结构为主体的行政权力系统。其中，学术权力系统以贯彻学术标准、弘扬学术精神为核心价值，其倡导一种自由的、非强制性的自下而上的组织形式。与此相对，行政权力系统主要通过自上而下的上令下行来进行管理，具有科层制所特有的强制性、整体性等特点。其核心价值为规章和服从，即通过规章制度和严格的运行机制来实现大学作为组织的目标，使教育方针以及办学思想能够实施。二者所追求的核心价值的矛盾决定了大学中学术权力和行政权力之间存在固有矛盾，如何协调和平衡二者之间的矛盾，让大学能够真正在健康有序中发挥其作为学术科研机构的功能，是世界范围内的重大课题。在以哈佛、牛津等为代表的世界著名学府中，往往是以学术权力作为主导，目前，由于中国现代大学制度起步较晚、中国传统文化和科举制度等历史因素的影响仍然存在等诸多原因，国内大学仍然是以行政权力为主导，特别是目前中国大学的行政权力中又渗透着政治权力，这就使得大学进一步丧失了学术权力的自主性，从而导致高校行政化现象日益加深，并逐步成为制约中国高校教学、科研创新的桎梏和阻碍。

正是由于看到了行政化给高校科技创新带来的种种弊端，以及对高校行政化形成原因的深层思考，国家 2010 年 7 月 29 日出台的《国家中长期教育改革和发展规划纲要》中明确提出"高校要随着国家事业单位分类改革的推进，克服行政化倾向，取消实际存在的行政级别和行政化管理模式，探索符合学校特点的管理制度和配套政策。"之后，2012 年 4 月公布的《中共中央国务院关于分类推进事业单位改革指导意见》中，对如何消解行政化问题做了进一步阐释。作为事业单位，高校的行政化改革之路是大势所趋。

四 化解路径及相应措施

关于高校去行政化的各项改革是中国高等教育体制改革的重大战略性举措，通过高校去行政化的改革，我们需要探索一种符合大学自身组织特征、符合教育规律和行政管理规律的高校新型治理方式，从而从根本上实现高校治理模式的升级、优化和转型。这一去行政化的过程，可以通过两个层面具体展开。即，从高校外部其与政府的关系来看，需要政府向服务型政府转变，扩大和落实高校办学的自主权；从高校内部学术权力和行政权力的平衡来看，需要进一步完善学术委员会制度，建立健全教授治学的有效途径，为建设有中国特色的现代大学制度铺平道路。

（一）高校外部：转换政府职能，重塑政府与高校的关系

从上文的论述中可以看到，高校行政化的外部表现主要是政府对高校管得过多、过于僵化，使得高校丧失了其作为办学主体的学术自主权和其核心价值"大学精神"。因此，高校去行政化的关键在于对政府在管理高校的过程中负有的责任和享有的权利进行重新界定，重塑高校与政府的关系，从而在制度上保证大学的自主办学权。

现阶段，作为全国的政治和文化之都，首都顺应新形势下政府角色转换的大趋势，大力倡导向服务型政府转变。若想实现这种转变，真正做到高校去行政化，并非表面性的取消高校的行政级别，最为关键的是破除"官本位"的管理意识，在政策和体制上保证高校的学术自主权，打破高校和政府之间的行政隶属关系，建立法制框架下高校和政府委托代理型的新型管理模式。作为高校办学的服务者和支持者，政府需要充分遵循高校自身的教育规律，使高校保持相对的自由度和独立性。特别是在科研项目的选取、科研经费的运用、教学专业的设置和课程安排等方面应该实行政校分开、管办分离的管理原则，在宏观调控的背景下抓大放小，尊重高校的内在办学规律和核心价值，注重高校自身的学术自主权。

（二）高校内部：建立具有中国特色的现代大学制度，重塑学术权力和行政权力的关系

《国家中长期教育改革和发展规划纲要（2010～2020年）》中，明确提出要完善中国特色现代大学制度，并进行现代大学制度改革试点，这是高校去行政化的理想路径和必然选择。"根据中国高等教育的特点，我们认为中国特色的现代大学制度应该包括六大要素，即'党委领导、校长负责、教授治学、民主管理、自主办学、学生参与'"[①]，根据这六大要素，具体要处理好五个方面的关系，分别是：第一，党委领导下的校长负责制是正确处理高校党委与行政关系的关键；第二，教授治学是正确处理高校行政权力与学术权力关系的基本路径；第三，民主管理是正确处理高校内部管理与教职工民主参与关系的主要方法；第四，自主办学是正确处理高校与政府关系的必然选择；第五，学生参与是正确处理高校与学生关系的有效手段。这五个方面的关系体现了中国高校学术权力和行政权力之间更为合理的新型合作关系，我们必须处理好这五个方面的关系，建立更为适合中国特有的政治文化体制和现阶段国情的有中国特色的现代大学制度。

参考文献

北京技术市场管理办公室：《2011年北京技术市场统计年报》，北京技术市场管理办公室网站，http：//www. cbtm. gov. cn/bjjssc/scjc_ show_ ids401monitorTypes1. html。

李华忠：《行政化与自主权——我国高校管理中的政校关系研究》，《华中师范大学博士学位论文》，2011。

任增元：《制度理论视野中的大学行政化研究》，《大连理工大学博士学位论文》，2012。

首都科学发展战略研究院：《2012首都科技创新发展报告》，科学出版社，2012。

孙培亮：《我国大学去行政化问题研究》，《河南大学硕士学位论文》，2011。

王祚桥：《浅议中国特色的现代大学制度》，《光明日报》2012年10月31日。

---

① 王祚桥：《浅议中国特色的现代大学制度》，《光明日报》2012年10月31日。

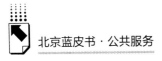
Research on the Influence of Administration on University's Science and Technology Innovation in Beijing

Dong Lili Zhang Yun

Abstract：As one of important subjects in the science and technology innovation system, the university's strategic position in the development of science and technology innovation of Beijing has become increasingly prominent. At the same time, the problem of university's administration has become an important factor which restricting China's science and technology innovation. Based on this major departure from the current scientific and technological innovation status, the underlying causes and the impact of the administration on the Beijing science and technology innovation are analyzed. Then, the specific paths for how to de-administration and improve the level of science and technology innovation were discussed.

Key Words：University；Administration；Science and Technology Innovation

B.4
科技体制改革与北京技术
市场发展趋势分析

刘军 丛巍 张若然 李明亮*

摘　要：

2012年1~9月，北京技术交易规模提前完成全年预定目标，技术开发、转让及专利技术交易合同大幅增长，电子信息领域技术交易活跃，重大技术合同增长较快且交易技术集成化。北京技术市场发展特点及服务效果表现为：促进企业的创新主体地位进一步确立，中关村制度先行在促进创新成果积聚上显成效，以技术交易支撑首都产业发展，通过集群创新成果转化激发自主创新活力。在科技体制改革和首都科技发展的战略部署下，北京技术市场发展趋势表现为：要素市场完备化、技术服务产业化、支撑自主创新基础化。

关键词：

科技体制改革　北京技术市场　发展趋势

引　言

2012年7月6~7日，全国科技创新大会在北京举行，提出了深化科技体制改革、加快国家创新体系建设的指导思想、目标和任务。会议提出深化科技体制改革的中心任务，是解决科技与经济结合问题，推动企业成为技术创新主

---

* 刘军，北京技术市场管理办公室主任，高级工程师，研究方向：科技管理与科技政策；丛巍，北京技术市场管理办公室对外合作部部长，高级工程师，研究方向：技术创新、科技管理；张若然，北京技术市场管理办公室监测研究部部长，高级工程师，研究方向：技术创新、技术贸易；李明亮，北京技术市场管理办公室副主任，高级工程师，研究方向：技术贸易、科技管理。

体，增强企业创新能力。2012 年 9 月 13 日，北京市科技创新大会隆重召开，会上讨论了北京市委、市政府贯彻落实全国科技创新大会精神而研究制定的《关于深化科技体制改革 加快首都创新体系建设的意见》，明确了北京要做科技体制改革先行先试者的目标。并以增强自主创新能力为核心，以促进科技与经济社会发展紧密结合为重点，以企业为主体、市场为导向、政产学研用相结合的技术创新体系建设为突破口，不断深化科技体制改革。自此，北京科技体制改革开启了新的历史篇章，也给北京技术市场的发展提出了要求、指明了方向。

技术市场是科技成果转化和产业化的主战场，更是科技与经济结合的重要载体、链接环节和实现途径。多年来，北京技术市场的发展始终服务于促进科技与经济结合、促进企业创新主体地位确立的各项重要工作与实践，并作出了重要的贡献，取得了一定的成绩。最近十年以来，北京技术合同成交额以年均 25% 的速度在高速发展，技术交易的日趋活跃反映出北京科技创新和成果转化渠道的畅通与高效。2011 年北京技术市场实现"十二五"良好开局，全年技术合同成交额 1890.3 亿元，比上年增长 19.7%，占全国的 40%。2011 年，北京地区实现技术交易增加值 1468.5 亿元，占地区生产总值的比重约为 9.2%，对首都经济发展的贡献进一步凸显。当前，北京技术市场在支撑北京经济转型升级、激发企业创新活力等方面发挥着越来越重要的作用。

一 2012 年北京技术交易状况①

2012 年，北京技术市场在把握"稳中求进"的总基调的基础上，保持了快速增长的发展势头。并在加快转变经济发展方式、积极推进产业融合发展的过程中发挥了重要的作用。

（一）技术交易规模提前完成全年预定目标

2012 年 1~9 月，北京成交技术合同 40265 项，同比增长 22.2%（见图

---

① 北京技术市场管理办公室：《2012 年 9 月北京技术交易统计月报》，http：//www.cbtm.gov.cn/scjc_ show_ ids425monitorTypes2.html。

1）；技术合同成交额 2005.8 亿元，同比增长 25.9%，超过了上年全年的总额
（2011 年北京市技术合同成交金额为 1890 亿元），并已提前完成 2012 年全年
2000 亿元的目标（见图 2）。

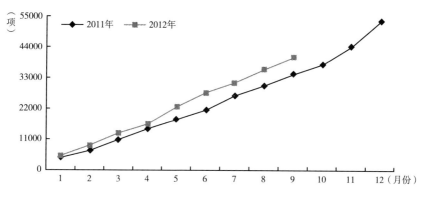

图1   2012 年 1~9 月北京技术交易项数

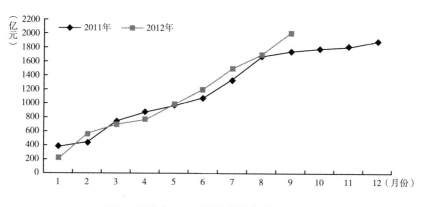

图2   2012 年 1~9 月北京技术交易成交额

（二）技术开发、转让及专利技术交易合同大幅增长

2012 年 1~9 月，北京技术市场技术交易中，技术开发、技术转让合同成交
额 628.3 亿元，同比增长 1.2 倍。具有自主知识产权的技术秘密、专利、计算机
软件、动植物新品种、集成电路布图设计和生物医药新品种合同成交额 1009.4
亿元，增长 10.7%，占全市技术合同成交额的 50.3%。其中，专利技术成交额
256 亿元，增长 1.1 倍，反映出交易技术高端化，区域自主创新能力显著提升。

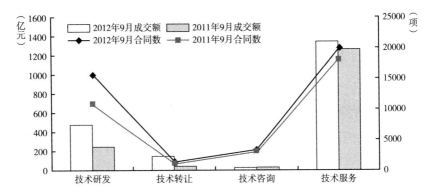

图3　2012年1～9月北京技术交易合同类别构成

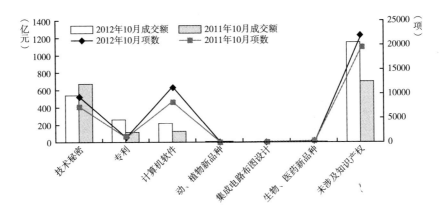

图4　2012年1～9月北京技术交易知识产权构成

（三）电子信息领域技术交易最为活跃

从输出技术领域看，2012年1～9月，电子信息领域技术交易稳居第一位，成交额581.1亿元，同比增长97.7%，占全市技术合同成交额的29%。其中，计算机软件技术合同成交额295.2亿元，占电子信息领域50.8%，增长1.1倍。

（四）重大技术合同增长较快且交易技术集成化

2012年1～9月，北京技术市场输出技术合同额在1000万元以上的重大合同成交额达1612.3亿元，同比增长23%，占全市技术合同成交额的

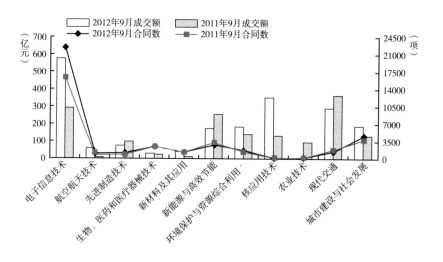

图5　2012 年 1～9 月北京技术交易技术领域构成

80.4%，主要集中在电子信息、节能环保和现代交通领域，分别占 23.1%、19.3% 和 17.5%。其中，以集成创新为主的技术服务合同成交额占 74.4%，增长 5.3 个百分点，反映了技术交易主体集成创新能力不断增强。

二　2012 年北京技术市场发展特点及服务效果①

在新一轮科技体制改革的要求下，北京作为科技体制改革的先行先试者，通过北京技术市场的大力发展，在促进企业主体地位、促进科技经济结合、促进区域自主创新能力提升等方面取得了一定的成绩，表现为以下几点。

（一）促进企业的创新主体地位进一步确立

2012 年北京技术交易主体结构中，企业的技术交易主体地位突出。上半年，企业技术输出占全市技术合同额的 95%；企业吸纳技术占全市吸纳技术合同额的 82.7%。企业的技术输出能力和引进技术需求都在不断提升。与此同时，围绕首都产业发展需求，企业在相关领域技术交易活跃，尤其是通过技

---

① 此部分参考了北京技术市场管理办公室《2012 年上半年北京技术交易监测报告》，http://www.cbtm.gov.cn/scjc_ show_ ids385monitorTypes2.html。

术的引进、集成和再创新推动产品改造升级，不断加速产业结构调整的进程。从2012年上半年企业吸纳技术的领域看，北京首都着力发展的产业领域中，企业的吸纳意愿和能力较强，起到了促进产业发展的重要作用。如电子信息、现代交通和节能环保领域所占比重分别为43.8%、12.2%和9.4%。其中，以计算机软件和通信技术的吸纳最为突出，分别占电子信息领域吸纳技术的55.8%和12.7%。航空航天和环境保护产业技术引进显著加快，分别增长2.5倍和1.5倍。

（二）中关村制度先行在促进创新成果积聚上显成效

随着《中关村国家自主创新示范区条例》颁布实施，以及"1+6"等一系列先行先试的试点工作深入推进，中关村国家自主创新示范区带动作用显著增强，且科技创新创业环境不断优化。中关村不仅汇聚了2万多家高科技企业，发挥创新龙头作用，更聚集了大量的科技成果。

2012年上半年，中关村高新技术企业技术交易卖方1693家，占全市技术卖方的51.8%，共输出技术合同成交额820.1亿元，占全市技术合同成交额的68%。战略性新兴产业促进政策的实施，为中关村高科技企业技术创新创造了良好的环境。上半年，中关村高新技术企业输出技术的87%集中在电子信息、现代交通、节能环保和航空航天等新兴产业领域。如专门研发生产新能源汽车核心部件电机系统的精进电动科技公司，上半年出口国外的一项"三种功率级别高性能混合动力汽车电机"研发技术，合同额达4151.3万元，为未来抢占国际新能源汽车市场做出积极探索。

（三）以技术交易支撑首都产业发展

"科技北京"建设提出了发展战略性新兴产业的重要目标，节能环保、航空航天、高端数控装备制造业和生物医药作为北京发展战略性新兴产业的重要领域，已成为首都经济新的增长点，并作为首都经济转型和经济结构调整的重要抓手来重点推动。北京技术市场作为技术转移的主渠道、科技经济结合的重要媒介，在首都产业发展中起到重要的支撑作用，尤其体现在主要战略性新兴产业技术交易尤为活跃，相关领域技术创新优势凸显。

2012 年上半年，北京技术市场在节能环保领域输出技术合同额 170.8 亿元，仅次于电子信息、现代交通领域，跃居第三位。伴随新能源汽车产业核心区建设的深入推进，新能源汽车领域技术输出快速增长，上半年合同额达8233 万元，同比增长 4.6 倍。航空航天领域输出技术占全市合同额的比重达4.8%，同比提高了 3.8 个百分点。通过北京高端数控装备产业技术跨越发展工程（精机工程）、北京生物医药产业跨越发展工程（G20 工程）等重点工程的实施，带动相关产业技术供需快速增长。2012 年上半年，高端数控装备数控制造领域技术合同成交额 6703.2 万元，同比增长 6.5 倍。G20 工程重点支持的 50 多家企业 2011 年以来实现技术合同成交额 8478.6 万元。如百奥药业有限责任公司为北大未名生物工程公司开发的"促胰岛素分泌肽和醋酸奥曲肽的规模化制备"技术，成功实现了一种多肽、核酸类药物产能的大幅度提升。

（四）通过集群创新成果转化激发自主创新活力

2012 年上半年，北京技术市场物联网、云计算和 4G 等新一代信息技术领域输出技术合同成交额 79.8 亿元，同比增长 3%。新材料领域技术合同成交额 27.5 亿元，增长 1.7 倍，占全市合同成交额的比重提高了 1.2 个百分点。软件、网络服务、动漫、规划设计等四大优势行业作为北京文化创意产业技术输出的主要力量，技术合同成交额达 342.4 亿元，占文化创意产业技术输出的九成。这些都得益于首都产业集群的繁荣发展，北京当前在新一代信息技术、新材料和文化创意等领域，已形成若干产业集群，以中关村科学城、未来科技城和上地信息产业基地等为代表，推动了科技产业规模的迅速扩大。与此同时，产业集群的发展形成集群创新、协同创新格局，进一步激发了区域的自主创新活力，并逐步带领产业向技术创新的高端跨越。

三　科技体制改革下北京技术市场发展趋势

在新一轮科技体制改革的总体部署和要求下，北京技术市场面临更广阔的发展空间和更大的机遇与挑战。必须结合首都科技工作的总体要求，根据自身

发展的特点和需求选择自身的发展路径。

在新时期，北京科技发展面临"三个转变"：第一，要实现北京科技向首都科技的重大转变，这为首都科技在全国的影响力和国家战略地位的进一步提升提出了更高目标和要求；第二，实现从聚焦技术开发向引领支撑产业转变，这是首都科技发展观念、理念创新，也是科技体制机制创新的重要组成；第三，实现从重视科技项目和产业扶持向重视科技人才队伍建设上转变。重视人才、以人为本是科技管理科学化进程的客观要求，人才政策也是科技政策的重要着力点之一。在新时期，北京科技管理体制改革承担新的任务，即强化企业技术创新主体地位，建立企业主导产业技术研发创新的体制和机制；加强协同创新，深化央地资源整合的协同工作机制；落实和完善激励全社会创新创业的政策措施。

结合北京科技发展的战略任务和北京科技体制改革的战略部署，北京技术市场的未来发展趋势将表现为：要素市场完备化、技术服务产业化、支撑自主创新基础化。

第一，创新技术涌现及交易需求需要完备的要素市场。随着新型国家和创新型城市的建设，科技创新已经成为国家和区域发展第一推动力。为了支撑不断涌现的经济社会发展需求，在科技创新环境优化的条件下，创新技术将会不断地大量涌现。技术要素必须与现实需求相结合才能转化为现实生产力，才能真正成为区域经济社会发展的推动因素。而提供技术与经济紧密结合的场所与机制则是技术市场的首要任务。因此，随着创新技术的涌现，以及经济社会发展对科技的需求不断增多，就需要一个完备的技术市场来进行技术要素配置。

第二，以技术市场为主的技术服务业将成为北京的支柱产业。在新世纪率先进入知识经济时代的北京，其城市经济从生产性经济向服务性经济的转型，又为科技与经济一体化发展带来新的难题，科技创新尤其是技术创新必须与服务业发展结合起来，并支撑现代服务业的快速发展。与此同时，科技服务业自身作为一种高端服务产业已经在北京的经济发展中占据重要的位置，结合北京的科技资源优势以及科技研发产业基础，科技服务业将成为北京的支柱产业，而技术市场作为科技服务业的主战场将大有可为。

第三，技术市场越来越成为自主创新发展模式的重要支撑。当前，技术市场已经不仅仅是一个技术交易的"场所"，它还是配置科技资源的重要阵地，也是科技政策落实的重要载体之一。与此同时，技术市场还通过促进创新技术的转移、转化，直接影响着经济发展的方式以及中国自主创新的发展模式。技术市场的健康发展，必将引导科技事业朝着有利于推进自主创新能力发展的方向前进，也将在市场调节的基础上，指引创新模式的不断创新与优化。

参考文献

北京技术市场管理办公室：《2012 年 9 月北京技术交易统计月报》http：//www. cbtm. gov. cn/scjc＿ show＿ ids425monitorTypes2. html。

北京技术市场管理办公室： 《2012 年上半年年北京技术交易监测报告》http：//www. cbtm. gov. cn/scjc＿ show＿ ids385monitorTypes2. html。

中共北京市委、北京市人民政府：《关于深化科技体制改革加快首都创新体系建设的意见》，首都之窗网站：http：//zhengwu. beijing. gov. cn/gzdt/gggs/t1243065. htm。

Research on the Transformation of the Science and Technology System and the Development of Beijing Technology Market

Liu Jun   Cong Wei   Zhang Ruoran   Li Mingliang

Abstract：During Jan. to Sept., the scale of Beijing science and technology (S&T) trading accomplished the full year tasks in 2012. The contacts of the S&T development, transformation and patent trading increase fast. Morever, the electronic information field is more energetic and key-technology trade is also becoming integrating and is faster than before. The serving effects and characters of Beijing S&T market shows：the dominant position of enterprise is much more enhanced; especially the Zhongguancun policy experimental system plays a positive role. The S&T trading supports the development of capital industry. It stirs up the independent innovation through clustering innovation. Under the S&T system transformation and the strategies of Beijing S&T development, we can see the development trend of S&T market: the factors of market are completive; the S&T services are industrializing, and the independent innovation more fundamental.

Key Words: Science and Technology System Transformation; Beijing Science and Technology Market; Development Trends

B.5
北京科研经费管理现状与问题分析

李志斌*

摘　要：

科研经费为科学技术研究活动提供物质条件，随着中国科技创新战略和创新型国家建设战略的深入实施，提高科研经费的使用效率成为促进中国科技发展的关键。科研经费管理作用不仅体现在额度核算、支出控制等财务管理方面，而且还承担着优化科技人员激励结构、规范协调科研主体关系、提高项目实施转化效率、引导科技人才培养发展等多种职能，因此，科研经费管理制度必须能够激励、引导智力要素对科技发展的投入，同时能够合理地体现其价值。

关键词：

科研经费　投入产出　使用效率　智力投入

一　概论

科研经费为科学研究活动提供物质条件。科研经费来源多样，来自政府部门的科研项目经费是其主体部分。政府科技资助经费分为科技基本支出经费和科技项目支出经费两大类。基本支出经费主要用于维持政府所属科研机构的正常运营及科研设施的建设和营运，拨付制度一般采用固定拨付。项目支出经费主要用于政府主导并作为主体直接参与管理的科技项目的实现，拨付制度较为复杂灵活。

北京是中国科技资源最为丰富的地区，聚集了大量代表国家最高水平的

---

* 李志斌，北京市社会科学院管理研究所，博士，研究方向：科技管理、公共服务。

科技人才与科研机构，也是历年获取中央政府财政科技拨款最多的地区。作为全国的科技中心，北京政府科技经费管理涉及的问题十分复杂。尤其是科研主体的行政隶属身份与课题制所遵循的市场化科技资源配置原则之间的矛盾表现得尤为突出。所以，对于北京政府科技经费管理问题研究具有理论和现实意义。

二 北京科研经费投入与产出现状分析

（一）投入总量情况

随着北京市实施自主创新战略，加强 R&D 投入，研发体制朝着有利于技术创新的方向发展，对 R&D 投入意识不断增强。2011 年北京市 R&D 总额达到 936.6 亿元，比 2010 年增长 17.6%，比 2003 年增长 1.42 倍。R&D 经费占GDP 的比重稳步上升，2011 年达到 5.8%。

表1　北京市 R&D 经费投入情况

单位：亿元，%

年　份	2003	2004	2005	2006	2007	2008	2009	2010	2011
R&D 经费总额	256.3	316.9	379.6	433.0	527.1	620.1	668.6	821.8	936.6
GDP	5007.2	6033.2	6969.5	8117.8	9846.8	11115.0	12153.0	14113.6	16251.9
R&D 支出占 GDP 的比重	5.1	5.3	5.5	5.3	5.4	5.6	5.5	5.8	5.8

资料来源：2003~2012 年《北京统计年鉴》。

（二）投入结构情况

从科技经费筹集来看，北京市科技活动在很大程度上还依赖政府的支持与推动。2003 年以来，在科技活动经费筹集总额中，政府资金占比一直保持在40% 以上。同时，政府对于科技活动中最核心的 R&D 活动的支持一直居于主导地位，R&D 经费支出总额中，政府资金占比较高，2005 年降到 50% 以下，2007 年有所回升，2008 年仍接近于 50%，2009~2011 年都达到 50% 以上。说明北京市政府非常重视自主创新能力的培养，而企业还未成为 R&D 投入的核心主力。

表2　2003~2011 年北京市 R&D 经费支出情况

单位：亿元，%

年份	2003	2004	2005	2006	2007	2008	2009	2010	2011
R&D 经费总额	256.3	316.9	379.6	433.0	527.1	620.1	668.6	821.8	936.6
R&D 中政府资金	136.7	159.2	176.3	192.5	264.4	300.7	349.5	472.1	497.9
政府资金占比例	53.3	50.2	46.5	44.5	50.2	48.5	52.3	57.4	53.2

资料来源：2004~2012 年《北京统计年鉴》。

从投入领域来看，北京市 R&D 经费支出中，用于基础研究、应用研究、试验发展的经费比例略有变化。总体而言，基础研究经费投入自 2004~2007 年逐年减少，2007 年用于基础研究的经费仅占 R&D 经费支出总额的 8.9%，之后逐年上升，到 2011 年占总研发支出的 11.59%；试验发展经费投入趋向上升，2011 年达到 64.07%，说明北京市对科技向现实生产力转化的重视程度不断加深。

表3　北京科技经费投入结构

单位：亿元，%

年份	基础研究	占比	应用研究	占比	试验发展	占比
2004	39.97	13.9	90.15	31.3	158.14	54.9
2005	38.35	11.1	105.67	30.6	201.57	58.3
2006	42.23	10.9	135.88	35.0	210.19	54.1
2007	42.95	8.9	106.07	22.1	331.28	69.0
2008	50.71	9.02	136.01	24.20	375.38	66.78
2009	70.48	10.54	153.21	22.91	444.95	66.55
2010	95.61	11.63	216.86	26.39	509.35	61.98
2011	108.53	11.59	228.01	24.34	600.11	64.07

资料来源：2005~2012 年《北京统计年鉴》。

（三）投入产出效果情况

尽管近年来科研投入的专利产出不断增多，产出效率有所提升。但是，产出率低仍然是一个不可忽视的问题。2011 年，北京地区平均 229.1 万元产生一项专利，平均 589.8 万元产生一项发明专利，可见，北京市科技研发投入的产出效率较低，自主创新能力有待提升。

表4　北京市专利产出情况

年份	2007	2008	2009	2010	2011
专利申请量(件)	31680	43508	50236	57296	77955
其中:发明专利(件)	18763	28394	29326	33466	45057
①专利授权量(件)	14954	17747	22921	33511	40888
其中:②发明专利(件)	4824	6478	9157	11209	15880
③R&D 经费总额(亿元)	527.1	620.1	700.2	821.8	936.6
发明专利产出效率(万元/件)=③/②	1092.7	957.2	764.7	733.2	589.8
专利产出效率(万元/件)=③/①	352.5	349.4	305.5	245.2	229.1

资料来源：2008~2012 年《北京统计年鉴》。

同时，科研投入的专利产出在成果转让和转化方面也存在一些问题。据《北京技术市场统计年报2007~2011》统计（图1），2006~2010 年的专利授权量年平均增长率为49.6%。但是在授权专利中真正在技术市场上成功转化的专利技术是有限的，从2006 年至2010 年的专利技术转移实施率都不足10%，而且2007~2010 年不足5%，专利技术转移实施率近年来稳定在4%~5%之间，较以往下降，尤其是2010 年已下降至2.5%，2010 年虽然授权33511 项专利，但登记的已交易专利仅有839 项，这是北京面对的一个现实问题。

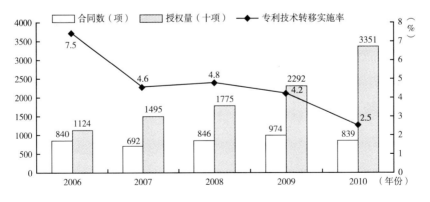

图1　2006~2010 年北京专利技术转移实施率

三 科研经费管理制度的问题分析

预算管理和项目管理是政府科研经费管理体系的基石。但是目前课题经费预算和管理缺乏科学合理的操作准则，主要表现在以下方面。

（一）课题经费预算不能反映科研活动的完全成本

课题制是借鉴物质生产管理中的生产责任制建立的科研管理方式。它原则上要求科研项目的投入与产出相对应，要求科研项目当事主体的责、权、利相统一，所以科研课题经费应该包括研究过程中的智力投入。然而，在物质生产领域，生产要素的投入可测可控，产出数量和质量容易具体度量。在学术研究领域，精神活动的投入难以测度，知识产出也难以评价。如何对智力投入进行科学合理的估算，是全球尚未妥善解决的技术难题。但拒绝反映智力投入，却是中国目前课题经费预算的方向错误。

（二）资助经费额度核定标准随意性大

目前中国各类课题资助经费的核定标准，往往首先根据年度科研经费总额确定拟立项课题的平均资助额，在此基础上，再根据研究规模、研究方式、成果形式、完成时间等做适当调整。这种做法的好处是操作简单、透明度较大，但最多只能保证同一年度立项课题资助额度的相对形式公平。

同时，预算编制方法理论依据不充分，主观性和随意性较大，往往与实际需求相差甚远，不能全面真实地反映获得预期成果所必需的成本。对经费预算方案的合理性评估不够充分且审核缺位。

科研经费事前预算过于具体且流于形式，多数情况下仅供争取项目而为之，不允许实施过程中过多改动，违背了科学研究的不确定性特征，削足适履，不利于科研的"干中学"和研究方案的动态优化调整。

（三）大致划一的课题预算制度与显著差异的课题性质无法实现匹配

基础性研究的探索性质与课题预算制度不相适应。科研管理对自由探索和兴趣驱动以及项目招标和任务导向这两类不同性质的科研项目实行大致相同的管理方式，实际上抑制了前者的发展，从而影响科研成果质量和科研投入效益。目前，课题立项之初就要求明确课题研究重点、主要研究计划、预计成果形式及内容等。但学术研究是对未知世界的探索，课题研究作为科研工作的重要组织形式，其探索结果必须具有不确定性。尤其是基础理论创新，具有探索性强、个体性突出、强调学术积累、科研周期长、科研成果难以事前确定，现行的课题制管理办法显然与基础理论创新存有明显冲突。现行的课题制管理模式同社会科学基础研究的基本特点不完全相符，探索多样化的课题经费资助方式势在必行。

（四）课题经费审核报销过分形式主义

由于客观上逐一细化课题经费预算难度较大，课题主持人在执行经费预算过程中往往享有较大的自由支配权，再加上课题组成员一般都是科研人员，对财务工作生疏，课题经费实际使用中的"跑、冒、滴、漏"现象及部分不合理支出，既很难有效避免，又无法检查监督。

课题经费实际报销繁琐。对于目前的课题经费报销手续，调查的科研人员中，不满意的比例高达96%，科研人员的意见主要集中在审批层次太多、科研经费拨款很慢，并且存在实际科研经费支出无法报销的情形。

四 深入推进科研管理制度改革的建议

随着在科技体制改革不断深入，科学研究主体的行政隶属身份与课题制所遵循的市场化科技资源配置原则之间的矛盾越来越突出，市场经济为导向的科研管理制度必须遵循知识生产的基本规律，其核心是，必须能够激励、引导智力要素对科技发展的投入，同时能够合理地体现其价值。因此，在现有科研管理制度基本框架内应积极探索科研中智力要素实现价值的模式，真正树立以人为本的理念，尊重人才，尊重智力投入。

（1）尊重人力资本价值规律，在国家事业单位工资制度框架下，允许科技计划项目经费中有条件地列支人员费。其中上海市的改革措施值得我们借鉴。由上海市2009年2月27日发布的《关于印发上海市科研计划课题预算编制要求的说明的通知》中明确将课题参与人员的劳务费列入课题预算并制定了相关标准。

（2）在列支人员费用的前提下，加强人员费支出预算管理，保障资金使用。政府科研项目列支人员费，既要考虑政策导向问题，增强激励作用，又要体现约束机制，同时还要与政府科技计划管理改革紧密结合。这就需要做到以下几点：一是对人员费预算申请进行重点评估评审，科学核定人员费额度。二是加强单位内部管理，严格按照国家工资制度支付人员费。三是加强外部监督检查，严肃处理违纪违规行为。

（3）承认智力劳动成果的创造性溢价，建立以结果为导向的科研奖励制度，提高科研人员的激励水平，改善科研经费的投入产出效益。

（4）建立科研人员信用体系。建立科研人员学术信用档案制度，具体记录每位研究人员承担各类科研任务的完成情况及主要社会评价，以备作课题立项评审等学术评价时参考。同时，依托管理单位应提供课题主持人的有关学术信誉担保。

参考文献

刘波：《基于〈课题制〉的大学科研经费管理——与美国的比较研究》，《科研管理》2003 第 1 期。

徐海燕：《美国科学基金的监督模式》，《科学中国人》2001 年第 5 期。

常天义：《高校科研经费管理亟待加强》，《中国高等教育》2002 年第 6 期。

顾虹等：《科研经费管理模式的改革及其合理性》，《科技管理研究》2003 年第 3 期。

寇宗来：《中国科技体制三十年》，《世界经济文汇》2008 年第 1 期。

Analysis of Management Status and Problems of Scientific Research Fund in Beijing

Li Zhibin

Abstract： Along with the in-depth implementation of the scientific innovation strategy and the innovation-oriented country strategy, higher use efficiency of scientific research fund is vital to China's science and technology development. Managing scientific research fund not only reflects in financial management aspects such as accounting and expenditure control, but also bears functions on optimizing scientific and technical personnel incentive structure, standardizing the coordination of scientific research personal relations, enhancing project implementation and transformation efficiency and guiding training and development of technology talent. Therefore, research fund management system must be able to motivate and guide intelligence elements input in science and technology development, and at the same time reasonably reflecting its value.

Key Words: Scientific Research Funds; Input-output; Use Efficiency; Policy Suggestions

B.6
北京文化与科技融合的路径选择

毕 娟*

摘 要：

在当今的时代背景下，北京推动文化与科技的融合十分必要，但需要
结合北京文化与科技融合的现实、根据相关理论选择一个合适的融合路
径。目前，北京文化与科技融合取得了一定的成绩，但同时也存在一定的
问题，主要是由于二者的融合模式是一种单向度、浅层融合。而从理论上
讲，只有双向度、深层次、多维度的融合，并选择多元样化的融合模式才
能达到较好的融合效果。因此，北京的文化与科技融合路径和目标可概括
为两个方面：一方面是要通过引入科技创新因素的文化的创新来实现文化
的现代化；另一方面是通过文化引领下的科技改造与发展来实现科技的人
文化。

关键词：

文化与科技 融合 路径选择

文化与科技的相互作用在人类历史上从未间断，反而随着时间的推移而越
发紧密、交融、不可分割。当今，文化与科技已经成为人类进步的两大根基性
要素，也成为国际竞争中的两大核心要素。同时，文化与科技的原动力作用并
不是独立而生的，而是在二者融合的基础上和过程中不断激发、集聚和扩散。
文化与科技融合已经成为当今人类社会发展的一大趋势。

北京是中国的文化中心和科技中心，其深厚的文化底蕴和强大的科技实力

---

* 毕娟，北京市社会科学院管理研究所副研究员，博士，研究方向：科技管理、公共管理。本文
为北京市社会科学院重点项目"北京文化与科技融合工程研究"的研究成果之一。

不仅是北京区域自身发展的优势与基础，更为全国文化及科技发展发挥了较大的引领作用。北京的文化与科技融合不仅具有深厚的时代背景，也具有一定的历史必然，必须分析推进北京文化与科技融合发展的时代需求、客观评价北京文化与科技融合发展的现实情况、清楚认识文化与科技融合的客观原理，在此基础上来确定二者融合的原则、目标与实现路径。

一 北京文化与科技融合路径选择的时代背景

当前，北京的文化与科技融合发展既面临着全球化的国际大背景，同时，也面临着国家大力发展知识经济以及北京区域发展需要文化与科技"双轮驱动"这一时代需求。

1. 科技全球化与文化全球化势不可挡

全球化是当今世界发展的重要特征之一，涉及经济、政治、文化、科技等人类社会的一切领域。科技全球化将科技与国际社会经济、政治、安全等问题紧紧联系在一起，也使科技与社会、文化等的关系更加复杂。文化全球化，一方面促使民族文化相互交流，并不断促进本土文化大众化、现代化。另一方面，也必然带来本土文化与外来文化的对抗与冲突。应对全球化趋势，必须促进文化与科技融合，提升国际竞争力。

2. 文化与科技融合是知识经济发展的必然要求

自 20 世纪 80 年代以来，知识与经济之间的相互渗透越发明显，知识经济由此产生。知识本身是一种核心的文化要素，文化的发展直接关系到知识经济的发展；另一方面，知识经济也是科学技术发展到一定阶段的必然产物，基于科技发展所产生的知识经济也蕴含较为深厚的科技文化内涵。可以说，知识经济是建立在文化与科技高度融合基础上的产物，文化与科技融合也是知识经济发展的必然要求。北京是中国的文化中心、科技创新中心，也是中国发展知识经济的重镇，应将推动文化与科技的融合发展作为北京发展知识经济的有力抓手。

3. 科技创新与文化创新双轮驱动已成为北京全面发展的核心动力

当今，从国家到北京层面，科技创新和文化创新都已经被提到战略高度。

2011 年，北京市提出了科技创新与文化创新"双轮驱动"发展模式的战略构想，这是对过去科技创新驱动战略的深化和拓展，也是探索首都科学发展机制和模式的重大飞跃。推进文化与科技的融合，共同驱动首都发展也已经成为北京当前的重要战略任务。

二　北京文化与科技融合路径选择的现实基础

北京文化与科技融合的现状、特点和问题是选择适宜北京文化与科技融合路径的现实基础。近年来，北京丰富的科技资源和厚重的文化资源日益融合在一起，取得了一定的成就。但是，北京文化与科技的融合仍然处于浅层和初级阶段，存在一些问题。

（一）北京文化与科技融合的现状

第一，科技支撑下的文化创意产业蓬勃发展。"北京文化创意产业是科技文化化和文化科技化，文化与科技一体化、技术与内容相融合的高端产业。"[①]文化和科技的融合使原有产业格局不断更新，催生新的业态。"十一五"时期北京文化创意产业已成为仅次于金融业的第二大支柱产业。"2012 年 1~5 月，北京市规模以上文创企业中，音像及电子出版物发行业实现收入 9.5 亿元，同比增长 54.7%；无线广播电视传输服务和卫星传输服务行业实现收入同比分别增长 41.6% 和 35.9%；数字出版（互联网出版）的 78 家单位，实现收入83.9 亿元，同比增长 26.5%。"[②]

第二，数字北京建设进入更高阶段。"数字北京"是文化与科技融合的表现领域之一。1999 年北京提出的"数字北京"建设目标，至 2010 年已基本实现。从 2011 年起，迈向"智慧北京"建设阶段。"智慧北京"的基本特征是宽带泛在的基础设施、智能融合的信息化应用和创新可持续的发展环境。2012年 3 月 16 日《智慧北京行动纲要》正式发布，计划到 2015 年实现从"数字

①　金元浦：《北京：走向世界城市》，北京科学技术出版社，2010，第 250 页。
②　李洋：《本市前五月文创收入 2989 亿元》，《北京日报》2012 年 8 月 27 日第 1 版。

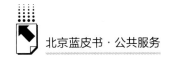

北京"向"智慧北京"的全面跃升。

第三，科技对传统文化的改造初现端倪。多年来，北京把高科技与传统文化结合起来，不仅关注物质文化遗产的保护和挖掘，也不断关注非物质文化遗产的挖掘与保护。如：科技创新促进了景泰蓝制作工艺改进，促使北京料器焕发新生，等等。"十二五"时期，北京着力利用科技手段，支撑传统文化保护，开展旅游资源、文物古迹、优秀近现代建筑和重要工业遗产等资源开发、保护与修复等。

第四，文化与科技融合的政策保障体系正在形成。近年来，从中央到地方连续出台一系列政策，为文化与科技融合保驾护航。如《中共中央关于深化文化体制改革的若干决定》、《国家文化与科技融合联合行动计划（2011~2015年)》、《关于促进文化与科技融合发展的指导意见》、《中共中央关于深化文化体制改革　推动社会主义文化大发展大繁荣若干重大问题的决定》等相继出台。北京市发布的《关于发挥文化中心作用　加快建设中国特色社会主义先进文化之都的意见》等文件都强调文化与科技的融合问题。

第五，文化与科技融合支撑平台初步建立。近年来，国家和地方层面都正在着力打造一批文化与科技融合的支撑平台。科技部在"十二五"期间启动实施"国家文化科技创新工程"，打造文化科技融合的管理和服务平台。科技部与文化部联合推进文化与科技的融合工作，建立工作会商制度，利用现有支撑平台，集成优势资源，加大对文化与科技融合项目的扶持力度。并将在"十二五"期间，共同组织实施专项行动计划，构建有利于文化与科技融合的文化创新体系，研究和探索有效推进文化与科技融合的体制和政策机制。

（二）北京文化与科技融合的特点及问题分析

在北京文化与科技融合过程中，突出表现为三大特点：一是科技进步对文化的支撑、驱动、引领、提升作用突显；二是文化与科技的融合由单项突破走向协同创新，由单纯注重研发走向产学研结合；三是科技与文化的融合由局部突破走向全面推进。

但是，不容忽视的是，北京文化与科技融合只是处于初级阶段且不够充分，仍存在一些问题。

第一，片面强调科技对文化发展的支撑作用。当前，无论是实践、政策指导层，还是理论研究层，大多强调科技在二者融合中的作用，以及融入科技的文化产业发展问题，而很少提及文化对科技的反作用。实际上，文化在科技发展的历史中一直发挥着重要作用。只强调科技对文化作用的单向度融合模式不利于文化与科技的全面融合，需要转变观念。

第二，文化与科技融合的深度不够。当前北京文化与科技的融合只处于浅表作用层面。一方面，融合的关注点集中于文化业态的探索与科技方法的融合以及文艺作品与科技知识的融合上。这两个方面的融合较容易实现，但缺乏长远的战略眼光；另一方面，对文化与科技在人文关怀和科学思想的融合、文化素养和科学精神的融合方面，仍重视不够、成效不佳。

第三，文化与科技融合的保障制度不完善。市场层面，文化与科技融合的市场机制还未完全建立，急需构建适合自身要求的自主创新市场激励机制和体系；政策层面，对于二者全面融合的支撑政策仍有欠缺。尤其是促进文化对科技的引导与改造的支持政策需有所考虑；体制层面，多年来中国文化与科技各自发展、互不往来。需打破体制性障碍，加强工作合作与交流。

第四，文化与科技融合的效率不高。文化与科技的融合效率低下的状况是一个不争的事实。较为突出的原因是："缺创意"，文化科技难融合；"少资金"，二者的自发对接有难度；科技支撑不足，关键技术支撑作用尚待挖掘；缺人才，创意产业人才缺乏，人才结构失衡；品牌意识缺乏，龙头企业少，带动作用不强。

三 北京文化与科技融合路径选择的理论基础

文化与科技二者的相互关系表现是一个包含冲突、对立、协调、消亡与创新的变化过程。但最终，二者趋于高度融合并生成全新的生成品。这些生成品既包括物化的产品、物载的产品，也包括没有被物质承载的东西，如新的理念、价值观念和制度体系等。这是由于文化与科技自身具有多层次的内涵。一般而言，文化与科技都包含物质、制度、精神三个层面的含义：物质层面的文化来源于文化的外显性，表现为文化符号、文化产品等；制度层面的文化，是人类在物质生产过程中所结成的各种社会关系的总和。精神层面的文化是狭义的文化，其内涵指人对客观世界反映的知识和信仰的观念系统。同理，物质层面的科技，指物化为工具、设备、科技产品和人工材料等的科技产物；制度层面的科技，则主要体现在科技研发与组织、科技管理、科技与其他领域协作等相关的制度体系；精神层面的科技，则主要指科学技术知识、科学理念、科学精神等意识形态的表现物。文化与科技的内涵与特性决定了文化与科技融合的模式。理论上，文化与科技的融合，应该是一个双向度、多维度、多层次的深度融合过程，但同时也可以演化推理出多种理论模式。

（一）单向度融合与双向度融合模式

文化与科技的单向度融合，是指文化与科技的融合过程中，只发生或强调一方对另一方的作用，而不发生或考虑对方的反作用。单向度融合模式虽有其优缺点，但优点主要体现在作用方向明确，作用直接。其缺点也很突出，如可能违背二者之间作用的规律和特点等。文化与科技的双向度融合，强调二者间的相互作用，注重时间维度的共同作用和空间维度的平行交叉作用，使二者间的关系更为立体、全面、客观。

（二）浅层融合和深层融合模式

当只强调文化与科技的物质浅表层间的彼此相互作用，则可称为二者的浅层融合模式。由于物质是直观的、表象的、可操作的，最易于被人们所认识和接受，文化与科技的相互作用更易于发生在物质层面。这种融合模式，虽然能够产生直观的效果，但所反应的二者作用关系的本质是不全面的。文化与科技的相互作用从制度、精神的深层次展开时则可称为深层融合模式。其中，文化的物质、制度、精神三个层面与科技的物质、制度、精神三个层面交叉相互作用，会产生不同的作用结果和生成品，表现出多元化的融合局面。

（三）机械性融合模式和系统性融合模式

文化与科技二者的融合不是简单机械性的三个层次间的交叉排列组合，而是两个复杂网络结构间的相互作用，其作用方式与结果必然是网络化的、交互式的和复杂性的。文化与科技的机械性融合模式，强调二者间的简单作用，各个层次的简单作用，或二者核心要素间的简单作用。而文化与科技的系统性融合模式，强调二者间多层次、多维度、多要素复合式的融合。

四　北京文化与科技融合路径探讨

结合北京文化与科技融合的时代需求、现实基础与理论基础，可以确定北京文化与科技融合的原则和战略路径，并明确相应的战略目标。

（一）北京文化与科技融合的原则

第一，多维度全面融合。如前所述，文化与科技融合具有多种理论模式。但是，很多模式后来都被证明是片面的、不深入、不彻底的融合模式，采用这些模式不能实现文化与科技的全面融合并满足发展需求。由于城市高速发展，各种要素错综交错、相互作用与交叉组合，使得北京的文化与科技融合应该是一种双向度的、深层的、系统性的融合，综合体现在器物、制度、精神各个层面的全面融合。

第二，模式多元化原则。文化与科技的融合具有系统性，不仅是两个系统的有机融合，更是诸多方面协同作用的结果，其融合的模式也不能一概而论。尽管发达国家在文化与科技融合方面积累了诸多经验，但是，由于不同国家的文化基础、文化体系和文化传统等是不同的，这些经验也不能挪为己用，需要有选择地借鉴。因此，北京文化与科技融合没有最佳模式，是一个"摸着石头过河"的探索过程，应该坚持模式多元化的原则。

（二）北京文化与科技融合的目标及路径

北京的文化与科技融合是北京城市发展的需要，其最终目标是为了实现人的全面发展和社会的可持续发展。其中包含两个方面的目标，一方面是要通过引入科技创新因素的文化的创新来实现文化的现代化；另一方面是通过文化引领下的科技改造与发展来实现科技的人文化。通过实现这两个层面的目标来促进其终极目标的实现。

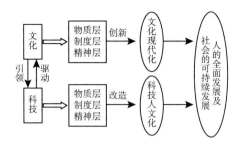

文化现代化是文化领域的现代化，"是现代文化的形成、发展、转型和国际互动的复合过程，是文化要素的创新、选择、传播和退出交互进行的复合过程，是不同国家追赶、达到和保持文化变迁的世界前沿地位的国际互动。"① 促进生产力的提高、促进社会的进步和人的全面发展正是文化现代化的最终目标。文化现代化需要分别从文化的器物层、制度层和精神层来实现。

科技人文化"是指科技的人性化、人道化，以克服科技与人背离、无视人的状态，把科技完全建立在人的基础上，以人为本，始终围绕着人的生存和发展来进行，使科技真正成为人的科技。"② 因此，科技人文化的实质就是追求科学精神与人文精神的统一，科技人文化的目标在于使科学和技术与人文文化紧密融合，从而促使科学技术服务于人的生存和全面发展，最终服务于社会的可持续发展。科技在物质、制度和精神三个层面推进人文化的过程也是实现科技人文化的必然路径。

参考文献

于平、傅才武：《中国文化创新报告 2010》，社会科学文献出版社，2009。
陈其荣：《当代科学技术哲学导论》，复旦大学出版社，2006。
金元浦：《北京：走向世界城市》，北京科学技术出版社，2010。
陈文：《北京数字图书馆建设的现状与主要特点》，《硅谷》2008 年第 23 期。
李洋：《本市前五月文创收入 2989 亿元》，《北京日报》2012 年 8 月 27 日。
彭列汉：《科技人性化的实现途径思考》，《科学学与科学技术管理》2005 年第 2 期。

---

① 何传启：《重铸中华文化的辉煌时代》，《中国科学基金》2009 年第 2 期。
② 彭列汉：《科技人性化的实现途径思考》，《科学学与科学技术管理》2005 年第 2 期。

Research on the Way of the Amalgamation of Culture and Science and Technology

Bi Juan

Abstract: Under the background of age today, it is very important for Beijing to promote the amalgamation of culture and science and technology (S&T), during such period. However, there should take care of the reality of the amalgamation, then choose a right way according to the suitable theory. At present, the procedure of amalgamation has made some progress; meanwhile there are some problems. The main problem is the one-dimensional and superficial combine. In a sense, only deeply and multi-dimensions combine can get a better result. Thus the ways of amalgamation of the culture and S&T of Beijing can get a summary: On one hand, we can bring in the creative culture with technological innovation to the purpose of the culture modernization; on the other hand, we should get S&T developments to achieve the humanization of S&T with the direction of culture.

Key Words: Science and Technology (S&T); Amalgamation; Path Choices

B.7
北京市基础教育公共服务资源配置分析

施昌奎*

摘　要：

在考察北京市教育经费与教师资源区县布局的基础上，本研究从基尼系数的角度对北京市基础教育资源的公平性进行了分析，并借用绝对收敛的检验方法分析了北京市基础资源布局的发展变化。结果显示，北京市基础教育资源"硬件"方面的布局日趋均衡，但"软件"方面的问题依然存在。

关键词：

基础教育　公共服务资源　基尼系数　绝对收敛

一　北京市基础教育公共服务资源的投入分析

各种教育经费投入的生均值是反映教育资源投入水平的重要指标。常用的主要有生均公用经费投入指标与生均教育经费投入指标。利用这两种不同的教育经费计算北京的生均教育经费结果如表1与表2所示①。

从表1与表2的数据不难发现以下特点。第一，整体而言，几乎所有区县的生均教育经费都表现出持续的增长。从财政支出的角度看，2005年时，各

---

* 施昌奎，北京市社会科学院管理研究所所长，研究员，博导，主要研究方向：公共管理、慈善事业、会展经济。本文为北京市社会科学院重点课题"北京公共服务资源空间布局战略研究"最新研究成果。

① 资料来源于历年《北京区域统计年鉴》，包括最新出版的《北京区域统计年鉴2012》，同心出版社，2012。

区县生均教育经费基本上分布于 1000 元到 2000 元。到 2011 年后①，该指标均达到了 3000 元，大部分区县都达到了 5000 元，有的甚至接近万元。从全年教育经费投入指标看，2005 年时，各区县的生均教育经费主要集中于 3000 元左右。到 2010 年时，该指标主要集中于 5000 元以上，有些区县接近万元。生均教育经费的不断增长说明了基础教育供给水平的不断提高。

表1　各区县小学与普通中学生均教育经费投入（以财政支出计）

单位：元

区县＼年份	2005	2006	2007	2008	2009	2010	2011
东 城 区	1820	3116	3199	4470	5206	5494	6011
西 城 区	1841	3393	3866	3453	5318	8253	6942
崇 文 区	2057	3470	3663	5460	6847	6744	7553
宣 武 区	1931	3217	3739	4992	5713	9450	8344
朝 阳 区	2528	4746	4167	4886	5416	6102	6730
丰 台 区	1251	3882	2656	2995	3343	3806	3874
石景山区	1114	2965	2460	2734	3377	3898	4107
海 淀 区	3253	2602	2470	2964	3360	3826	3989
门头沟区	2783	4115	3821	4922	5094	6222	7787
房 山 区	1508	2366	2849	3115	3823	4893	4595
通 州 区	1938	2340	1970	2090	2299	3057	3049
顺 义 区	1791	2748	2765	3255	3737	5011	5164
昌 平 区	1626	4040	2878	3530	3786	3647	4383
大 兴 区	1598	2944	2500	2706	3594	4223	4939
怀 柔 区	2113	3255	3434	4644	4730	5409	6222
平 谷 区	1337	2085	2673	3161	4344	6750	5787
密 云 县	1675	2674	2845	3291	3939	4663	4741
延 庆 县	1871	2786	2983	4154	4933	6148	6161

注：本表数据按 1952 年的不变价格计算。

资料来源：由历年《北京教育年鉴》与《北京统计年鉴》计算而得，包括最新出版的《北京区域统计年鉴 2012》，同心出版社，2012。

---

① 2010 年时，东城区与崇文区合并，西城区与宣武区合并，2010 年崇文区的数据并入了东城区，宣武区的数据并入了西城区。为了不再损失本就不多的样本，采用如下方法估计这四个区的数据：崇文区各指标以其占东城区与崇文区总数比例的几何平均数为比例，乘以东城区 2010 年的数据计算崇文区数据，东城区用原始统计数据减去估算的崇文区数据得到东城区 2010 年的数据。西城区与宣武区的计算方法与此相同。另有个别平均数指标未按此法计算。

第二，以全年教育经费投入指标计算的生均教育经费普遍较高。教育经费的来源有很多渠道，除了政府的财政性拨款以外，还有社会捐资与学校自筹等其他途径。从统计口径看，全年教育经费投入包含有财政性支出的部分，比其更为全面。因此，正如表2所示，从该指标考查的生均教育经费高于从财政角度的计算结果。当然，也有一些例外的现象。比如，2010年的西城区、崇文区与宣武区。这可能是由统计数据与估计数据两方面因素共同造成的①。

表2　各区县小学与普通中学生均教育经费投入（以全年教育投入计）

单位：元

区县＼年份	2005	2007	2008	2009	2010
东城区	4859	5752	6840	7884	8541
西城区	4676	5079	6094	8084	6644
崇文区	5489	5833	8270	9474	9809
宣武区	5099	5973	8705	8470	8095
朝阳区	3204	5075	6091	7041	7115
丰台区	1354	3097	4228	4146	4218
石景山区	2946	4489	4915	4408	5519
海淀区	6826	2366	4450	4537	4270
门头沟区	4875	4358	2096	2285	6375
房山区	2148	3038	3328	4085	5342
通州区	3405	2286	2445	2792	3445
顺义区	3600	3467	3337	3742	4460
昌平区	2519	3512	4329	4864	5212
大兴区	2256	2914	3080	4288	4854
怀柔区	2936	3835	5577	7570	9083
平谷区	2085	3485	3735	5611	7565
密云县	2580	3357	3826	4739	5348
延庆县	3038	4416	5372	6916	6654

注：本表数据按1952年的不变价格计算。

资料来源：由历年《北京教育年鉴》与《北京统计年鉴》计算而得，包括最新出版的《北京区域统计年鉴2012》，同心出版社，2012。

① 2010年与2011年《北京区域统计年鉴》中汇报的2009年教育支出分别为162310与250471，本研究中使用的是162310。

第三，生均教育经费在不同区县的增长情况存在显著差异。虽然，几乎所有区县的生均教育经费都表现出持续的增长，但是，不同区县的增长速度存在着巨大差异。以全年教育经费投入计算生均教育经费时，按可比价格计算，有些区县 2011 年的生均教育经费达到了 2005 年的三倍多，比如平谷区、丰台区和怀柔区。但是，有些区县仅是原来的一倍多，比如通州区、顺义区和门头沟区。可见，不同区县间存在巨大差异。由于生均教育经费受到两个因素的影响，因此，形成这种差距的直接原因有二。或者是教育经费的投入在不同区县间存在较大差异，或者是学生不停地向个别区县集中，或者是二者同时存在。

第四，按可比价格计算时，有些区县的生均教育经费甚至出现了负增长。生均教育经费的变动不仅在区县间存在巨大的差异，有些区县甚至出现了负增长的情况。从全年教育经费投入的计算结果看，海淀区在 2005 年的生均教育经费为 6826 元，2010 年时下降为 4270 元，下降了三成以上。即使以稳健增长的财政支出计算，海淀区的生均教育经费也仅从 3253 元增加到 3826 元，增长不到 20%，而且同样出现过下降的过程。出现这一结果可能并不是由教育经费投入增长较慢引起的，而是因学生不断集中导致的。2005 年时，海淀区小学在校生数为 82537 人，普通中学在校生数为 14212 人。2010 年时，小学在校生数达到 120753 人，普通中学在校生数达到 99467 人。"十一五"期间，海淀区基础教育的在校生数翻了一番还多。因而影响了生均教育经费的增长。

除了教育经费，师生比同样是影响教育质量的重要因素，也是考察基础教育供给水平的重要指标。该指标可通过专任教师数比在校学生数计算，反映了每个学生拥有的教师数（也有研究使用倒数形式，反映了每个教师同时教导的学生数）。为了便于阅读理解，将本研究将所得比值乘以 100，计为每百学生拥有专任教师数。其中，表 3 为各区县小学每百学生拥有专任教师数，表 4 为各区县普通中学每百学生拥有专任教师数[①]。

---

① 《北京区域统计年鉴》中，海淀区 2004 年与 2005 年普通中学在校生数分别为 14830 与 14212，但在此前后的在校生数都为 9 万以上。若以年鉴中数据计算师生比，则结果分别为 42.32 与 45.52。这不仅有悖于实际情况，也不符合统计上的连续性，应该属于印刷错误。因此，本研究将这两年普通中学在校生数分别调整为 94830 与 94212。

表3 各区县小学每百学生拥有专任教师数

单位：人/百学生

区县\年份	2005	2006	2007	2008	2009	2010	2011
东 城 区	8.36	8.21	7.31	7.18	7.47	7.39	6.91
西 城 区	9.53	9.82	7.95	7.69	7.52	7.33	6.46
崇 文 区	10.64	10.88	8.58	8.60	8.33	8.59	7.99
宣 武 区	11.24	12.07	9.24	9.31	9.20	8.78	7.82
朝 阳 区	11.65	12.64	7.22	7.51	7.97	7.81	6.78
丰 台 区	11.21	12.65	5.92	6.02	6.04	6.23	5.90
石景山区	10.89	11.20	7.40	7.52	7.74	7.80	6.68
海 淀 区	6.98	7.15	5.36	5.52	5.76	5.87	5.04
门头沟区	13.89	15.02	10.51	10.83	10.93	10.81	10.65
房 山 区	9.10	9.38	7.77	7.88	8.31	8.30	7.39
通 州 区	10.64	11.78	6.99	7.06	7.08	6.86	5.77
顺 义 区	10.56	10.77	7.42	7.61	7.98	7.49	6.67
昌 平 区	13.32	13.95	8.37	8.60	9.01	8.94	6.75
大 兴 区	9.50	10.22	7.36	7.47	7.53	7.68	7.38
怀 柔 区	10.30	11.12	10.13	10.51	10.91	10.61	8.58
平 谷 区	9.30	9.95	9.88	10.30	11.19	11.01	11.61
密 云 县	7.01	7.45	6.71	7.86	8.37	8.38	7.78
延 庆 县	9.09	8.86	8.50	8.94	10.20	11.22	10.72

资料来源：由历年《北京教育年鉴》与《北京统计年鉴》计算而得，包括最新出版的《北京区域统计年鉴2012》，同心出版社，2012。

表4 各区县普通中学每百学生拥有专任教师数

单位：人/百学生

区县\年份	2005	2006	2007	2008	2009	2010	2011
东 城 区	8.26	8.40	8.66	9.26	9.79	10.01	10.62
西 城 区	9.04	9.59	9.66	10:04	10.36	10.54	10.77
崇 文 区	7.80	8.21	7.79	8.53	9.12	9.18	9.80
宣 武 区	8.26	8.97	8.97	9.52	10.12	10.02	10.32
朝 阳 区	8.16	8.93	7.86	8.44	9.19	9.68	12.91
丰 台 区	3.41	11.22	9.12	9.42	9.74	9.79	12.45
石景山区	4.98	11.12	9.42	9.74	10.21	10.27	12.14
海 淀 区	6.87	7.34	6.89	7.25	7.60	7.78	8.81
门头沟区	11.03	11.72	10.66	10.85	11.55	11.98	12.36
房 山 区	8.34	8.84	8.97	9.68	10.25	10.37	11.56

续表

区县\年份	2005	2006	2007	2008	2009	2010	2011
通州区	16.65	9.28	8.67	9.10	9.77	10.04	11.84
顺义区	9.93	9.53	8.88	9.19	9.62	9.93	11.04
昌平区	5.58	12.63	9.95	10.72	11.12	11.19	14.79
大兴区	8.60	11.29	10.57	11.10	11.45	11.48	13.77
怀柔区	9.60	10.23	9.75	10.11	10.34	10.84	13.17
平谷区	7.36	9.18	9.79	10.47	10.86	11.00	11.74
密云县	7.46	8.39	8.38	8.95	9.68	10.20	10.37
延庆县	8.76	9.25	9.40	10.17	10.48	10.59	11.46

资料来源：由历年《北京教育年鉴》与《北京统计年鉴》计算而得，包括最新出版的《北京区域统计年鉴2012》，同心出版社，2012。

统计结果显示，只有个别区县的每百学生拥有专任教师数有所提高，就整体而言，并没有形成太大的改善。不仅如此，小学的师生比甚至还有明显的下降趋势。比如，朝阳区的小学师生比从2005年的11.65下降到2011年的6.78，昌平区从2005年的13.32下降到2011年的6.67。其实，造成小学师生比下降的原因并不是专任教师数量的下降，而是在校生数过快的增长（可能表现为向某些区县集中）。如图1与图2所示（右轴为在校生数），朝阳区的小学在校生在此期间几乎增加了100%，但专任教师只增加了10%多一点（比2010年增加了18%多一点）。同样，昌平区的小学在校生在此期间增加了60%以上，但专任教师甚至出现了突然下降，即使考虑到统计数据的异常值，与2010年比，也只增加了5%多一点。从这两个图中不难发现，在校生数在2006～2007年间出现了一次大幅度的增长，而其他时间的变动都较为平稳。考察这一时期的相关政策可知，这可能是因为北京从2006年起对义务教育实行了全面免费，使得小学在校生数急剧增加，从而导致了专任教师的增长赶不上学生数的增长，师生比在这一时期出现了明显的下滑。普通中学在校生数也受其影响，只是由于高中阶段不在九年义务教育之中，因而对其影响相对较弱。由此可见，北京市的教师资源整体有所提高，但由于流动人口的大量增加，令其增长速度不能赶上学生的增长速度，从而导致了小学师生比的下降。

综上可知，从基础教育资源投入的情况看，虽然北京市基础教育的整体水平有了一定程度的改善，但是这些资源在数量与质量上的改善程度存在明显差

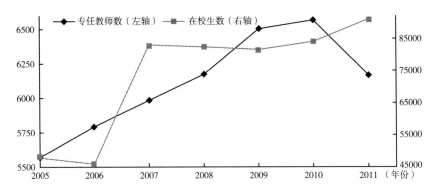

图1　朝阳区2005～2011年专任教师数与在校生数

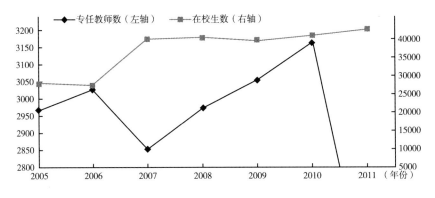

图2　昌平区2005～2011年专任教师数与在校生数

异。那么，这种差异是有利于基础教育布局的合理性，还是加剧基础教育的非均等呢？对此还需要从公平性的指标进行定量分析。

二　北京市基础教育公共服务资源的公平性分析

测量某种资源分布差异性的指标有很多。其中，经济学家基尼于1912年根据洛伦茨曲线（Lorenz，1905）提出的基尼系数因其简单明确的特征而最为常用。借助基尼系数测量公共服务资源布局在不同区县之间的差异性时，需要注意两点。一是基尼系数测量的是不同群组间的差异性，对于群组内则假设不存在差异。二是基尼系数的准确性依赖于资源的同质性。就生均教育经费而言，则假设各区县的物价水平相同，即每一元钱在不同的区县买到的东西相同。就师生比而言，则假设所有教师的水平相同，即每一个教师能够提供相同的教学过程（不难发现教师质量很难同质，因此，结论需要根据该假设适当调整）。通过计算，北京市各区县的生均教育经费与师生比的基尼系数如表5所示（括号中以变异系数作为对比）。

表5　各区县教育资源投入的基尼系数与变异系数

年份	生均财政性教育支出	生均全年教育经费投入	小学师生比	普通中学师生比
2005	0.1458 (0.2817)	0.2190 (0.4065)	0.0964 (0.1794)	0.1596 (0.3298)
2006	0.1201 (0.2215)		0.1086 (0.1975)	0.0782 (0.1452)
2007	0.1078 (0.1975)	0.1593 (0.2890)	0.0952 (0.1752)	0.0576 (0.1063)
2008	0.1425 (0.2613)	0.2093 (0.3854)	0.0950 (0.1771)	0.0541 (0.1000)
2009	0.1365 (0.2524)	0.2045 (0.3736)	0.1010 (0.1872)	0.0480 (0.0921)
2010	0.1662 (0.3101)	0.1608 (0.2915)	0.1029 (0.1909)	0.0465 (0.0901)
2011	0.1493 (0.2690)		0.1211 (0.2345)	0.0690 (0.1262)

注：括号中为一种差异性测量指标变异系数*。
*变异系数等于标准差与均值的比值。

首先，各指标的基尼系数在所有年份均小于0.3，有些指标的基尼系数甚至低于0.05，根据基尼在测量收入分配公平性时的基本标准，十分接近绝对公平线。这说明教育经费与师资力量这两种教育资源在北京市各区县之间的分布较为平均。当然，评价收入分配的标准是否能够恰当地反映基础教育资源的分配，还需要通过更多的经验数据长期考察。

其次，四组结果中，只有生均财政性教育支出的基尼系数出现了明显的扩大，这说明，虽然最终结果比较平均，但财政支出中教育支出的差异性呈现逐渐放大的过程。当然，这并不能说明财政性教育支出有影响生均教育经费的趋势。因为财政性教育经费只是全部教育经费中的一部分，不同学校经费的获取能力必然不同，因此，财政性教育经费支出的差异可能正是在弥补这种能力上的差异，从而促进教育经费的公平性。

再次，小学师生比的差异性没有出现明显的变动，基本维持在 0.1 左右。虽然从基尼系数看，小学教师资源比较公平，布局相对合理，但从一个地区看，这一时间小学师生比在不断降低，2011 年时有些区县接近甚至超过了 1/19 的基本要求。如果这一比例继续降低，即使分布差异较小，也同样会影响小学教育的质量，这是供给不足的问题。

最后，普通中学师生比的基尼系数表现出持续下降的趋势。从表 4 可以发现，差异性的不断降低主要体现在中心城区师生比提高不多的情况下，远郊区县的大幅提高。由于近几年中各区县专任教师数量增长不多，甚至负增长情况的存在①，因此，这种更趋公平的变化主要来自于远郊区县学生数的下降，与中心城区学生数的上升。学生不断趋向中心城区的现象说明，中心城区的教师资源质量可能远高于远郊区县，或者中心城区的其他教育或者非教育资源明显优于非中心城区。在这种情况下，教育资源质量的不同质将导致基尼系数所衡量的差异性很可能被低估。

以上这些特征还可以通过对应的折线图更直接地反映出来。如图 3 所示，从基尼系数看，四个指标都不存在明显的差异性，其中生均财政性教育支出表现出差异性扩大的趋势，普通中学师生比表现出差异性降低的趋势，其他两个的变化并不十分显著。

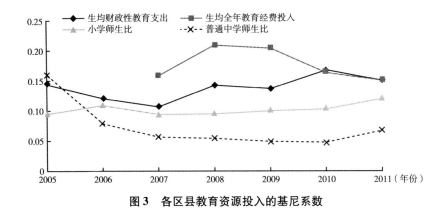

图 3 各区县教育资源投入的基尼系数

---

① 除海淀区专任教师增长接近 20% 外，其他地区均增长不到 10%，大多地区出现负增长。

通过基尼系数的测量可以发现，北京市基础教育的经费资源与教师资源在空间布局上没有表现出巨大的差异性。而且，基尼系数的变化情况说明这些指标大都表现出均等化的发展趋势。由此可以看出，如果不考虑服务"软件"的差异，基础教育的"硬件"基本可以满足居民的需求。

三　北京市基础教育公共服务资源的收敛性分析

布局的合理，基尼系数的降低反映了差异性的缩小，也就是不同区县的基础教育资源都朝着同一个水平发展。从经济学的角度看，就是表现出收敛的特征。因此，可借用经济增长中的收敛性检验方法来分析公共服务资源的布局变化是否向着更合理的方向发展。由于公共服务资源的空间布局还没有一个较为严格的理论模型，因此，可借助 Baumol（1986）所使用的检验方法[①]，检验北京市基础教育资源是否具有绝对收敛的特征。具体而言，可设置如下回归模型：

$$\ln S_{i,end} - \ln S_{i,start} = \_const + \beta \ln S_{i,start} + \varepsilon \qquad (1)$$

如上模型中，S 代表各种基础教育的投入水平，下标 i 标识不同的区县，下标 $start$ 表示为初始一期，下标 end 表示为最末一期，$\_const$ 是常数项，ε 是一般干扰项。从回归模型的设置可以看到，回归模型中的因变量是各种基础教育资源从初始一期到最末一期的增长率的自然对数，自变量为初始一期的各种基础教育资源的投入水平的自然对数。因此，估计系数 β 实际上反映了基础教育资源初始一期的投入水平与其未来几年内的增长率之间的关系。如果初始资源水平较低的区县普遍具有较高的增长率，那么这种资源的差异性就会不断地缩小，即说明绝对收敛性的存在。此时，二者之间反映出负相关的关系，因此，估计系数 β 应该小于 0。相反，如果估计系数 $\beta > 0$，那么初始资源水平较低的区县则具有较低的增长率，此时区县间的差异会不断加剧，说明基础教育资源不存在绝对收敛的特征。

利用表 1 到表 4 的数据估计回归模型（1），可得到如表 6 所示的估计结果。

---

① Baumol 的检验方法当然存在一定的偏差和不足（De Long，1988），但借用此方法进行一个初步的分析并不会对结果产生严重的偏差。

表6 2005～2010年间各种基础教育资源投入的绝对收敛检验结果

	生均财政性教育支出增长率	生均全部教育经费投入增长率	小学师生比增长率	普通中学师生比增长率
β	− 0.4808 ** (0.2155)	− 0.6441 *** (0.1441)	− 0.7183 *** (0.2719)	− 0.9484 *** (0.0867)
_const	5.5082 *** (1.8977)	6.8859 *** (1.3462)	1.4617 ** (0.6373)	2.2185 *** (0.1874)
N	18	18	18	18
R^2	0.1330	0.4566	0.3476	0.9203
Adj R^2	0.0789	0.4226	0.3068	0.9153
初始年	2005	2005	2005	2005

注：圆括号内为自体抽样标准误（Bootstrap Standard Error），抽样次数为1000，* $p < 0.1$，** $p < 0.05$，*** $p < 0.01$。

从表6的估计结果可以看到，四个模型中的估计系数 β 都小于0。从模型的拟合优度 R^2 来看，除生均财政性教育支出模型外，其他三个模型的 R^2 都达到了0.3以上，普通中学师生比模型甚至达到了0.9以上。即使是生均财政性教育支出模型，其拟合优度 R^2 也在0.1以上，基本达到了截面数据模型的平均水平。

从估计值来看，生均财政性教育支出模型的估计系数只有 − 0.4808，距离 − 1 最远，普通中学师生比模型的估计系数达到 − 0.9484，几乎接近完美收敛。这说明普通中学教师资源差异的缩小速度最快，生均财政性教育支出的差异缩小速度最慢。

同时，考虑到长期的收敛性更有意义，本研究还将初始年份提前（设置初始年为可获得数据的最早年份），扩大检验的时间跨度，重新估计模型（1），估计结果如表7所示。比较前后两个估计结果不难发现，估计系数与拟合优度 R^2 都有明显的提升①，其中以生均财政性教育支出模型的变化最为明显。

----

① 普通中学师生比模型估计系数与拟合优度的降低说明"十一五"期间普通中学教师资源差异缩小的速度高于其他时期。

表 7　其他年份至 2010 年间各种基础教育资源投入的绝对收敛检验结果

	生均财政性教育支出增长率	生均全部教育经费投入增长率	小学师生比增长率	普通中学师生比增长率
β	− 0.6015 ** (0.2772)	− 0.7344 *** (0.1414)	− 0.7768 *** (0.1975)	− 0.9241 *** (0.0890)
_const	7.2411 *** (1.9737)	7.9354 *** (1.2203)	1.6898 *** (0.3818)	2.1732 *** (0.1797)
N	18	18	18	18
R^2	0.2233	0.6839	0.4304	0.7980
$Adj\ R^2$	0.1747	0.6641	0.3948	0.7854
初始年	1994	2001	1997	1997

注：圆括号内为自体抽样标准误（Bootstrap Standard Error），抽样次数为 1000，* $p < 0.1$，** $p < 0.05$，*** $p < 0.01$。

四　结论与建议

从北京市基础教育公共服务资源投入状况、公平性分析和收敛性检验的结果看，北京市基础教育经费资源与教师资源在区县间的布局表现出差距不断缩小的趋势。基尼系数的变化情况表明这些"硬件"指标趋向均衡。收敛性检验结果也表明教育经费资源与教师资源的差异在不断缩小，趋于收敛。由此可以看出，北京公共服务中的基础教育"硬件"布局趋向均等化，基本可以满足居民的需求，但像教师素质这类"软件"的布局仍可能存在着巨大的差距，这需要加强师资流动、名校办分校等措施进一步缩小校际的"软件"差距。

参考文献

Baumol, W. J., 1986, "Productivity Growth, Convergence, and Welfare: What the Long-run Data Show", *American Economic Review*, 76（5）: 1072 – 1085.

De Long, J. B., 1988, "Productivity Growth, Convergence, and Welfare: Comment",

American Economic Review, 78（5）：1138 – 1154.

Lorenz, M. O. （1905）, *Methods of Measuring the Concentration of Wealth.* Publications of the American Statistical Association 9（70）：pp. 209 – 219.

沈有禄：《中国、印度基础教育比较研究》，人民出版社，2011。

Research on the Allocation of Basic Education Resource in Beijing

Shi Changkui

Abstract：Based on reviewing distribution of the education funding and teacher resources in Beijing, this paper measured the equity of basic education resources by using Gini coefficient and inspected the convergence of evolution of these resources. The conclusion shows that the distribution of hardware of basic education resources in Beijing become more equity in recent years, but the software still have many problems.

Key Words：Public Health；Public Service Resource；Gini Coefficient；Absolute Convergence

B.8
北京市异地高考政策分析

高 升*

摘 要：

伴随着中国的城市化进程，大批流动人口从农村、中小城市向大中城市，从中西部欠发达地区向东部发达地区转移，子女高考问题也日渐凸显。优秀高校在京录取比例较高是异地高考需求的重要原因，由此带来的与北京生源的竞争不可避免。由此，北京市异地高考政策的设计不仅涉及技术问题，不仅是录取政策和教育资源的问题，其影响还会波及整个教育体系、户籍政策，等等，必须在城市整体规划的框架下统筹安排，处理好资源的分配，实现教育公平。

关键词：

异地高考 政策分析 公平

一 问题的提出

伴随着中国城市化进程的不断推进，大批流动人口从农村向城市、从中小城市向大中城市、从中西部欠发达地区向东部发达地区转移，随迁子女就学、高考问题也日渐凸显。第六次全国人口普查显示，目前中国进城务工人员总量已达 2.6 亿，其中跨市进城务工人员总量为 2.2 亿[①]，其子女在流入地参加高考的问题日益迫切。根据教育部的统计数据，2009 年义务教育阶段的随迁子女达 1260.97 万人，2010 年为 1167.17 万人，2011 年为 1260.97 万人[②]。在刚

---

* 高升，国家教育部考试中心二处处长，副研究员，博士，研究方向：教育测量、教育管理。

① 国家统计局：《2010 年第六次全国人口普查主要数据公报》（第 1 号），2011 年 4 月 28 日。
② 教育部：《2009 年全国教育事业发展统计公报》2010 年 8 月 3 日；《2010 年全国教育事业发展统计公报》2011 年 7 月 23 日；《2011 年全国教育事业发展统计公报》2012 年 8 月 30 日。

刚结束的党的"十八大"上,异地高考问题再次成为代表们热议的焦点。

多年以来,中国的高考一直实行"学籍+户籍"双认证制,学生只能在户籍所在地报名参加高考,非本地户籍学生没有在常住地参加高考的权利,这给进京外来人员带来很多不便。2012年8月31日,国务院办公厅转发教育部、国家发展和改革委员会、人力资源和社会保障部以及公安部的《关于做好进城务工人员随迁子女接受义务教育后在当地参加升学考试工作意见》。该意见指出,符合条件的随迁子女可以在经常居住地参加高考,但同时将"异地高考"方案的具体制定权下放到各省、市、自治区政府,并规定各省、自治区、直辖市的具体方案原则上应在2012年底前出台。

此后,山东、江苏、福建等省相继公布了本省的"异地高考"政策。如山东明确提出,从2014年起在当地有工作的外来务工人员子女,拥有完整的当地高中三年学籍,就可以在当地参加高考,并与本地户籍居民按同等标准参加高考录取①。然而众所周知,像山东、江苏这样的省份,高考竞争本身就十分激烈,而且流入人口并不多,而北京、上海和广州高考竞争程度相对较低,而且流入人口众多,因此江苏、山东的做法很难在北京这样的一线城市复制。

二 利益相关者分析

异地高考这一问题,最初是从生活便利和维护教育公平的角度提出的,但这一问题触及多方的利益,存在多方博弈。

(一)外来务工家长及"随迁子女"视角

站在外来务工家长的角度看,"北京是全国人民的北京,不仅仅是北京人的北京"。他们认为,自己在这个城市工作、纳税,为城市建设贡献力量,却因为没有北京户口就需要让自己的孩子返回原籍参加高考是不公平的。

---

① 山东省招生委员会:《山东省普通高校考试招生制度改革实施意见》(鲁招委〔2012〕2号),2012年2月。

2011 年 3 月 24 日，20 名在北京的外地学生家长向教育部递交了"学籍与户籍分开，以居住地和学籍确定高考地的建议方案"。2011 年 10 月，他们又向社会公开了民间版的《随迁子女输入地高考方案》，并递交教育部。这份方案提出，不再把是否具有北京市户籍作为高考报名的限制条件，依据学籍和父母经常居住地的标准认定高考报名资格。之后，这些非京籍家长不断到教育部信访办提交公开信，希望得到明确答复。同时，北京、上海、广东等地的非京籍家长自发组织，在地铁口、广场等公共场所进行宣传，并组织了签名活动。

（二）原籍家长及子女视角

据 2012 年 10 月 19 日《环球时报》报道，10 月 18 日上午，20 余名北京籍孩子家长来到北京市教委信访办，抗议放开异地高考。进入贴吧的北京吧和上海吧就会发现，本地市民反对异地高考的比例均超过 95%，甚至有上海网友成立了反对异地高考签名的专用微博。可见，随着异地高考政策的制定进入实质性阶段，双方的分歧和冲突有愈演愈烈之势，户籍人士与非户籍人士间的对峙已从隔空叫阵的网络论战延伸到针锋相对的现实维权。

（三）博弈的根源

一般而言，外来人口多、高考录取率高的地区，异地高考呼声更高，但事实并非如此。首先，按照流动人口的绝对数量来看，广东和浙江这两个流动人口输入大省主张异地高考的呼声应该最高，但事实并非如此，呼声最高的是北京和上海。根据相关统计，截至 2010 年 10 月 1 日零时，全国流动人口估算数为 2.21 亿，在跨省流入人口中，广东占 30.62%、浙江占 23.61%、江苏占 9.72%、上海占 9.51%、北京占 9.07%[①]。

其次，从录取率来看（表 1），2012 年全国共有 22 个省市的高考录取率超过 80%，其中有 11 个省市的录取率超过了北京和上海，京沪两地并不是高考录取率的"第一梯队"。

----

① 国家人口和计划生育委员会：《中国流动人口发展报告 2011》，2011 年 10 月 13 日。

表1 2012年全国各地高考录取情况

地 区	报名人数（万人）	录取人数（万人）	录取率
青 海	4.07	3.91	96
天 津	6.4	6	93
海 南	5.5	5.1	92
吉 林	16.2	14.42	88
福 建	25.7	22.8	88
山 东	55	48.86	88
黑龙江	21	18.4	88
内蒙古	18.95	16.57	87
湖 南	36.3	31.35	86
浙 江	31.5	27	85
云 南	21.13	18	84
北 京	7.34	6.09	83
江 西	26.9	22.27	83
上 海	5.9	4.9	83
江 苏	47.4	36.52	83
河 北	45.9	37.7	83
宁 夏	6.02	4.93	82
广 东	69.2	56.58	82
贵 州	24.8	20.33	82
辽 宁	25.9	21.24	82
安 徽	50.6	40.9	81
重 庆	23	18.32	80
广 西	28.5	22.5	79
新 疆	15.47	12.15	78
陕 西	37.5	28.59	76
河 南	80.5	61.1	76
湖 北	45.6	33.53	76
甘 肃	29.6	21.9	74
四 川	53.8	39.3	73
山 西	36.1	24.58	69
西 藏	1.9	1.1	59

资料来源：四川招生考试网，http://www.zsksb.com。

事实上，经过连年扩招，中国高等教育供给不足的情况已得到很大改善，入学竞争已经悄然从"上大学"升格为"上名牌大学"，围绕央属重点高校录取资源的争夺成为现在高考的竞争焦点。所谓央属重点高校主要是指115所中央部委管理的高校，包括了所有的 985 高校和大多数 211 高校以及大多数最高水平的专业院校。

2011 年 4 月，中国教育学会常务副会长谈松华、北京大学教育学院院长文东茅主持进行了针对 80 所央属 985 高校和 211 高校的调查研究，在其《央属高校招生名额分配政策研究报告》中指出：从 2000 年至 2010 年，中国央属高校在属地招生的比例已经从 45.1% 逐年下降到 29.2%，但是从各省学生就读央属高校的入学机会指数（平均数为 1）看，不同省市差异悬殊的状况依然存在，甚至有继续拉大的趋势，入学机会指数的差异系数（标准差除以平均数的值）有逐年递增的趋势，不同省市之间央属高校入学机会指数的基尼系数也从 2001 年的 0.226 提高到 2010 年的 0.298（见表 2）。

表 2　2000 ~ 2010 年央属高校入学机会变化状况

年份	属地招生比例(%)	入学机会指数的差异系数	入学机会指数的基尼系数
2000	45.1	0.455	0.253
2001	41.4	0.402	0.226
2002	40.2	0.443	0.249
2003	39.6	0.536	0.283
2004	37.5	0.534	0.286
2005	n	n	n
2006	35.9	0.546	0.298
2007	34.2	0.537	0.291
2008	32.9	0.538	0.286
2009	30.9	0.565	0.292
2010	29.2	0.609	0.298

资料来源：谈松华、文东茅撰《央属高校招生名额分配政策研究报告》，内部报告，2011 年 4 月 21 日。

从分省的入学机会指数变化情况看，北京、上海、天津的入学机会指数在 2000 年分别为 1.75、1.61、1.51，到 2010 年分别提高到 3.64、3.73 和 2.84，但是河南、河北、安徽等省的央属高校入学机会指数一直在 0.50 ~ 0.70 的低点徘徊。这些数据清楚地说明，京沪等地的非户籍人口的家长之所以积极推动异地高考，正是因为北京和上海拥有更高的央属高校录取率。据此我们可以基本得出结论，围绕异地高考所展开的激烈论战，其实质是"来自于经济欠发达的劳务输出大省的流动就业群体"与"接受劳务人员流入的经济相对发达城市的原住民"之间，对于稀缺的优质高等教育资源的利益冲突，或者说是利益再分配。

三 两种设计方案及存在的问题

为了兼顾随迁子女和当地考生两方面的利益，有两种异地高考方案。

（一）平行录取

一种意见认为，要做到北京籍学生的录取率不受影响，就必须相应扩大北京市的录取名额，每年根据京籍考生与异地考生的人数之和来确定招生计划。《关于做好进城务工人员随迁子女接受义务教育后在当地参加升学考试工作意见》提出，对符合在当地参加升学考试条件的随迁子女净流入数量较大的省份，教育部、发展改革委采取适当增加高校招生计划等措施，保障当地高考录取比例不因符合条件的随迁子女参加当地高考而受到影响。但这里也许会连带出另外一个问题，那就是在考生增多的情况下，高校——特别是央属名牌高校如果增加北京本地的录取名额，这对于重点高校招录比已然远低于北京的外省考生来说将更加"不公平"。也就是说，围绕异地高考的博弈，不仅在京籍考生与非京籍常住考生之间展开，还会在事实上触动外省考生的高考"蛋糕"。在研究解决一种"不公平"时，不应当以扩大另一种"不公平"为代价。由此可见，异地高考政策牵一发而动全身，远比想象中复杂，必须通盘考虑，谨慎推进。

（二）异地高考＋原籍录取

此外，还有人提出了第二种解决办法，即采取"异地高考＋原籍录取"，在本地有学籍的学生在本地参加高考，而其高考录取回原省籍进行。具体举例如下：假设某考生户籍是 A 省，在北京参加理综类高考。由于高考录取主要是分省按名次进行的，因此只要根据考生在北京高考成绩的名次对应出其在 A

省高考的名次后，即可在 A 省进行该考生的高考录取工作。那么如何得到该考生在 A 省的高考名次？举例来说，假如某年北京高考理综类成绩有效者 10 万人，该考生参加北京市高考的名次为 50 人并列第 7000 名。而 A 省当年高考理综类成绩有效者 20 万人。则该考生在北京市高考理综类排名可以认为是：7000 +（50−1）/2 = 7024.5，也即 7000 至 7049 这 50 个连续自然数的平均值，且小数部分要保留。而将该名次对应到 A 省理综类时，其合理的排名应是：7024.5×20 万/10 万 = 14049。有了对应名次后，还可将该考生在 A 省的理综类成绩对应出来。例如，某考生对应出来的名次是 33.2，而前面 A 省 20 万名考生中第 33 名成绩为 570 分，第 34 名为 550 分，则该考生在 A 省对应的成绩为：570 −（570−550）×0.2 = 566 分。有了对应成绩，之后的高考录取工作可如常进行。

当然，"异地高考 + 原籍录取"在具体实施中仍需细节配套。如 A 省实行的是考前填报志愿或考后估分填报志愿，这会使考生填报志愿难度加大；由于名次和成绩对应需要各省同时进行，在时间上对高考招生工作多了一个要求。这种方式有三个优点：一是便于操作。处理考生的名次对应和成绩对应，可由计算机快速完成；二是比较公平。学生在学习条件好的地方学习，就应该与当地其他学生比较，这样对在学习条件差的地方学习的学生来说，才是公平合理的；三是容易被各方面接受。本地学生和外地学生之间高考时无竞争性，本地的学生、家长不会排斥外地学生；对本地学校来说，外地学生考得好也是学校所乐于见到的。

四　对北京市异地高考政策的思考

2012 年 9 月 6 日，教育部部长袁贵仁在新闻发布会上对《意见》中所涉及的随迁子女流入数量较大省市的准入条件做了解读："家长的基本条件是在当地有稳定的工作、稳定的住所、稳定的收入，并且缴了各种保险，尽管不是户籍人口，但是这个地方的常住人口；学生本人的条件是，有可能在这里学了小学、初中、高中，也可能只是高中才来，因此各地会根据实际情况，什么样的学生跟本地生是一样的。还有一个是城市条件，这个城市发展需不需要这个

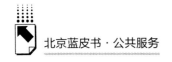

行业、这个群体，这个城市能发展到多大规模，要根据城市发展需要和承载能力。"

因此，北京市在制定异地高考政策时，首先需要摸清非本地户籍人口变动和随迁子女就学等情况，为方案制订提供可靠依据。在此基础上，根据城市功能定位、产业结构布局和城市资源承载能力，进一步细化准入条件。因此，在异地高考政策制定过程中，关键是必须协调好外来务工子女和本地户籍考生的利益，在二者之间寻求一个最佳平衡点。

（一）异地高考与素质教育

开展异地高考，总体上有利于教育公平，但也可能会对正在艰难推进的素质教育产生冲击。北京、上海等地的高考录取分数线不如中部一些省份，但不能因此说京、沪生源考生的总体综合素质要差一些。异地高考可能会"驱动"中部地区的"中等生"成为西部地区的高考移民，这些考生再以"优等生"的分数考上京沪名校。而在推行素质教育北京、上海地区的考生高考分数不如那些接受应试教育的"高考移民"，就会使应试教育的呼声和需求高于素质教育，造成教育水平的倒退。

（二）异地高考与户籍改革

异地高考的最终实现需要系统设计，通盘考虑包括入学模式、户籍制度、初高中阶段教学大纲等诸多政策和技术问题，但关键点还是户籍制度。实现异地高考，必须和户籍制度改革联系起来。考生在非户籍所在地参加高考技术上没有问题，但涉及的地方利益难以协调。异地高考要想真正落到实处，必须建立在对各种因素统筹兼顾的基础上，要对单兵突进式的改革可能遇到的问题保持足够的警惕。

（三）异地高考与高考移民

异地高考政策出台之后，如何区分先工作再有子女参加高考，还是为了子女参加高考而移民和工作？也正是因为这个原因，国务院文件中特意提到："对不符合在流入地参加升学考试条件的随迁子女，流出地和流入地要积极配合，做好政策衔接，保障考生能够回流出地参加升学考试；经流出地和流入地协商，有条件的流入地可提供借考服务。各地要加强对考生报考资格的审查，严格规范、公开透明地执行随迁子女升学考试政策，防止高考移民。"

（四）异地高考门槛的设计

在异地高考这一问题上，究竟哪些人能考，哪些人不能考，仔细测算和合理设置"准入门槛"至关重要。如果"门槛"太高，受益面太窄，新政策的初衷就难以实现；如果门槛太低，北京有限的教育资源也难以承载。"门槛"应当包括三个方面的准入条件，即家长的条件、学生的条件和城市的发展需要和承载能力。

2012年2月，《新京报》组织了一次社会调查，受访人数为20024人。调查结果如下：获得异地高考资格最应该具备的条件，82.2%的人认为考生应在当地接受完整的教育（图1）。对于完整的教育的界定，68.1%的人认为应该是从小学到高中（图2）。而对另外两项，即拥有纳税证明或固定房产，没有比较集中一致的观点（表3）。

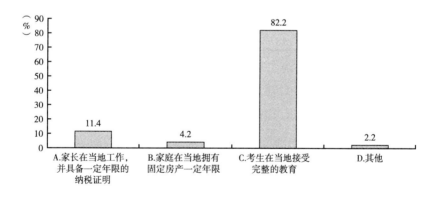

图1 获得异地高考资格最应该具备的条件

最后一个是城市条件，即城市的发展需要和承载能力。事实上，北京异地高考方案设计的核心，恰恰在于如何处理好城市人口膨胀与城市承载力的矛盾。根据北京市统计局的数据，截至2011年末，北京常住人口已达到2018.6万人，比2010年末增加了56.7万人。其中，在京居住半年以上的外来人口

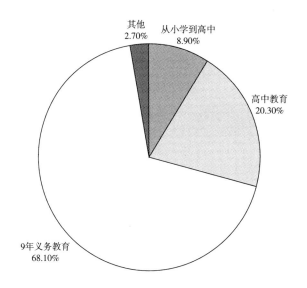

图2　完整的教育年限的界定

表3　对纳税证明或固定房产年限的要求

选项	结果(%)	选项	结果(%)
A.1 年以上	19.5	B.3 年以上	26.1
C.5 年以上	7.1	D.9 年以上	4.7
E. 其他	42.6		

742.2 万人，占 36.8%，一年增加 37.5 万人①。另据北京市教委的统计，截至
2011 年秋季开学，北京市义务教育阶段随迁子女约有 47.8 万人，创历史新
高。目前在公办学校就读的随迁子女约 33.9 万人，占总数的 70%。2012 年北
京市义务教育阶段随迁子女比 2010 年同期增长了 4.4 万人，比 2000 年同期增
长了 39.3 万人。北京籍家长普遍担心，放开异地高考会产生新一轮更为汹涌
的"移民潮"。对于北京这个城市而言，急剧膨胀的人口已经引发越来越严重
的交通拥堵、空气污染、房价高昂等问题，如果高考移民大军源源而来，可能
会给北京的城市基础设施、交通、治安、医疗、社会保障、城市管理等带来更

---

① 北京市统计局、国家统计局北京调查总队：《北京市 2011 年国民经济和社会发展统计公报》
2012 年 3 月 4 日。

大的问题，使整个城市的资源和环境愈发不堪重负。

由上述分析可见，北京市异地高考政策的设计不仅涉及高考录取政策和一些技术问题，其影响还会波及整个教育体系以及户籍政策等，必须在城市整体规划的框架下统筹安排，才能既有利于引进人才，促进首都的全面发展，又能够合理解决不同群体间优质高等教育资源的科学分配问题，更好地实现教育公平。

参考文献

国家统计局：《2010 年第六次全国人口普查主要数据公报［1］（第 1 号）》，2011 年 4 月 28 日。

教育部：《2009 年全国教育事业发展统计公报》2010 年 8 月 3 日；《2011 年全国教育事业发展统计公报》2012 年 8 月 30 日。

山东省招生委员会：《山东省普通高校考试招生制度改革实施意见》鲁招委〔2012〕2 号，2012 年 2 月。

国家人口和计划生育委员会：《中国流动人口发展报告 2011》，中国人口出版社，2011。

四川招生考试网：http：//www.zsksb.com。

谈松华、文东茅：《央属高校招生名额分配政策研究报告》，内部报告 2011 年 4 月 21 日。

Research on the Policy of Allopatric University Entrance Examination in Beijing

Gao Sheng

Abstract：With the procedure of urbanization，more and more people flooded from the countryside or small towns to the big cities and from the under-developed western parts to the eastern developed regions. This caused a more and more obviously problem：the allopatric university entrance examination. Some outstandinguniversities have a higher rate of enroll for the local high school students， so allopatric university entrance examination is demanded, thus caused the competition with Beijing high school students. Then the design of policy should involve not only technical problems and enrolling or educational resources problems but also educational system and household register policies. In order to promote the education equality, we should take account of all of the above aspects under the city planning of Beijing, and deal well with the division of resources.

Key Words: Allopatric University Entrance Examination; Policy Analysis; Fair

社会保障篇

Social Security

B.9

北京市各区县农村最低
生活保障力度比较分析

杜 鑫 庞世辉*

摘 要：

　　由于经济社会发展水平和物价水平不同，北京市各区县名义农村低保标准之间存在着较大的差异。消费保障比率分析结果表明，虽然位于城市功能拓展区的朝阳、丰台、海淀各区的名义农村低保标准水平高于位于城市发展新区、生态涵养发展区的其他区县，但前者较高的名义农村低保标准对于低保对象生活消费的保障力度反而要弱于后者。保障力度象限分析结果表明，尽管丰台区经济发展水平较低，但其名义农村低保标准也达到了经济较为发达的朝阳、海淀两区的水平。北京市应当根据区域经济社会发展水平的不同，建立健全与经济发展和物价水平相适应的低保救助标准动态调整机制，以此实现低保救助标准设置的科学化和公平化。

---

* 杜鑫，北京市社会科学院管理研究所，博士，研究方向：就业与社会保障；庞世辉，北京市社会科学院管理研究所，副研究员，研究方向：社会保障、公共财政、公共管理。

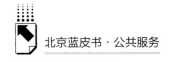
关键词：

　　农村最低生活保障标准　　保障力度　　象限分析

　　最低生活保障是指政府对于收入水平低于所规定的最低生活标准线的社会成员给予一定的现金或实物资助，保证其满足基本生活需求的社会保障制度。这一社会保障制度对于满足贫困群体基本生活需求、保护其基本的生存权、促进全社会的和谐发展具有重要意义。《北京市"十二五"时期社会保障发展规划》指出，北京市社会保障建设要从全面小康社会建设大局出发，更加注重人文关怀，实现精细化管理；更加关注消除薄弱环节和缩小区域差别，全面提高保障水平，建立人人享有社会发展成果的社会保障体系。认真考察北京市各区县农村最低生活保障力度，并对各区县保障力度进行比较分析，有助于认识和理解北京市农村最低生活保障制度的实施效果，并为进一步改革和完善农村最低生活保障制度、促进北京市基本公共服务的一体化和均等化提出政策建议。

一　北京市农村最低生活保障制度的建立和发展

　　北京市从 2002 年度建立并实施了农村居民最低生活保障制度。根据北京市民政局 2002 年 4 月《关于建立和实施农村居民最低生活保障制度的意见》，各区县按照维持当地农村居民衣、食、住等基本生活需要，并适当考虑水电、燃煤（柴）以及未成年人义务教育等因素，合理确定最低生活保障标准。2006 年 4 月，北京市又建立了农村居民最低生活保障标准的调整机制，其核心内容是由市民政局会同其他市级部门每年计算确定出全市农村居民最低生活保障平均标准，然后由各区县将其乘以区县平衡系数，再加减适当的调整数后得出各区县农村居民最低生活保障标准。由此，各区县农村低保标准的制定既有了统一科学的标准依据，又为合理缩小不同地域之间的农村低保标准差距、逐步实现全市城乡社会救助体系的一体化奠定了基础。

　　"十一五"时期末，北京市农村最低生活保障最低标准为每人每月 210元，比"十五"期末提高 153%，到 2011 年和 2012 年，农村低保最低标准进一步提高到每人每月 340 元和 380 元。"十五"时期末，北京市农村低保对象大约有 7 万人，到"十一五"时期末，农村低保对象增加到 8.2 万人，目前大致稳定在这一水平，基本实现了"应保尽保"。2006 年，朝阳区在全市率先实现了城乡低保标准统一；到目前为止，已有朝阳、丰台、海淀、顺义四个涉农区县实现了城乡低保标准统一。表 1 列出了 2011~2012 年北京市各涉农区县农村最低生活保障标准。从表 1 中可以看出，由于区域经济社会发展水平、物价水平不同，功能定位各异，位于城市功能拓展区的朝阳、丰台、海淀三个区的名义农村低保标准普遍高于各区县平均标准，除了顺义区之外，位于城市发展新区和生态涵养区的各区县的名义农村低保标准普遍低于各区县平均标准；与 2011 年相比较，2012 年各涉农区县农村低保标准普遍有较大幅度的上升，平均标准从每人每月 383 元上升到 463 元，同时各区县之间的水平差异有所缩小，均等化程度上升。

表 1   2011~2012 年北京市各区县农村最低生活保障标准

单位：元/人·月

区县	2011 年	2012 年	区县	2011 年	2012 年
城市功能拓展区			生态涵养发展区		
朝阳区	500	520	门头沟区	340	380
丰台区	500	520	怀柔区	340	380
海淀区	500	520	平谷区	340	380
城市发展新区			密云县	340	380
房山区	340	380	延庆县	340	380
通州区	350	416	均值	383	463
顺义区	400	520	标准差	69	66
昌平区	340	380	变异系数	0.1791	0.1536
大兴区	350	390			

资料来源：《北京市统计年鉴 2012》及北京市民政局社会救助处统计报表。

二   北京市各区县农村最低生活保障力度分析

根据表 1 可知，北京市各区县农村最低生活保障标准之间存在着显著的差异，最高值与最低值之间相差达 140~160 元之多。各区县农村低保标准差异如此之大，反映了各区县经济社会发展水平、物价水平、农村居民消费水平及消费结构的差异，在此情况下，为考察各区县农村最低生活保障力度及其差异，必须利用相关统计指标进行深入分析。在此部分，本文借鉴王增文（2009）、戴建兵（2012）的分析思路，利用消费保障比率、保障力度象限分析等方法来对北京市各区县农村最低生活保障力度进行比较分析。

（一）消费保障比率分析

消费保障比率是指最低生活保障标准线与居民生活消费支出水平之间的比率，用来表示最低生活保障标准线对保障对象生活消费需求的保障程度。其基本公式如下所示：

$$S = N/E \tag{1}$$

式（1）中，S 表示消费保障比率，N 表示最低生活保障线，E 表示生活消费支出。根据生活消费内容的不同及保障目标的差异，E 可以用食品消费支出、基本消费支出、生活消费支出来表示，其中，基本消费支出是指居民用于食品、衣着、居住（含住房、燃料）方面的支出，生活消费支出是指居民用于食品、衣着、居住（含住房、燃料）、家庭设备用品及服务、医疗保健、交通和通信、教育文化娱乐服务、其他商品和服务等八大类方面的支出。与各种消费指标相对应的消费保障比率分别为食品消费保障比率、基本消费保障比率和生活消费保障比率，分别表示最低生活保障标准线对不同层次和不同内容的消费支出的保障程度。

根据北京市民政局 2002 年 4 月《关于建立和实施农村居民最低生活保障制度的意见》和 2006 年 3 月《关于建立本市农村居民最低生活保障标准调整机制的意见》的文件精神，农村最低生活保障标准"由各区县政府按照维持当地农村居民衣、食、住等基本生活需要，并适当考虑水电、燃煤（柴）及未成年人义务教育等费用因素确定"，同时还要求"根据当地经济社会发展水平和财政承受能力，随着生活必需品价格变化和人民生活水平的提高适时调整"。上述两个文件要求农村最低生活保障标准必须保障农村居民衣、食、住等基本生活需要，又要随经济社会发展而适时调整，前者目标在于保障贫困者的基本生存权，后者目标在于保障贫困者一定程度的发展权。以食品消费保障比率、基本消费保障比率和生活消费保障比率表示的不同消费保障比率指标恰好综合完整地反映了既有农村低保标准对于保障对象不同层次和不同内容的消费支出的保障程度。

表2列出了2011年北京市各区县农村最低生活保障标准的消费保障比率。由于缺乏各区县农村低保对象生活消费支出数据，本文用各区县农村居民生活消费支出数据来进行消费保障比率的测算和比较，由此计算所得的结果虽然会低估各区县农村低保标准的消费保障比率，但是，这一结果也可以反映出现有农村低保标准对于农村低保对象享有当地普通农村居民平均消费水平的保障力度；同时，鉴于各区县农村居民消费结构的相似性，这一计算结果也不会影响各区县农村低保标准的消费保障比率之间的可比性。从表2主要可以得出两点结论：第一，各区县农村低保标准充分保障了低保对象能够享有当地普通农村居民的平均食品消费水平，但尚不能保障低保对象享有当地普通农村居民的其他消费水平；第二，虽然位于城市功能拓展区的朝阳、丰台、海淀各区的名义农村低保标准水平高于位于城市发展新区、生态涵养区的其他区县，但其消费保障比率——特别是食品消费保障比率——却低于后者，即前者较高的名义农村低保标准线对于低保对象生活消费的保障力度反而要弱于后者。

表2 2011年北京市各区县农村最低生活保障标准的消费保障比率

区县	农村最低生活保障标准（元/人·月）①	人均食品消费支出（元/人·月）②	人均基本消费支出（元/人·月）③	人均生活消费支出（元/人·月）④	食品消费保障比率(%)⑤=①÷②	基本消费保障比率(%)⑥=①÷③	生活消费保障比率(%)⑦=①÷④
城市功能拓展区							
朝阳区	500	437	895	1407	114	56	36
丰台区	500	383	640	1118	130	78	45
海淀区	500	437	815	1375	115	61	36
城市发展新区							
房山区	340	255	495	818	133	69	42
通州区	350	313	598	854	112	58	41
顺义区	400	270	522	827	148	77	48

续表

区县	农村最低生活保障标准（元/人·月）①	人均食品消费支出（元/人·月）②	人均基本消费支出（元/人·月）③	人均生活消费支出（元/人·月）④	食品消费保障比率(%)⑤＝①÷②	基本消费保障比率(%)⑥＝①÷③	生活消费保障比率(%)⑦＝①÷④
昌平区	340	300	560	930	113	61	37
大兴区	350	268	513	853	130	68	41
生态涵养发展区							
门头沟区	340	292	585	793	116	58	43
怀柔区	340	228	495	790	149	69	43
平谷区	340	241	481	796	141	71	43
密云县	340	238	469	748	143	73	45
延庆县	340	238	446	678	143	76	50
均值	383	300	578	922	130	67	42

资料来源：北京市民政局社会救助处统计报表、北京市各区县统计局网站、统计年鉴。

（二）保障力度象限分析

为了消除不同区域的经济社会发展水平对农村最低生活保障标准的影响，真实反映各区域农村最低生活保障标准相对于其经济发展水平的保障力度，还需要开展不同区域农村最低生活保障力度的象限分析，其分析步骤如下。

首先，分别利用下列公式对各区域的农村最低生活保障标准和人均地区生产总值（GDP）进行标准化处理：

$$n = N/N_{average} \tag{2}$$

$$y = Y/Y_{average} \tag{3}$$

式（2）、（3）中，N 和 $N_{average}$ 分别代表各区域最低生活保障标准和平均标准，Y 和 $Y_{average}$ 分别代表各区域人均生产总值和人均地区生产总值均值，n 和 y 则分别代表经标准化处理后的各区域农村最低生活保障标准和人均地区生产总值。

其次，利用标准化处理后的各区域农村最低生活保障标准和人均地区生产总值建立 $n-y$ 平面，以标准化处理后的人均地区生产总值 y 作为横坐标，标准化处理后的农村最低生活保障标准作为纵坐标，利用直线 $n=1$ 和 $y=1$ 将

$n-y$ 平面分为四个象限，然后对各区域不同的 (n, y) 组合进行象限分析，探讨各区域农村最低生活保障标准相对于其经济发展水平的保障力度。

表 3 列出了 2011 年北京市各区县农村最低生活保障标准、人均地区生产总值及其经标准化处理后的各区域农村最低生活保障标准和人均地区生产总值。

表3 2011 年北京市各区县农村最低生活保障标准、人均地区生产总值的原始值和标准值

区县	农村最低生活保障标准（元/人·月）	标准化处理后农村最低生活保障标准	人均地区生产总值（元/人）	标准化处理后人均地区生产总值
城市功能拓展区				
朝阳区	500	1.31	89452	1.11
丰台区	500	1.31	38833	0.48
海淀区	500	1.31	93469	1.16
城市发展新区				
房山区	340	0.89	43016	0.53
通州区	350	0.91	32018	0.40
顺义区	400	1.04	110928	1.38
昌平区	340	0.89	26181	0.33
大兴区	350	0.91	24551	0.30
生态涵养发展区				
门头沟区	340	0.89	35257	0.44
怀柔区	340	0.89	45501	0.57
平谷区	340	0.89	32688	0.41
密云县	340	0.89	34403	0.43
延庆县	340	0.89	23772	0.30

资料来源：北京市民政局社会救助处统计报表、北京市各区县统计局网站、统计年鉴。

根据表 3 所列数据，可以得到图 1 所示的 2011 年北京市各区县农村低保保障力度的象限分析图。在图 1 所示的 $n-y$ 平面中，$y=1$ 和 $n=1$ 两条直线将整个坐标平面分成了四个象限：第 I 象限（右上区域）、第 II 象限（左上区域）、第 III 象限（左下区域）、第 IV 象限（右下区域）。在第 I 象限中，人均地区生产总值和农村低保标准均高于其均值，说明经济发展水平较高的同时，名义农村低保标准也较高；在第 II 象限中，人均地区生产总值低于其均值，但名义农村低保标准高于其均值，说明经济发展水平虽然较低，但名义农村低保标准较高；在

第Ⅲ象限中，人均地区生产总值和农村低保标准均低于其均值，说明经济发展水平较低，同时名义农村低保标准也较低；在第Ⅳ象限中，人均地区生产总值高于其均值，但名义农村低保标准低于其均值，说明较高的经济发展水平并没有带来较高的名义农村低保标准。在图1中，朝阳、海淀、顺义三个区位于第Ⅰ象限，说明这三个区经济发展水平较高，同时名义农村低保标准也较高；丰台区位于第Ⅱ象限，说明虽然丰台区经济发展水平较低，但其名义农村低保标准却相对较强；其他各涉农区县如房山、通州、昌平、大兴、门头沟、怀柔、平谷、密云、延庆等位于第Ⅲ象限，这些区县经济发展水平相对较低，同时其名义农村低保标准也相对较低；此外，北京市没有一个区县位于第Ⅳ象限。根据图1的象限分析，可以得到如下结论：北京市各区县所制定的名义农村低保标准线大体上与其经济社会发展水平是相匹配的，经济社会发展水平较高的各区县的名义农村最低生活保障标准也较高，经济社会发展水平较低的各区县的名义农村最低生活保障标准也较低；此外，丰台区在经济发展水平较低的情况下，其名义农村低保标准也达到了和经济较为发达的朝阳、海淀两区相等的水平。

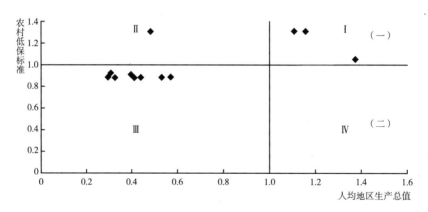

图1　北京市各区县农村低保标准保障力度的象限分析

注：图中的人均地区生产总值、农村低保标准均经过标准化处理。

三　结论

根据本文对北京市农村最低生活保障制度的发展状况所作的简要介绍和对

各区县农村最低生活保障力度的比较分析，主要得到了如下研究结论。

第一，北京市各区县名义农村低保标准之间存在着显著的差异，位于城市功能拓展区的朝阳、丰台、海淀三个区的名义农村低保标准普遍高于各区县平均标准；除顺义区之外，位于城市发展新区和生态涵养区的各区县的名义农村低保标准普遍低于各区县平均标准。

第二，虽然位于城市功能拓展区的朝阳、丰台、海淀各区的名义农村低保标准水平高于位于城市发展新区、生态涵养区的其他区县，但其消费保障比率——特别是食品消费保障比率——却低于后者，即前者较高的名义农村低保标准线对于低保对象生活消费的保障力度反而要弱于后者。

第三，北京市各区县所制定的名义农村低保标准线大体上与其经济社会发展水平是相匹配的，经济社会发展水平较高的各区县的名义农村低保标准也较高，经济社会发展水平较低的各区县的名义农村低保标准也较低；此外，丰台区在经济发展水平较低的情况下，其名义农村低保标准也达到了和经济较为发达的朝阳、海淀两区相等的水平。

根据以上研究结果，可以发现，考察经济社会发展水平不同的各区域之间的最低生活保障力度差异，不能仅看各区域名义低保标准水平，更要根据最低生活保障制度致力于保障低收入贫困群体的基本生存权及发展权的这一目标，考察其对低收入贫困群体生活消费水平的真实保障程度。当前，北京市正在以实现基本公共服务均等化和一体化为目标，大力推进全面小康型社会保障体系建设。具体到城乡低保救助体系建设工作中，应当根据区域经济社会发展水平的不同，建立健全与经济发展和物价水平相适应的救助标准动态调整机制，实现低保救助标准设置的科学化和公平化。

参考文献

北京市人民政府：《北京市"十二五"时期社会保障发展规划》，首都之窗—北京市政务门户网站，http：//zhengwu. beijing. gov. cn/ghxx/sewgh/t1201016. htm，2011 年 9 月。

王增文：《农村最低生活保障制度的济贫效果实证分析——基于中国 31 个省市自治区的农村低保状况比较的研究》，《贵州社会科学》2009 年第 12 期。

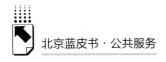
戴建兵:《我国农村最低生活保障力度及其横向公平性分析》,《人口与经济》2012 年第 5 期。

A Comparative Analysis on Rural Minimum Subsistence Guarantee in Districts and Counties of Beijing

Du Xin   Pang Shihui

Abstract: Because of differences in economic and social levels and the price levels, the nominal rural minimum subsistence guarantee among the districts and counties of Beijing demonstrate great discrepancies. The analysis using the allowance-consumption ratio shows that though the nominal rural minimum subsistence guarantee of the districts of Chaoyang, Fengtai and Haidian in New Expanding Areas of Urban Function of Beijing are higher than those of the other districts and counties in New Urban Development Areas and Ecological Development Areas, the intensities of the higher nominal rural minimum subsistence guarantee of the former are weaker than those of the latter. The quadrant analysis about the intensities of the rural minimum subsistence guarantee reveals that though the level of economic development of Fengtai District is comparatively lower, it shares the same level of nominal rural minimum subsistence guarantee as the richer districts such as Chaoyang and Haidian. According to the result of this paper, the adjustment mechanism of minimum subsistence guarantee should be constructed dynamically and be adaptive to the levels of economic development and the prices in the different districts and counties of Beijing in order to achieve the scientific and fair minimum subsistence guarantee standard for the residents.

Key Words: Rural Minimum Subsistence Guarantee Standard; Intensity of Subsistence Guarantee; Quadrant Analysis

B.10
北京医保定点医疗机构监管体系研究

蒋继元　齐广志　庞世辉　杜　鑫*

摘　要：

　　定点医疗机构作为医疗服务的提供者，既是医保基金开支的直接影响者，也是广大患者生命健康的守护者，其行为直接影响到全体参保人员的切身利益以及医保制度的持续发展，在保障医保基金安全运行与医疗服务合理适度方面有着不可替代的作用。在利益驱动下，定点医疗机构发现违规行为，不仅造成医保基金流失，损害参保者的利益，也会影响医疗卫生行业原本良好的声誉和社会形象，不利于医疗机构长远发展。应从完善制度建设、创新监管机制、强化执法力度等方面，加强对定点医疗机构的管理。

关键词：

　　医疗保险　定点医疗机构　违规行为　监管体系　监管机制

　　2009 年底，北京市初步形成了覆盖城乡全体居民的医疗保障体系，目前城镇职工参保率达到 96% 以上。2012 年第一季度，北京市级公费医疗人员已全部纳入职工医保，实现持卡就医，涉及市属公务员、事业单位、高校教职工等约 22 万人。北京市医疗保险参保人数达到 1202.9 万人，同比增长 11.3%。

　　目前北京市定点医疗机构日均就诊人次超过 16 万人，发生费用逾 6300 万

---

* 蒋继元，北京市人力资源和社会保障局医保处，高级经济师，研究方向：医保政策与管理；齐广志，北京市人力资源和社会保障局医保处，高级经济师，研究方向：医保政策与管理；庞世辉，北京市社会科学院管理研究所，副研究员，研究方向：公共财政，公共管理；杜鑫，北京市社会科学院管理研究所，博士，研究方向：社会保障。

元，费用明细206万项。规模之大，无论是对参保人就医合理性，还是对医疗服务合规性的监管，均有较大难度。

一 北京医保定点医疗机构违规行为频发

近几年医保基金支出明显增加，2010年医保就诊人次达到4760万人，人均支出2422元，比2009年分别增长了59%和41%。增长原因一方面是由于陆续出台了一系列的惠民政策，以及全面实施"持卡就医、实时结算"，参保人就医需求得到释放，造成医保基金支出大幅度增加。另一方面是由于个别定点医疗机构和参保人员为了个人利益，违反医保规定过度就医，超量和重复开药，在一定程度上造成了医保基金的流失，一级中医定点医疗机构违规行为尤其严重。

针对医保定点医疗机构违规行为，2011年北京市建立医保信息审核监督系统，对存在违规行为的医疗费用予以拒付，并对违规医疗机构加大处罚力度。2011年6月，北京882家医疗机构违规开药被通报；同年7月，北京16家违规定点医疗机构被黄牌警告，追回违规金额并在全市进行通报，违规行为被记入医保诚信系统，期间暂停医保基金支付；另有19名医师被曝光，这些医师被作为"医保不信任医师"记入北京市医保医师诚信系统，3年内其开出的处方医保不予报销。2012年第一季度进一步强化对医保基金的监管，共筛查异常数据23.2万笔，对13家有问题的医保定点医疗机构进行了处罚[1]。

二 定点医疗机构违规行为具体表现及其产生的原因

（一）几种表现形式

第一种是为患者提供过度医疗服务。诱导患者过度就医，不合理地使用处方和用药；诱导患者滥检查、多用药、用贵药；降低服务标准虚收费；擅自提

---

[1] 慧聪制药工业网，http：//www. pharmacy. hc360.com/，2012年5月3日。

高收费标准乱收费；不坚持出、入院标准，诱导门诊患者住院，小病大治。医疗机构或医务人员在治疗过程中，不根据患者病情实际需要而进行过度检查、过度治疗等行为，既不规范也不道德。

第二种是冒名住院、挂床住院。一种是由于医院对患者住院手续把关不严，非参保人通过关系冒充参保人员的名义办理住院手续，享受参保人员住院待遇，骗取医保费用；第二种是医院与参保人员串通，利用参保人员的医保卡办理假住院，编造假病历以套取医保基金；第三种是某些门诊费用不在医保报销范围之内，患者要求医院"挂床"。这些行为既占用了医疗资源，又浪费了医保基金。

第三种是弄虚作假，串换项目。是将医保不予报销的项目调换成可报销项目骗取医保基金，主要是将基本医疗保险药品目录、诊疗项目目录及医疗服务设施范围三个目录外的项目换成目录内项目，或将便宜药换成贵重药等行为。

第四种是私留社保卡，分批上传虚报诊疗费。医疗机构私自留置患者的社保卡，然后将患者每次就诊发生的费用分批次上传。以增加就诊人次，既可以获得大量虚报的诊疗费，又降低了医院的次均费用，以此逃避医保部门的监管。

第五种是勾结保健品公司，代刷卡以保健品替换报销药。将保健品替换成医保报销范围内的中草药品等，骗取医保基金，所报销的药费，由医院与保健品公司分成。

（二）违规行为的影响

尽管医保监管机构采取多种措施予以打击，但每年涉嫌骗保的医疗机构仍然不少，骗保金额也越来越大，后果十分严重。一是医疗费用逐年攀升，严重浪费了本就十分紧张的医疗资源；二是面对昂贵的医疗费用，许多城乡低收入人群因就医致贫、返贫，有的则不得不"小病拖、大病扛"，甚至放弃诊治，严重影响了市民的生命健康；三是城镇参保人的切身利益受到损害。定点医疗机构长期违规套取医保基金，如不有效治理，一旦出现赤字，医保基金就难以维持正常运转；四是影响定点医疗机构长远发展。

（三）定点医疗机构违规行为产生的原因分析

1. 医疗服务产品的特殊性和信息不对称是违规行为产生的客观原因

医疗服务行业及医生职业具有高度技术性和专业性，在医疗服务市场具有天然的优势和主导地位，医方可以凭借其手中的处方权和信息优势诱导参保人过度就医，患者和医保监管部门都很难对其服务质量及医疗的合理性、适当性等进行评判。

2. 第三方付费方式是违规行为产生的制度性原因

医保实行第三方付费方式，即医保经办机构代表参保患者向定点医疗机构支付费用的方式。医保、参保患者和医疗服务提供方三者关系中各自利益不同，参保人希望得到最大满足的医疗服务，医疗服务提供方则希望将服务转化为最大的经济效益，保险人希望医院为参保人提供既经济又实惠的服务，从而实现保障服务质量和基金安全的双重目的。受多种因素制约，"第三方付费"无论是抑制参保人的就医需求、还是约束医院医疗行为，都缺乏力度，是产生医疗机构违规行为的制度基础。

3. 医疗服务价格补偿与医保后付费是违规行为产生的直接原因

医院补偿方式主要包括财政补助、医疗服务收入和药品加成收入。目前财政补偿不足，迫使医院依靠价格补偿；而价格中又没有充分体现医生医术劳动的价值，迫使医院依赖药品和设备价格补偿，造成"以药养医"。医保实行按照服务项目支付的后付制，医疗机构的收入与其提供的医疗服务密切相关，刺激医院提供过多医疗服务，项目越多、价格越高，医疗机构的收入也越高，医院内部缺乏约束医疗行为和控制费用的内在动力，违规行为必然发生。

4. 利益驱动是违规行为产生的根本原因

政府投入不足，允许医院在药品批发价基础上加价，为医院合法捞取利润开口子，利益驱动促使医院多开药、开贵药。定点医疗机构为了追求最大经济利益，将收入指标分解，与各科室、医务人员的经济利益直接挂钩，促使医生提供过度医疗，造成"小病大养"甚至是"无病住院"，利益驱动是医疗机构违规行为产生的最根本的原因。

三 北京医保定点医疗机构监管体系建设

（一）重视制度建设，规范医疗服务行为

1. 制定医保定点医疗机构准入制度

2001 年，为加强和规范北京市医保定点医疗机构管理，制定了医保定点医疗机构管理暂行办法，对定点医疗机构的准入标准、申办程序、医保机构的监管责任等做出明确规定，对医疗服务所使用的处方、有关票据、结算办法及收费标准等做出具体规定。

2. 建立医保费用审核结算管理制度

2001 年，为加强医保医疗费用的管理，颁布医保费用结算暂行办法，对门急诊就诊、门诊大病、定点社区卫生服务中心（站）家庭病床治疗的医疗费用、易地安置和外埠就医的医疗费用、定点药店购药费用的审核和结算制定了详细的管理制度。

3. 制定定点医疗机构考核办法

2002 年为加强对定点医疗机构的日常管理，制定了定点医疗机构的日常考核办法，明确门诊、住院等各方面考核指标及评分标准。通过对定点医疗机构年度考核和医疗保险日常管理工作考核，促使其加强管理，为参保人提供优质、高效的医疗服务。

4. 对定点医疗机构分级分类管理

2006 年 10 月，制定医保定点医疗机构分级分类管理办法，规定每年根据费用控制、联审互查、日常考核及综合管理情况四方面十余项考核指标，对定点医疗机构进行量化评价，并根据评价结果将定点医疗机构划分为 A、B 两类，实行不同的监管和费用审核方式。医保部门对 A 类定点医疗机构在政策上予以倾斜，对 A 类定点医疗机构发生的住院费用逐步实行"免审抽查"的审核办法；允许其简化费用结算手续等，如发现有恶意违规情况，则取消 A 类定点资格，执行 B 类管理办法。对管理规范、费用控制较好的 B 类定点医疗机构逐步改变审核方式，变普查为抽查；对日常考核各项指标排名较后、各

项费用指标较高、医保管理工作较差的定点医疗机构确定为管理重点，加大监督检查力度。对定点医疗机构实施分级分类、能上能下的动态管理机制，对提高医疗保险服务水平、合理控制医疗费用具有重要意义。

5. 建立医保基金举报激励制度

为增强医保对定点医疗机构监管力度，北京市制定社保基金监督举报奖励试行办法，市民如发现任何涉及骗保行为的医疗机构均可举报，医保监管部门将给予奖励。其中，对单位举报将按涉及金额的 1% 进行奖励；对个人举报将按涉及金额的 10% 进行奖励；最高奖励 5000 元。

（二）创新监管机制，提高医保管理水平

1. 推行医保协议管理

为保障广大参保人员享受基本医疗服务，促进医疗保障及卫生事业的发展，医保部门与每个医保定点医疗机构签订服务协议书。协议中明确双方的权、责、利，提出具体的服务内容和质量及费用控制要求，医保部门以协议内容为基准，以社会举报案例为依据，定期对定点医疗机构进行考核，并制定考核奖惩办法，考核结果与医保基金的兑现及定点资格直接挂钩，通过建立激励和约束机制以及准入和退出机制，实现奖惩分明的动态管理。根据考核结果，对认真履约、服务优良的给予通报表彰，继续保留其定点资格。对出现违规的，视情节轻重给予相应惩处，轻者警告、扣款，重者限期整改，达不到要求的可采取终止协议、取消定点资格等严厉措施予以处罚，并予以公布。奖惩分明、动态化的协议管理，促使定点医疗机构逐步树立自我约束、自我管理的意识。

2. 引入竞争机制

一是在申请定点资格时，明确规定服务范围、类别等，确保不同规模、不同类别的医疗机构在同一起跑线上公平竞争；二是明确规定定点资格条件，统一规范审定标准与基本原则，鼓励各级各类医疗机构发挥特长参与医保服务；三是通过参保人对医保定点医疗机构的选择机制，明确医保医疗服务中需方主导竞争的主体地位；四是在定点医院分级分类管理中引入能上能下的动态管理机制，促使医疗机构加强管理；五是鼓励和引导社会力量办医。2012 年 8 月，

北京市正式公布新政策，鼓励民间资本在京举办各级各类医疗机构，对民营医疗机构运行所涉及的18个方面的优惠政策作了规定。新的医疗资源主要实行差异化运营，将与公立医疗机构形成功能互补、良性竞争的局面。

3. 建立医保医师诚信系统

医疗保险道德风险发生频率高，造成的损失大，影响范围广，监管难度大。为了规范医疗服务行为和就医行为，北京市探索建立了医保医师诚信系统，违规医师将受到处罚并被记录在案，无形中加大了医疗服务人员的违规成本，有利于促进执业医师自觉遵守医保管理规定。

2011年4月28日，北京市首批1200余名医保医师与医保监管部门签订协议，开始试行类似驾照的"12分"管理制度，标志着北京已经建立了医保医师管理制度。不核实患者身份、超量开药等违规行为，将被扣罚3~12分，如果积分满12分即被黄牌警告一次，暂停医保服务资质6个月，医保拒付期间开出的医保费；黄牌警告两次，暂停医保服务资格两年，拒付其间所涉及的医保费用；黄牌警告三次，将永久取消其医保服务资格。同时要求医疗机构年度内吃黄牌的医师人数一旦占医师总数的10%，即取消其年终考核评比奖励资格；严重违规且影响较大的将取消医保定点资格。

4. 全面推进医生工作站建设

门诊医生工作站系统是为患者提供更方便、快捷的就医服务，为医院提升管理水平而提供的一套数字化医院解决方案。该系统将医院门急诊管理、实验室检查、收费管理、住院管理等系统实现一体化集成，实现医院全方位管理数字化，既可以帮助医生提升门诊效率和诊疗水平，又可以提高患者就医效率，减少患者排队和往返诊室的现象。截至2011年11月30日，北京市1823家定点医疗机构全部建成医生工作站，成为国内首个实现省级定点医疗机构医生工作站全部上线地区。在此基础上进一步加强医保监管信息系统研发，逐步实现医院之间患者就医信息互联互通共享。2012年全市医院信息实现全联通，医嘱信息全市共享。利用医生工作站系统，医保经办机构能够实时、准确地掌握各定点医疗机构的就医人次、费用支出，以及患者就诊时间、频次、诊疗项目、发生费用等所有诊疗信息，实现医保信息的源头控制，有效地提高审核效率和质量，初步实现医保基金精细化监管。

5. 建立激励与约束并重的付费机制，调动定点医院内部管理积极性

为了有效控制医疗费用不合理增长，北京市不断探索付费制度改革。首先在友谊医院等 4 家三级综合医院进行总额预付试点，即通过与定点医院协商谈判，对门诊和住院基本医疗保险费用合理定额，实行总额预付。同时建立定额指标与医院服务考评结果挂钩的考核机制，实现"结余奖励，超支分担"。选择人民医院等 6 家医院进行按病种分组付费试点。2011 年 8 月起首批将试点 108 个病组，其中包括了 2003 个疾病诊断和 1873 个手术项目，基本囊括了目前的常见病、多发病。付费改革促使医院更加规范诊疗行为，减少"过度"服务。

6. 建立义务监督员队伍

2006 年北京市首批医保义务监督员上岗，其职责是以明察暗访等方式协助管理部门对定点医疗机构违规行为进行监督、检查及举报。建立医保义务监督员队伍，对提高医保监管的针对性和有效性，规范定点单位的诊疗行为具有重要意义。

7. 创新监督检查方式

充分利用网络优势和信息库资源，对定点医疗机构进行动态、实时监督，对就医购药实行全程实时跟踪监控。同时与现场实地检查结合，检查原始病历、费用清单、签字凭据等，确保信息传输的准确性和可靠性，增强管理力度。

8. 加大执法检查力度

北京市级与区县医保经办机构和监督机构分别通过医保费用审核结算系统和监督信息系统，对已发生的医疗费用实时监控、及时进行综合分析，对指标异常数据安排专人进行重点筛查，如发现违规骗保行为，对定点医疗机构加大处罚力度，进而延伸到对违规医师的处罚，从违规记分到黄牌警告，直至永久取消医保服务资格，并交由监察部门进一步核查。加强医保与卫生、药监、物价和公安等部门的联合执法行动，使医保监管与相关部门的监管更有效地结合起来，共同维护医药市场安全。

总之，定点医疗机构作为医疗服务的提供者，既是医保基金开支的直接影响者，也是广大患者生命健康的守护者，其行为直接影响到全体参保人员的切身利益以及医保制度的可持续发展。为保障北京市医疗保险基金稳定运行，切实维护广大参保人利益，必须进一步强化对医保定点医疗机构的监管，不断完善内部监控与社会监督相结合的医保监管体系。

参考文献

刘晓婧：《防范医疗保险中的医疗机构道德风险》，《卫生经济研究》2010 年第 5 期。

龚忆莼：《当前医保经办机构对定点医疗机构管理的措施与影响》，《天津社会保险》2012 年第 2 期。

邱静梅、王健：《医疗保险定点医疗机构监管中的问题及对策》，《卫生软科学》2009 年第 6 期。

庞世辉等：《北京市医疗骗保及其治理研究》，《北京公共服务发展报告（2011～2012）》，社会科学文献出版社，2012。

Research on Beijing Medical Insurance Designated Medical Institution Regulatory System

Jiang Jiyuan   Qi Guangzhi   Pang Shihui   Du Xin

Abstract：As the provider of medical service, the designated medical institution directly affects the medical insurance fund expenditure, but also plays the role of guardians of vast number of patients' life and health. Its behavior has a direct effect on vital interests of the insured and the sustainable development of medical insurance system. The designated medical institution has been playing an irreplaceable role in ensuring safe operation of the medical insurance fund and reasonable medical services. The designated medical institution irregularities driven by profit not only cause medical insurance fund loss, damage previously good reputation and social image of the medical and health industry, but also are not beneficial to the long-term development of medical institutions. It should strengthen management of the designated medical institution through enhancing system construction, innovative supervision mechanism, law enforcement, etc.

Key Words：Medical Insurance；Designated Medical Institution；Irregularities；Regulatory System；Supervision Mechanism

B.11
北京市人才公共服务精细化发展对策

鄢圣文*

摘　要：

　　北京市人才公共服务精细化发展仍面临诸多问题，需要加大对公共职业介绍机构的投入，全力以赴做好人才供求信息的收集、分析、评估和发布工作，加快人才市场信息网络化建设，提高公共就业服务从业人员特别是职业介绍工作人员的素质，就业服务方式逐渐向"一站式"转变，统筹户籍人口和流动人口的社会保障。

关键词：

　　人才公共服务　人才市场　就业服务

　　人才公共服务是实施"人才强国"战略的重要内容，政府有责任在公共人才服务的提供和管理中发挥重大作用。21世纪以来，人才公共服务精细化成为世界各国行政改革实践的核心取向。所谓人才公共服务精细化，是指政府充分利用市场和社会的力量来改革人才公共服务，以降低人才公共服务成本，提高人才公共服务的质量和效率。北京市人才公共服务体系还存在诸多与北京市经济、社会发展要求不相适应的深层次问题，市政府作为社会公众和公共利益的代表，在公共人才产品的提供和管理中发挥着越来越大的作用，在精细化过程中应不断促进公共人才产品品质的改善和公平分配。

一　北京市人才公共服务精细化发展现状

　　人才公共服务是由公共部门机构提供的广泛的人才市场服务，它也可以被

---

* 鄢圣文，北京市社会科学院管理研究所副研究员，博士，研究方向：人力资源战略规划、绩效和薪酬管理、人力资源市场理论与政策。

看作人才管理的核心，人才公共服务精细化是实施人才公共服务所采取的一系列落地措施，其主要内容包括人才职业中介、人才市场信息、人才市场调整计划管理和失业补贴管理。

（一）鼓励职业中介机构开展公共就业服务

2009 年 9 月颁布了《鼓励职业中介机构开展公共就业服务的职业介绍补贴试行办法》，鼓励职业介绍机构开展公益性公共就业服务，促进弱势群体和流动人口就业。目前，北京市共有 520 家职业介绍机构和 160 家人才市场中介服务机构，并在北京市各区、县设置了职业介绍服务中心和外来人才职介中心。

（二）按期发布人力资源市场供求信息

从 2010 年开始，市人力资源和社会保障局每季度统一向社会发布人力资源市场的供求信息，加强对人力资源市场的宏观管理，引导人力资源合理流动和优化配置。在数据采集过程中，由市职介中心负责汇总各类职介机构统计数据，市人才中心负责汇总各区县人才中心统计数据，市人力资源服务行业协会负责汇总经营性人才服务机构统计数据，最终形成求职情况统计表、招聘情况统计表、求职推荐业务情况统计表三个报表，分析、预测并发布北京市人才市场的供求信息。

（三）强化人才市场调整计划管理

以提高城镇失业人员、农村人才就业能力和创业能力为核心，不断完善城乡统筹的职业培训体系和政府购买培训成果机制。设立北京市毕业生就业服务中心，积极拓宽毕业生就业渠道，开发基层社会管理和公共服务岗位。统筹城乡社会保障制度和农民工社会保障权益，建立了企业工伤保险费用统筹制度，将外地在京企业纳入北京市工伤保险制度的覆盖范围。初步建立农民工养老保险制度，研究制定养老保险关系跨统筹转移接续办法。

（四）规范失业保险及相关补贴管理

修订了《北京市失业保险规定》，进一步规范了本市户口城镇职工、外埠城镇户口职工、农民合同制工人申领失业保险金的办法和待遇标准，并由就业促进处组织实施。编撰了《帮您就业80问》宣传手册，详细介绍了失业人员在失业期间进行失业登记、享受失业保险待遇和促进就业优惠的政策以及办理招聘备案的程序及注意事项，并向全市失业人员免费发放10万册。

二　北京市人才公共服务精细化面临的问题

（一）公共就业服务的影响力日益下降

1. 公共就业服务机构所提供的招聘职位层次较低，对求职者的吸引力不大

下面是分别按照行业、职业、文化程度进行分组统计的2012年第一季度到北京市公共就业服务机构进行招聘的用人单位人力资源需求分布状况。

由表1可以看出，2012年第一季度，进入全市公共就业服务机构招聘的各类人员累计需求为227808人。从行业分布上看，本季度，居民服务和其他服务业、制造业、批发和零售业、住宿和餐饮业需求比重依然最大，四个行业需求总人数占需求总量的60.63%。

表1　按行业分组的人力资源需求情况

行业	需求人数（人）	所占比重（%）
批发和零售业	30528	13.4
制造业	38678	16.98
居民服务和其他服务业	38678	16.98
住宿和餐饮业	30452	13.37
租赁和商务服务业	28410	12.47
科研、技术服务和地质勘查业	17251	7.57
房地产业	14548	6.39
交通运输、仓储和邮政业	7818	3.43
其他	21445	9.43
合　　计	227808	100

资料来源：北京市人力资源和社会保障局《2012年第一季度北京市人力资源市场供求状况分析》，http：//www.bjld.gov.cn。表2、3、4、5、6资料来源同上。

表2　按职业分组的人力资源需求情况

职业分类	需求人数（人）	所占比重（%）
单位负责人	3219	1.41
专业技术人员	11826	5.19
办事人员和有关人员	32001	14.05
商业和服务业人员	105643	46.37
农林牧渔水利生产人员	1657	0.73
生产运输设备操作工	70160	30.80
其他	3302	1.45
合　计	227808	100.00

在按照职业划分的人力资源需求统计中，排在前三位的分别是商业和服务人员、生产运输设备操作工、办事人员和有关人员，分别占到用人单位招聘总需求的46.37%、30.80%和14.05%，三者合计占总需求的91.23%。商业和服务业人员、生产运输设备操作工两大职业是市场需求的绝对主体，二者占总需求的77.17%。而单位负责人和专业技术人员的需求比重则仅为1.41%和5.19%。

表3　按文化程度分组的人力资源需求情况

文化程度	需求人数（人）	所占比重（%）	文化程度	需求人数（人）	所占比重（%）
初中及以下	36456	16.00	硕士生	170	0.07
高　中	40681	17.86	博士生	33	0.01
大学专科	8726	3.83	无要求	140312	61.59
大学本科	1430	0.63	合　计	227808	100.00

在招聘需求中，对高中、初中及以下文化程度和对文化程度无要求的需求比重较高，占总需求的95.45%。对大学专科及以上学历的需求仅占4.54%，甚至有61.59%的职位对学历没有要求，因此，总体上来看，通过公共就业服务机构进行招聘的职位劳动密集型行业居多且层次较低，对求职者的吸引力较弱。

2. 去公共就业服务机构求职的人，基本上是在人才市场中缺乏竞争力的群体

下面是分别按照求职人员类别、职业、文化程度进行分组统计的2012年第一季度到北京市公共就业服务机构进行求职的人力资源供给状况。

表4 按求职人员类别分组的供给情况

求职人员类别	求职人数（人）	所占比重（%）	求职人员类别	求职人数（人）	所占比重（%）
失业人员	28481	42.85	在学人员	3141	4.73
外埠人员	21959	33.04	退休人员	784	1.18
本市农村人员	9076	13.65	合　计	66470	100.00
在业人员	3029	4.56			

2012年第一季度，进入全市公共就业服务机构求职的各类人员累计为66470人。其中失业人员、外埠人员、本市农村人员是人力资源市场求职的绝对主体，分别占总量的42.85%、33.04%、13.65%，三项合计占求职总人数的89.54%。

表5 按职业分组的人力资源供给情况

职业分类	需求人数（人）	所占比重（%）
单位负责人	273	0.41
专业技术人员	3130	4.71
办事人员和有关人员	7954	11.97
商业和服务业人员	26324	39.60
农林牧渔水利生产人员	503	0.76
生产运输设备操作工	27829	41.87
其他	457	0.69
合　计	66470	100.00

2012年第一季度，进入公共人力资源市场的求职人员仍以商业和服务业、生产运输设备操作岗位为主要的求职意向；求职于商业服务业岗位和生产运输设备操作岗位的人员占求职总量的81.47%。生产运输设备操作岗位的求职比重位居第一，占41.87%。

表6 按文化程度分组的人力资源供给情况

文化程度	求职人数（人）	所占比重（%）	文化程度	求职人数（人）	所占比重（%）
初中及以下	20076	30.20	硕士生	227	0.34
高中	33932	51.05	博士生	277	0.42
大专	8837	13.29	合　计	66470	100.00
大学	3121	4.70			

从求职者的学历分布来看，高中学历的求职者是人力资源市场的求职主体，占求职总数的51.05%。大学本科及以上的求职人员比例仅为5.46%，整体的学历层次较低。因此可以得出结论，公共就业服务机构对在人才市场中的高层次人力资源吸引力不大，去公共就业服务机构求职的人，基本上是在人才市场中缺少竞争力的群体。

（二）公共就业服务机构效率低

去职业介绍机构的人，使用职业信息服务多，使用其他功能少。目前公共就业服务机构就业服务质量和内容与市场需求存在着较大差距，无法提供"一站式"服务，难以满足求助者多样化、多层次的就业服务需求。

通过公共就业服务找到工作，比通过其他方式（比如私营机构、直接与雇主联系）找到工作的机会要少。公共就业服务机构疲于应付日常事务性工作，信息系统建设不完善，管理方法和手段落后，人才市场就业信息缺乏成为公共就业服务机构最主要的薄弱环节。

通过公共就业服务找到的工作比通过其他方法找到的工作挣的工资要低。目前通过公共就业服务机构进行招聘的行业集中在低层次的职位，普遍工资较低。通过公共就业服务机构寻找工作的人，也大多是人才市场上缺乏竞争力的群体，人力资本存量低，只能找到工资待遇低的工作。

通过公共就业服务找到的工作上岗后被替代的比例也更高。由于目前公共就业服务机构专业人员数量不足，针对失业人员和求职困难人员设置的就业指导和技能培训水平有限，并不能有效增加他们的人力资本存量和就业竞争力。而且通过公共就业服务进行招聘的岗位多为流动性比较强的服务业和制造业，上岗后被替代的比例更高。

（三）人才市场加速分化

1. 私营就业服务机构营利目标的短视

私营就业机构在营利目标的激励下，只对有准备被招聘的求职者感兴趣，而不是那些难以在竞争市场上得到安置的失业者，这种取向加速了人才市场的分化。在私营就业机构的逆选择作用下，求职者往往是就业竞争力相对强的人，而就业竞争力低的人，则只能依赖公共就业服务寻找工作。

2. 私营就业服务机构破坏人才市场的正常运转

随着市场经济的发展以及监管的缺失，私营就业机构为了增加盈利而使用一些"非正常"手段，与雇主串谋，采取加速人员流动的频率，或形成招聘垄断等行为，损害求职者利益，破坏了人才市场的公平与效率。

3. 户籍制度的限制，户籍人才和外来人才就业双压力

由于经济利益的驱动，使得大量的人才流向了少数的发达地区，而且不愿意向外流动，造成了人力资源的"拥塞"。因此，北京作为全国重要的流动人口输入地，必然面临着户籍人才和外来人才分享有限的就业机会的双重压力。

（四）公共就业服务机构面临着生存与发展的难题

1. 就业服务市场的竞争压力

目前北京市公共就业服务的市场分割现象比较严重，基本上是由政府所属就业服务机构承担，竞争局面没有形成。但是随着就业服务市场发展的不断完善，公共就业服务机构的垄断地位面临着各类民营、外资就业服务机构成为潜在竞争者和职能外包承担者的威胁和挑战。

2. 公共就业服务机构从业人员专业素质不足与机构职能转变之间的矛盾日益突出

公共就业服务机构的行政职能逐渐弱化，但从业人员是由政府传统人事管理人员转型过来，应对新业务的专业技能缺乏，难以适应公共就业服务在新形势下的职能转变。

3. 网络求职的冲击

随着信息化时代的到来，网络求职被越来越多的求职者青睐。但是目前信息化手段在公共就业服务中却没有发挥应有的作用，人才市场的供求信息的收集、分析、预测和对外发布的专业化水平有所欠缺。[①]

---

① 袁国敏：《公共就业服务，我们应该如何做》，《中国劳动》2007 年第 10 期。

（五）职业介绍、就业促进和社会保障之间缺乏有机的联系

1. 培训与就业脱节

北京目前的就业培训和就业促进之间缺乏有机的联系和协调，还没有建立起人力资源市场与职业培训市场有效的信息对接机制，劳动者参加培训的积极性不高，劳动者职业能力与岗位需求不相适应的矛盾比较突出。[①]

2. 自愿失业行为

随着收入的不断增长和收入渠道的日趋扩大，城镇居民及其家庭的失业承受能力不断提高。许多失业人员，因有相对完善的失业收入保障和来源多元化的家庭收入，其择业观念不愿从事"艰苦职业"，但又不具备"体面职业"所要求的素质和技能，选择自愿失业。

3. 隐性就业

随着社会经济的发展，就业形式和就业渠道也日益多样化。相当一部分失业者一方面领取失业救济金，另一方面又从事着各种有收入来源的劳动或经营活动，而没有向政府部门申报统计，直接侵害了失业保险基金的安全性。

（六）人力资源市场人为分割，造成资源浪费

1. 人才市场服务体系未完全统一

《关于进一步加强公共就业服务体系建设的指导意见》（人社部发〔2009〕116 号）要求，整合人才市场和劳动力市场，搭建全市统一的人力资源公共服务体系，但是原人事劳动部门所属的人才、职介等公共服务机构仍旧面临着机构性质不一、职能交叉重叠、人员情况复杂等问题。

2. 流动人才就业问题

"二元"社会制度和经济结构形成了农村剩余劳动力转移过程中在户籍制度、社会保障制度等方面的阻碍，导致了城乡就业服务体系的割裂，进入城市

---

① 北京市人力资源和社会保障局职业能力建设处：《加强职业技能培训，促进户籍人口就业》，2010 年 7 月 14 日。

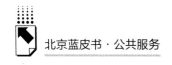

就业的农村流动人口出现了居住边缘化和生活非正常化的现象，不利于城市化进程的推进和城乡人才资源的优化配置。

三　北京市人才公共服务精细化发展对策

当前，人才公共服务的理论研究和建设实践向纵深发展，在制度安排上，从公共垄断走向公共与私营合作；在运营模式上，从集权转向分权，从分散服务走向一站式服务；在服务方式上，互联网络中介将更多地取代传统人才市场中介；在服务对象上，统筹城乡人才就业、构建覆盖城乡劳动者的社会保障体系。党的十八大报告提出要大力改进政府提供公共服务方式，加快健全基本公共服务体系，提高基本公共服务水平，对公共服务精细化提出了新要求，为贯彻落实十八大报告精神，为全市人才提供更高水平的公共服务，针对北京市实施人才公共服务精细化中面临的问题，可以尝试系统实施如下政策措施。

（一）加大对公共职业介绍机构的投入

公共就业服务机构拥有的资源越多，产生的影响也就越大。严峻的就业形势也要求政府部门帮助社会弱势群体，但是，这又与削减公共开支的压力相抵触。应该进一步健全公共就业服务制度，完善就业服务体系，劳动与社会保障部门应该主动与有关部门沟通，争取他们的支持，加大对公共职业介绍投入的力度。

（二）做好人才供求信息服务工作

公共就业服务先进与否的一个关键指数，就是看使用人才市场信息的能力。人才供求信息主要包括职位空缺信息，工资指导线，求职者、失业者和其他未就业者信息等。北京市公共就业服务的发展要立足北京市公共就业服务平台收集岗位信息，在网上发布并提供政策咨询和职业指导等服务，及时分析评估，为政府、雇主及大众在各自的领域做出科学合理的决策提供依据。

（三）加快人才市场信息网络化建设

人才市场信息网是把现代化、信息化手段融入职业介绍工作，提高职业介绍服务质量、规模和档次的关键。目前，北京的人才市场经过科学化、规范化、现代化"三化"建设，全市的人才市场信息网络初步形成，就业服务网络也得到了加强。但是，与发达国家相比，我市就业服务网络还要继续加大建设的力度，在县、区职业介绍所以及街道的职业介绍机构增加网络终端。

（四）提高公共就业服务从业人员特别是职业介绍工作人员的素质

职业介绍是公共就业服务的重要项目之一，公共职业介绍机构面对的求职者主要是下岗、失业、农村转移人员和用人单位，提供优质的服务非常重要。要提高职业介绍工作的服务质量和效率，需要对职业介绍成功率进行考核，将业绩与报酬挂钩。要探索构建北京市公共就业服务机构从业人员的素质能力模型，并在对公共就业组织人员招聘条件中，突出其具有劳动或人力资源管理的相关经验的任职资格要求，提高公共就业服务从业人员的整体素质和专业化水平，进而提高北京市公共就业服务的质量和效率。

（五）探索"一站式"就业服务方式

"一站式"就业服务，是把与就业服务有关的就业培训、职业介绍、社会保险等服务集约化，实行集中管理，既方便求职者和用人单位，也能提高就业服务机构的工作效率，这种方式在欧美国家已经被广泛应用。根据国外就业服务管理实践的经验，授予就业服务机构特别权力，将现行由工作单位发放的最低工资、困难补助或救济等不同名目的保障费用，统一由就业服务机构发放，实现就业服务的集中供给，能取得较好的政策实施效果。

（六）完善社会保障制度，统筹户籍人口和流动人口的社会保障

应该按照全社会人才就业平等的原则，构建与城乡统筹就业相适应的就业和社会保障体系，促进平等就业。要将农村人才统一纳入就业统计范围，将农村失业统计与城镇失业登记合并，设订社会失业率容忍水平，建立健全人才资

源、就业岗位、失业情况统一登记制度，探索建立和完善城乡统一的就业统计指标体系和统计信息体系。同时，要逐步建立农民工养老保障制度，解决外来流动人口和本市农村人才的后顾之忧。

参考文献

北京市人才工作领导小组办公室：《北京市人才工作政策文件汇编》，2010 年 7 月。

北京市人才工作领导小组办公室：《人才：引航世界城市发展》，北京出版社，2010。

中国人才发展论坛组委会：《2010 中国人才发展论坛大会交流论文集》，中国人事出版社，2010。

Development Strategies of Talent Public Service Refinement in Beijing

Yan Shengwen

Abstract：Beijing Talent fine development of the public service is still facing many problems. We need to increase investment in public employment agencies, to collect, analyze, evaluate and publish information about the employment, so as to speed up the talent market information network construction. Improve the quality of the public employment service employment agency practitioners. Employment services gradually shift to the one-stop social security of the local population and floating population.

Key Words：Talent Public Services；Talent Market；Employment Services

B.12
社区公共服务的新阶段：
推进多功能的养老照顾

缪 青*

摘 要：

面对中国社会的快速老龄化和"421"独子养老的家庭结构，对空巢和失能老人的照顾需求持续增长，社区照顾支持的居家养老作为主流应对开始达成共识。提出了社区照顾的新概念，分析了照顾服务短缺的深层原因，提出了顶层设计的眼界和形成多方参与的格局。

关键词：

社区照顾　社区公共服务　老龄产业

一　养老照顾：专业化支持的居家养老已成主流应对

2012 年中国老年人口（60 岁以上）已过 1.8 亿，并且正在以每年 8 百万的速度猛增，是同期人口增速的五倍多。与此同时，人口老化过程中的高龄化加剧，失能、半失能老年人的数量持续增长。2010 年末全国城乡重度失能老年人为 1080 万，占老年人口的 6.23%[①]，2011 年末北京市户籍老年人口已达 247.9 万，其中 80 岁以上的老人达 38.6 万，占户籍老年人口的 3%。[②] 按重度

---

* 缪青，北京市社会科学院社会学所研究员，博导，研究方向：社会政策、公民参与、社区福利、社会工作理论和老年服务。其考察了美国、加拿大的社区养老服务，近年来在北京、上海、成都、南昌、杭州、威海、昆明等城市以及香港、台湾做了社区养老的考察，并与日本老年学专家做了交流。

① 张恺悌：《全国城乡失能老年人状况研究》新闻发布稿，2011 年 3 月。

② 北京市老龄工作委员会办公室：《北京市 2011 年老年人口信息和老龄事业发展状况报告》，2012 年 9 月。

失能老人的比重推算，北京市的失能老年人也达到十几万，这还不包括大量需要居家照顾的空巢老人、半失能老人和病人。由此可见，对空巢人口以及失能和半失能人口的长期照顾问题已十分突出，其需求量即便保守估计也不低于40万。

面对老年人口猛增和"421独子养老"结构，单靠家庭养老显然已经力不从心。那么，机构养老能否成为主流应对？20世纪70～80年代，发达国家也曾力推养老院建设，后来发现这些建立在郊外的养老机构不仅亲人探访不方便，支出费用高，而且集中照顾的单调环境缺乏邻里氛围，容易使老人觉得被社会遗忘。因此，那种上千张床位的大型养老院模式在今天已不再受到青睐。

中国养老服务的发展趋势也并未显现例外，一是机构养老床位的总量不足，能用于护理的床位严重短缺。据民政部统计，截至2010年底全国近4万个老年福利机构有床位314.9万张，收养老年人242.6万人，仅有51.8万张用于失能和半失能老人，护理床位仅占床位总数的16.4%。二是不少养老机构的空床率相当高，达到30%甚至更多。近年来北京市的养老床位经过努力有大幅增长，达到6.8万张，能为3%的本市老人提供床位。尽管这一比率已高于1.8%的全国平均水平，但考虑到护理床位不足和空床率等因素，北京机构养老能容纳的失能人口仍十分有限。

以上事实说明，一方面机构养老的发展，需要在改善护理设施、充实护理专业人员和提高护理床位的比重上下功夫。另一方面，由于大城市人口密集、土地资源紧缺、成本以及老年人的需求等因素，机构照顾所容纳的老年人口相当有限，即便是发达国家也不过6%。因此，对于大多数失能、半失能老人来说无论愿意与否，他们还是要在社区寻求长期照顾。

本文所讨论的社区照顾，或者说社区公共服务在新阶段的重心，是指对有照顾需求者、特别是老年人提供上门护理、日间照料、社区托老、志愿者互助以及居住环境改造等多种服务，营造一个使老年居民能够自立并增进其尊严的生活环境。社区养老服务需要协调福利和市场的功能，在整合行政、医疗和社区资源的同时，使照顾服务的运行与老龄产业及促进就业形成良性互动。

应当看到，在人口密集的大城市谈论居家养老——确切地说是专业化社区照顾支持的居家养老，并将其作为主要方案，从政府到公众已开始达成共识。

国务院在 2011 年出台的社会养老服务体系建设规划指出："社区养老服务是居家养老服务的重要支撑，具有社区日间照料和居家养老支持两类功能"。民政部"十二五"规划也指出了社区养老服务的重要性。一些大城市例如北京已提出了注重社区养老的 9064 方案，即"90% 的老年人在社会化服务协助下通过家庭照顾养老，6% 的老年人通过政府购买社区照顾服务养老，4% 的老年人入住养老服务机构"。[①]

需要指出的是，社区提供的照顾服务应当是适度普惠型，对老年人的长期照顾是多方位的，从家庭支持、社区照顾到机构照顾要实现无缝衔接。这种照顾服务有两个基本点：一是能够做到"皆保险"——基于护理保险制度的资金支持；二是能够做到"皆护理"——有多样化的照顾服务依托。这意味着当我们每个人面对老年阶段可能发生的失能、失智风险时，作为安全网的社会养老体系能够提供多样化的照护服务[②]。

这个基本出发点要求我们必须更新观念——从政府到公众都需要认识到中国快速老龄化的形势很严峻，面对老年人口猛增、"421"少子家庭和未富先老的挑战，如果不踏踏实实地搞好"大孝"——加强老龄研究并在社区推进养老服务和长期照顾制度，那么私德意义上的"孝"多半会成为空话。因此，今天讲养儿防老，说到底应该大力推进社区照顾安全网的建设。

二 社区中照顾服务短缺的深度分析

为老年人提供上门护理、日间照料和托养等多功能服务有赖于社会经济发展的水平。例如，早在 2000 年笔者已发表文章讨论社区照顾并指出中国是最适宜发展专业化支持的居家养老的国家，还介绍了国外社区养老和社区护理的经验。[③] 不过，就当时中国社区服务的发展水平来说，主要的关注点还是放在"补缺型"和"救济型"。十几年前中国一线城市人均 GDP 不到 3000 美元，

---

① 吴世民：《北京市构建社会化养老服务体系的探索与实践》，2011 年 11 月 1 日，北京市民政局网站。

② 缪青：《应对失能人口：社区照顾势在必行》，《光明日报》2012 年 8 月 13 日。

③ 缪青：《中国社会化养老的战略选择：家居养老和家居护理》，《城市问题》2000 年第 4 期。

对于社区护理这类国外新鲜经验，还处于了解信息和拓宽眼界的阶段。今天，北上广等城市的人均GDP已接近或超过一万美元，达到中等发达水平，因而人们对生活的质量以及多样化需求会有更高的标准。在养老消费的市场需求以及对养老照顾的质量要求方面，中国社会并不亚于西方社会。由此可见，构建社区照顾体系的社会经济基础已经大体具备。

近年来，在社区公共服务方面北京市不断推出为老服务的新举措，如增加养老床位的提供、为社区建立养老（助残）餐桌等。北京市社会建设办公室、民政局等有关部门开始关注社区照顾等问题，一些社区对社区护理进行了探索，这些努力都是发展照顾体系的有益尝试。

目前，北京社区的照顾运作尚缺乏专业化支持和法规；而且行政资源、医疗资源和社区资源（包括社会组织提供的服务）互不衔接。照顾服务的短缺与社区养老需求的矛盾，在北京市统计局一项调查中显示：有58.6%的老年人认为社区养老条件一般或不能满足要求，69.4%的老年人认为社区医疗卫生服务还不能令人完全满意；希望开设老年餐桌并提供上门送餐服务的占78.1%，希望建立社区老年医疗保健机构的占69.4%，希望社区办托老所的占59%。[①] 应当清醒地看到，由于社会化养老服务体系的建设尚在起步，面对空巢人口和失能人口的猛增，社区中照顾服务的供给不足问题凸显出来，其解决和落实还需要大量的努力。照顾服务供给不足表现在以下方面。

（一）社区内日间照料中心门庭冷落而托老所却"一床难求"

按照规划要求，许多城市包括北京已经开始日间照料中心的建设。不过，从实地调查来看，到日间照料中心寻求服务的老年人寥寥无几。这除了专业服务短缺、收费标准参差不齐、老年消费偏好等因素的影响外，在接送老人到中心时如何规避风险、日间照料无法满足老人留宿和托养的需求等也是重要因素。与此形成鲜明对照，一些具有留宿和全托功能的小型社区托老所的床位则

---

① 黄海：《北京老年人口逾260万　人口老龄化形势严峻》，http://news.xinhuanet.com/society/2010-09/17/c_12581385.htm，2011年2月。

十分抢手。然而，这些很受老年人欢迎的就近入托服务，由于政策优惠不到位，例如不切实际地强调床位数量才给补贴等，发展相当艰难。

（二）照顾服务单靠居委会力不从心，而养老服务组织进社区却遭遇瓶颈

在社区提供日间照料乃至全托等多种服务，单纯靠政府投入和居委会的努力显然是不够的。一个选项是公办民营，通过社区和专业服务公司的合作来运作上门护理和社区托老所。然而，尽管规划已在谈论"鼓励民间资本投资建设专业化的服务设施，开展社会养老服务"，但由于实施细则不到位，例如在租房和护理设施、服务补贴等方面缺乏优惠，致使已经进入社区养老护理的组织和企业（数量极少）难以享受到政府补贴，因而生存艰难。这样一来，尽管不少企业和投资者对社区养老消费的巨大市场表示了兴趣，却由于看不清社区照顾与养老消费市场的联系，看不到优惠政策所带来的盈利空间，只能采取观望态度，止步不前。

（三）政府和公众对社区照顾的重要性认识不足、政策支持力度不够

鉴于国内的社区照顾尚在起步阶段，资金短缺、场地受限以及缺乏专业人员等困难比较多，因而，"社区能养老吗"成为人们普遍的疑虑。这一问题首先反映出对于照顾服务作为社区公共服务新阶段的重心认识不足。例如，从公众到政府包括许多老年人都缺乏社区照顾的新知识，往往只看到机构床位数和公共财政负担的一面，而看不到照顾服务既是幸福民生的工程也是扩大内需的机遇，看不到照顾需求所蕴含的市场和就业潜力。其次反映出社区照顾相关的公共政策之间的协调不力，这表现在：①目标倡导与实施细则脱节。例如前述社区托老服务的建设，由于优惠政策不到位，从事护理和托老服务的专业公司或社会组织屈指可数。而恰恰是这些护理和托老服务难度高且有风险，最需要得到政策扶持。②在社区照顾的运行过程中，难以在社区一级解决条块矛盾，难以将行政资源、医疗资源、社区资源协调运用，避免福利项目的重置和浪费。③对专业护理人才短缺的谈论很多，而对采取哪些制度安排来提高养老照

顾从业人员的待遇讨论甚少。最后是社区养老服务上的福利资源和市场开发的协调问题，结合老龄产业的发展来推进照顾服务的深入讨论甚少。据中国老龄办的《城市居家养老研究报告》，2010 年城市居家养老的家政服务和护理服务市场规模为 1300 亿元，到 2020 年将超过 5000 亿元。据推算，到 2015 年中国养老服务就业岗位潜在需求将超过 500 万个。

三　搞好社区照顾须具备顶层设计的视野和多方参与的格局

综上所述，社区照顾的优点是明显的：它为老年人提供了低成本和就近护理的托老服务以及转介服务，并涵容了邻里互助的四合院传统。不过，搞好照顾服务的难度也是明显的：由于老年群体对养生、护理和就医的需求高，从而对服务产品的协调和服务资源的整合提出了高要求，包括福利和市场的协调，行政、医疗和社区资源的整合以及服务标准、长效运行和监管制度的配套，等等。

正是由于对福利资源整合的高要求，搞好社区养老照顾单靠政府或是单靠社区都是不够的。这就需要顶层设计的视野，包括多学科的老龄研究积累，明确政府、社区和企业各自的责任，搞好老龄政策之间的协调和福利资源的整合。鉴于北京城市的人均 GDP 已达到中等发达水平，社区照顾的目标应当是比较高的，这包括：①社区公共服务的照顾供给应当是适度普惠型而不是救济型，围绕着长期照顾所展开的服务应做到家庭支持、社区照顾到机构照顾的无缝承接。②社区照顾所提供的产品应当是多方位的，包括生活照顾、健康和营养咨询、心理服务、护理服务、社交及康乐服务，还包括对养老照顾者的喘息服务，等等。

（一）政府的责任：需要加大老龄研究的投入，搞好养老公共政策之间的协调

1. 认识到新阶段公共服务的重心之一是养老照顾，推进老龄工作的研究

无论是政府还是媒体和公众都应认识到养老照顾是社区公共服务新阶段的

重心，专业化的社区照顾是与医疗体系并行的一种促进健康和注重养生的综合照护体系。在这方面，中国传统医学对慢性疾患的处置强调"三分治七分养"是很有道理的，社区的照顾服务就是在这个"七分养"上下功夫。搞好社区养老照顾需要在政策协调和资源整合上下功夫，而高质量的养老公共政策离不开老龄研究的积累。为此必须加大老年研究的投入，了解发达社会的经验，深入讨论社区照顾服务与养老消费市场及老龄产业的关系，要在大学和科研机构建立一批老年研究中心。

2. 要重视养老公共政策之间的协调问题

①加大对从事长期照顾相关业者的政策优惠。要通过切实步骤让从事社区托老、上门护理、日间照料的社区、专业服务公司和社会组织看到盈利空间。在加快推进护理保险制度出台之前，可否考虑对持证上岗的养老护理员及其服务实施补贴制度。②搞好规划目标和实施细则之间的衔接；基于高龄群体对养生、护理和就医的高要求，为保证服务质量，一方面需要明确对社会组织或专业公司从事照顾服务的准入制度；另一方面对行业准入应当宽严相济，重视多功能服务及其质量的综合性评估，特别提升护理床位的比重，而不是简单地强调养老床位的数量。③采取多种措施提高养老服务业的待遇，加快护理保险等制度的出台。

（二）社区的责任：整合福利资源、搞好照顾服务的评估和获取专业化支持

养老照顾的资源需要在社区一级建立协调机制。就社区而言，中国社区的居委会建制已为整合养老福利资源提供了良好的平台。社区养老需要在政府和专业人士的帮助下进行制度创新，搞好养老服务项目的准入、评估和监督。协调社区福利资源和老龄产业的开发，形成良性互动。在居委会的平台上通过服务项目的管理，为从事养老照顾的服务组织、专业公司和相关的专业人士提供进入社区的便利。

（三）企业的责任：开发服务流程和培育规范的养老消费市场

在发展社区照顾的过程中，福利和市场之间并非截然对立的关系。进入社

区养老服务领域的企业需要确立下述出发点，一方面要看到社区养老服务是得到公共财政、专业人士、社区和社会组织等多方支持的社区福利项目，另一方面还要看到社区照顾给拉动内需和培育养老消费市场带来的机遇。例如，围绕着照顾服务所展开的老龄产业链随着市场培育和养老消费能量的逐渐释放，还将带动其上下游产业发展。北京已有社区开办了爱老家园，委托养老服务公司经营，其服务内容包括：托老服务、老年饭桌和送餐服务、上门护理和养生服务等。

综上所述，面对中国快速老龄化的挑战，面对空巢老人和失能人口猛增的严峻局面，搞好养老照顾是新阶段社区公共服务的重心，是提升中国人安全感和幸福感的幸福民生工程，同时也是扩大内需的产业，要形成政府、企业、社区和社会组织多方参与的格局，搞好政策协调和资源整合。同时，站在全球化的高度来讨论养老照顾作为社区公共服务的要件，中国社区照顾的新理论和新经验对于世界老龄化研究和公共政策来说也是十分重要的。

参考文献

缪青：《社区照料制度势在必行》，《北京青年报》2011 年 3 月 3 日。

缪青：《中国社会化养老的战略选择：家居养老和家居护理》，《城市问题》2000 年第 4 期。

苏珊特斯特：《老年人社区照顾的跨国比较》，周向红等译，中国社会出版社，2002。

New Stage of Community Public Service：Promoting Multi-function Senior Care

Miao Qing

Abstract：Faced with rapid aging and one-child family structure for senior support in today's China，there is an increasing need of long-term care for empty-nest and disabled elderly. In view of this, community care for the aged at home becomes a major program to meet the challenge. The paper defines the community care. Analyzing the existing problems in the care services. The author suggests a perspective by top-level design and a service pattern involving multiple participators.

Key Words: Community Care; Community Public Service; Aging Industry

$\mathbb{B}.13$
北京市基本养老服务均等化的实践与展望

尹政伟[*]

摘 要:

　　"十二五"时期,建立健全基本公共服务体系,促进基本公共服务均
等化,保障和改善民生,已经成为社会关注的热点。基本养老服务作为群
众最关心、最直接、最现实的基本公共服务,被老龄化的迅速到来推上了
重要历史日程。基于北京老龄化形势尤其严峻的现状,自"十一五"开
始,北京市就开始了基本养老服务均等化的实践,"十二五"之初已见成
效,并在积极的探索中朝着健康有序的方向不断前进。

关键词:

　　基本养老服务　规划　均等化

一　北京市基本养老服务均等化的发展现状

　　近几年,北京市的老龄人口呈现明显的基数大、增长快、高龄化、空巢化
特点,目前,全市 60 岁及以上户籍老年人口 247.9 万,占户籍总人口的
19.4%,总抚养系数为 40.9%,其中老年抚养系数为 27.6%(每 100 名劳动
年龄人口需要负担 27.6 名 64 岁以上人口)。为应对市民日益增长的基本养老
服务需求,"十一五"以来,北京市大力发展基本养老服务事业,以"大民
政"理念统筹养老服务工作,努力建立制度完备、政策衔接、保障水平逐步
提高、城乡一体化、人群全覆盖的基本养老服务体系,均等化水平逐步提高,
具体体现在以下方面。

---

　　[*] 尹政伟,北京市民政局团委副书记,高级经济师,研究方向:社会福利。

（一）社会保障城乡全覆盖

一是建立了覆盖城乡全体居民的养老保障体系。截至 2012 年初，北京市参加城镇职工基本养老保险人数 1091.9 万，参保率 97%；其中，享受城镇职工基本养老保险待遇人数 203.69 万，月人均养老金 2284 元；累计参加城乡居民养老保险人数 173.4 万，参保率 93%；领取城乡居民养老金人数 22.7 万，月人均养老金约 413 元；全市 58.3 万名 55 岁及以上无社会保障城乡居民享受福利养老金待遇，其中农村居民 43.3 万，待遇标准每人每月 250 元。

二是健全了医疗保障体系。2012 年，全市 232.8 万离退休人员享受城镇职工基本医疗保险待遇、19.1 万城镇无医疗保障老年人享受城镇居民基本医疗保险，64.5 万农村老年人享受新型农村合作医疗待遇。城乡低保和低收入老年人可享受由政府资助参加的城镇居民基本医疗保险或新型农村合作医疗。在此基础上，按照"先保险，后救助"的原则，对于医保或新农合报销后的个人负担部分，由民政部门按照 60% 的比例给予医疗救助。为进一步缓解城乡低保和低收入老年人罹患重大疾病的医疗负担，2011 年开始将低保和低收入老年人罹患九类重大疾病的救助比例由 60% 提高到 70%，全年累计救助总额由 3 万元提高到 8 万元。

三是形成了统筹城乡的老年人社会救助体系。2012 年初，全市 60 岁及以上老年低保对象 38134 人，占全市低保对象总数的 19.9%。五保老人平均供养标准为每人每年 10191 元，标准最高的为朝阳区，年人均 15224 元；最低为延庆县，年人均 6754 元。城市低收入救助标准为家庭月人均 731 元，农村家庭月人均 442 元。贫困老年人可根据家庭困难情况申请医疗、住房等专项救助和一次性临时救助待遇。

四是建立社区医疗服务体系。截至 2012 年初，全市各级老年医院和临终关怀医院 23 个，床位 3409 张，社区卫生服务团队 3097 个，累计签约 72.6 万余户、148.5 万余人。全市正常运行的社区卫生服务中心 324 个，社区卫生服务站 1571 个。为老年人建立健康档案，免收普通门诊挂号费，优先出诊，建立家庭病床，免费查床，为符合老年人优待政策的老年人免费体检。社区贯彻落实老年人健康管理，对 65 岁及以上常住老年人每年提供一次健康管理服务。

（二）居家养老服务城乡全覆盖

北京市出台了《市民居家养老（助残）服务（"九养"）办法》，在城乡推行"九养"政策，大力发展以家庭为基础、社区为依托、政策保障为主导、社会化运作为方向的居家养老服务，建立居家养老券服务制度、高龄津贴制度和95周岁及以上老年人医疗补助制度，发放养老券，为老年人提供生活照料、家政服务、康复护理、精神慰藉、老年教育和其他共六大类110项服务。

（三）基本养老服务项目逐步增多，适度普惠

"十二五"以来，北京市出台了《北京市老年人优待办法》，老年人在生活服务、日常出行等方面享受11项优待。政策实施以来，共为175万65周岁及以上老年人办理优待卡，老年人持卡免费乘坐市域内公交车，500多家市、区（县）属公共场馆和社区服务等场所，为老年人提供免费或优惠服务。社区开通了"北京市养老（助残）96156精神关怀服务热线"，定期举办大型展览，推进"心灵家园"工程活动。政府不断出台规范化政策，推进法律援助机构的规范化建设。完善四级法律援助网络体系，构筑半小时法律援助工作圈。

（四）机构养老服务水平全面提升，范围扩大

空巢老龄人口的快速增长与人们养老理念的转变，使得机构养老服务需求急剧攀升。为缓解社会对养老床位需求与供应紧缺之间的矛盾，"十一五"期间，北京市不断加大养老机构建设力度，市政府连续两年将养老机构1.5万张床位建设工作列入折子工程和重要实事项目，量化建设发展指标，集中力量加快推进养老床位建设。截至2012年第三季度，全市养老机构达到398家、养老床位74330万张。预计到2015年"十二五"期末，全市养老床位将达12万张、百名老人拥有床位3.8张，到2020年实现养老床位16万张，以满足不同类型老年人的机构养老服务需求。为解决低收入老年人入住养老服务机构困难的问题，北京市还出台了《北京市低保家庭生活不能完全自理老年人入住定点社会福利机构补助办法》，对城乡低收入老年人入住养老服务机构给予每人每月1100元的补助。

总体考核北京基本养老服务的均等化程度，应该说，北京的基本养老服务均等化程度还是很高的，政策安排也是很有效的。一是统筹兼顾了城市与农村养老服务水平的全面提升，基本服务项目在服务范围、服务与补助标准、服务能力等方面实现了城乡一体。二是逐步缩小了地区差异，在十六个区县实现老年基础设施全覆盖、基本服务全覆盖，城中心区与边远农村的基本养老服务项目全覆盖。三是以特殊困难群体为重点，财政补贴力度不断加大，在满足困难老年群体基本养老服务需求的基础上，逐步提升这部分老年人的生活品质。四是合理适度普惠，逐步扩大养老服务范围和服务项目，整体养老服务水平提升明显。

二　非均等化问题与分析

尽管北京市在基本养老服务提供方面不断加大投入，发展迅速，并取得了一定成果，但总体来说，目前我们仍处于以解决特殊老年群体等基本服务需求为主要内容的补缺型养老服务阶段，均等化程度还未达到全覆盖、高水平，尚未建立起社会性、公平性和互助性兼顾的成熟的基本养老服务体系。以2012年上半年各城区基本养老服务项目数据为例。

表1突出表现出了城乡、区域基本养老服务项目的差异，其中的不均等因素既有历史原因，即源于各地区长期历史发展的不均衡，也有当前养老服务政策实施的不均衡，具体分析如下。

第一，从结构上分析。基本养老服务供给总量不足，结构上可以从主体和客体两个视角展开：政府作为基本公共服务供给主体在供给基本功服务过程中同时存在着供给不足和供给不均问题。例如，就北京市目前的人均消费水平来说，对于不完全属于城市"三无"和农村"五保"的那部分困难老年人来说，基本养老服务提供能力对解决基本养老问题十分有限；同时，为了追求"普惠"而对中、上收入阶层老人实施的居家养老补助，又相对剥夺了特困老年人的有限的福利资源；加上政策执行不力导致的补助缩水，使得一些基本养老服务水平大打折扣。同时，在供给不足以及委托代理问题情况下，也会因政府执政能力而出现供给不均问题，很多社会政策都在一定程度上诱发行政机构臃肿、效率低下等问题。

表1 北京市部分基本养老服务项目统计

区　　域	60 岁及以上老年人(万人)	养老服务机构数(个)	养老床位数(张)	老年餐桌数(张)	托老所数(个)	社区签约为老服务单位数量(个)
北　京　市	247.9	401	69746	3618	3552	3582
东　城　区	21.1	9	885	260	190	234
西　城　区	30.3	27	1714	318	273	403
朝　阳　区	42.8	31	9472	377	485	1016
海　淀　区	38.1	33	8026	340	115	450
丰　台　区	24.4	22	4475	276	307	248
石景山区	7.9	10	2885	46	11	49
门头沟区	5	14	2610	310	230	155
房　山　区	13.1	40	4786	225	480	90
通　州　区	12.5	21	3867	72	47	20
顺　义　区	10.3	19	3291	171	196	72
昌　平　区	9	51	10896	128	121	183
大　兴　区	10.1	28	4855	79	39	125
怀　柔　区	4.6	18	1759	118	241	52
平　谷　区	7	23	2672	219	196	216
密　云　县	7	25	3071	352	361	253
延　庆　县	4.7	30	3633	327	260	16

资料来源：根据《北京市统计年鉴2012》及相关资料整理。

　　第二，从均等化客观存在的外在因素分析。影响均等化发展的外在因素主要包括市场效率因素、区域发展差距和城乡人口结构。一是市场效率因素。公平和效率一直是经济发展和公共政策制定中所面临的主要难题之一。基本养老服务均等化更多地涉及了社会公平问题。总体而言，市政府在基本养老服务方面的投入应与经济发展水平和速度相适应，在基本养老服务上不可能追求"结果平等"，而只能追求更加切合实际的"公平和效率相结合"。二是客观区域差距的制约作用。北京十六个区县经济社会发展水平的差异是客观存在的，难免在基本养老服务提供上存在供给成本的差距和供给能力的差距，这种差距又不可能在短期内被完全消除，比较现实的做法是在"均等化"与"差别性"之间寻求动态平衡。三是老年人口的城乡构成对均等化的制约作用。农业人口在经济上的绝对劣势地位，决定了农村老年人口基本养老服务与城市间存在着较大差距，当农村老年人口比重降到一个相当低的水平后，政府才能切实实现城乡基本养老服务供给的均等化。

第三，从"福利刚性"角度分析。"福利刚性"原则就是指大多数人对既得的福利待遇具有只允许其上升、难以接受其下降的基本心理预期。正是社会福利的这种刚性特征，导致具有福利性质的养老服务政策普遍缺乏弹性，一般情况下规模只能扩大不能缩小，项目只能增加不能减少，水平只能提高不能降低。但在"福利刚性"作用下，公众对公共服务的需求总是普遍地等于甚至高于经济发展水平。在现有差异已经长期存在的基础上，任何一项旨在提供养老服务均等的政策，如果不能保证优势和劣势两方服务水平都有所上升，必然会面临巨大的社会压力，甚至是政治风险。但基本养老服务水平，又必须与经济发展水平保持一致，才能保障政策财力的持续。这就使得我们在提供基本养老服务时，在范围、内容和规模上都要"适度均衡"，保持动态平衡，存在差异的各方福利水平都有所提升，但又不能盲目追求均等，要为日后的经济发展和财力增长预留必要的空间。

在北京"首善之区"建设的宏伟蓝图中，民生被提到了前所未有的高度，基本养老服务也成为广大市民关注度极高的"民众诉求"。目前的政策导向，都是试图通过政府主导的收入再分配和不计财政承受能力的补贴政策，达到快速提高低收入困难老年群体福利水平、缩小贫富差距的目的。但是，服务均等化是一项复杂工程，有其内在的发展规律，不考虑实际而强制实施的普惠式基本养老服务制度，不仅会导致福利政策与经济增长的脱节，同时会引发新的社会问题和社会矛盾，例如劳动力价格升高、竞争力降低、社会公平和家庭责任消减、"福利病"等。所以，制定和实施均等化政策要十分审慎，改革措施往往以不降低现有养老服务水平为前提，与经济发展平衡推进。

三 均等化发展思路和工作重点

针对发展中存在的问题，下一步北京的基本养老服务均等化工作目标是逐步形成城乡一体的社会养老保障格局、形成多层次的社会养老服务格局和形成共建共享的老年人社会管理格局，具体发展思路有以下几方面。

（一）构建公平博弈的制度框架

从本质上看，基本养老服务均等化不光是不同老年群体利益的均等化，同时也是社会各阶层利益的均等化，因而首先要求建立合理博弈的政治框架，有可持续发展的制度安排，在制度安排上既要负起历史的责任，逐步消减城乡二元、地区差异带来的基本养老服务差异，又要面向当前和未来，在首都经济发展的一定阶段中，提高财政支出用于基本养老服务的比例，通过向弱势群体、贫困地区和农村等进行财政转移支付，均衡基本养老服务。

（二）建立基本养老服务均等化评价标准体系

在养老服务领域，我们对服务均等化的程度、标准、考量方法等问题都未形成定论，这必将使实践部门在推行均等化政策、促进均等化实践过程中都难循指导。例如，在转移支付的实践中，有的区县认为应追求投入、人均财力均等化，而另一些地区则认为应该以产出均等化为直接评价标准，导致地区间服务均等化的具体政策措施会有差异，从而难以评价和横向比较。所以，我们应该首先建立一个均等化评价的方法和标准体系，以便各区县、各部门在实践中有统一的标准，对政策效果及均等化进程进行客观评价和总结。

（三）确立逐步深入、层层递进的均等化目标体系

基本养老服务体系建设是一项宏大的工程，均等化发展更需要客观实际，要与体系建设整体协调，既要遵循其内在的规律性，又要考虑"时间"、"空间"的协调问题，根据政府的实际能力和财力，按照"核心服务→基本服务→支持性服务"的顺序依次、渐进展开，制定逐步深入、层层递进的均等化目标体系。目前，对于尽快推进基本养老服务均等化，民众的期望值较高，政府因此承受了不小的压力。但即便如此，也应保持冷静的心态，量力而行，稳步、扎实地推进，尤其要注意避免政治性承诺或要求不适当的扩大化和零碎化，以养老服务资源投入均等化为手段，循序渐进地最终实现产出均等化。

（四）建立多元的基本养老服务供给模式和机制

在北京市人口老龄化加剧，老年人口基数大、增长快、高龄化、空巢化的形势下，要建立以居家养老为主、社区照顾为辅、机构养老为补充的社会化养老服务体系，仅靠政府已经很难满足广大市民日益增长的养老服务需求。未来发展中，需要逐步放松对私人部门的管制，打破养老服务的政府垄断供给，鼓励私人部门和非政府组织为社会提供养老服务，推动养老服务行业产业化发展，构建多主体、多渠道和多方式的多元化养老服务供给机制，引入民间资本，动员社会各方力量，形成以公共财政为主体、社会各方共同参与的养老服务供给机制。

（五）建立需求表达机制

长期以来自上而下的养老服务供给机制忽略了城乡老年人对基本养老服务的实际需求，导致一些基本服务在城乡间难以平衡。为追求考核标准上的"均等"，可能会使一些养老服务不能同时兼顾城市与农村、各收入阶层的老年人的需求。面对社会利益高度分化的现实，不同社会群体要追求自己利益的合法性并保护他们的权利，政府必须为不同群体尤其是弱势群体表达和追求自己的利益做出制度安排。北京市当前很多政策的片面追求整齐划一，并没有达到预期的"结果均等"，很大原因是供需脱节。只有养老服务供给的结构和数量与北京市老年人的需求相匹配，服务效率才可能提高。所以我们必须注重建立需求信息的表达机制，及时反映出市民对于养老服务质量与数量的要求。

参考文献

北京市老龄工作委员会办公室：《北京市 2011 年老年人口信息和老龄事业发展状况报告》，2012 年 10 月 23 日。

杨雅琴：《公共服务的投入均等与产出均等问题浅析》，《经济研究导刊》2012 年第 3 期。

赵聚军：《福利刚性、市场、区域差距与人口结构—公共服务均等化的制约因素分析》,《天津社会科学》2012 年第 2 期。

郑双胜、王翔、余爽:《福利经济学视域下基本公共服务均等化研究之辩》,《改革与战略》2012 年第 3 期。

Practice and Prospect of Equal Access to Basic Elderly Care Service in Beijing

Yin Zhengwei

Abstract:During the "12th Five-Year" period, to establish and improve the basic public service system, promote the equalization of basic public services to protect and improve people's livelihood, has become the focus of attention. Basic elderly care service as the masses are most concerned about the most direct and practical basic public services, aging quickly coming onto the important historical agenda. Aging situation based on Beijing is particularly acute since the "Eleventh Five-Year", Beijing began the practice of the basic elderly care service equalization, the beginning of the "12th Five-Year" has paid off, and in the active exploration towards healthy and orderly direction to continue moving forward.

Key Words:Basic Elderly Care Service;Planning;Equalization

B.14

北京市社区居家养老实施现状和政策建议

何 伟 孙丽燕*

摘 要：

在"未富先老"的中国，如何有效地处理"老有所养"、"老有所依"的问题，关系着社会的稳定和经济的持续快速发展，也是以人为本的重要体现。在各类养老方式中，大力发展社区居家养老更符合中国的现实状况，特别是在人口居住密度大、老龄化水平和城市化率较高的地区。以制度性的规定来开展居家养老，先行先试，北京市走在全国前列，文章以北京市为例来分析社区居家养老的实践经验，并提出相应的政策建议。

关键词：

老龄化 社区居家养老 家庭服务进社区

由于家庭养老和机构养老不能充分解决养老服务供需之间的矛盾，社区居家养老应运而生。这种养老方式介于家庭养老和机构养老之间，指老年人在家中居住，由社会提供养老服务。社区居家养老可以节约集中建设养老机构的公共开支，还符合传统的养老文化，可以充分利用家庭支持，保证老年人家庭自身的独立性。

一 北京市老龄化及老龄事业的现实状况

从北京市的人口结构以及机构养老发展的现状看，北京市面临着老龄化加

---

* 何伟，中国社会科学院经济研究所，经济学博士，研究方向：发展经济学、社会保障；孙丽燕，中国社会科学院世界经济与政治研究所，经济学博士，研究方向：世界经济。

速，养老需求不断增多，但是家庭养老和机构养老无法满足日益增长的养老需求的现实情况。

（一）北京市老龄化水平较高

北京市老龄人口数量多，老年人口抚养比大。第一，老龄化水平高于全国平均水平并继续提高。根据《2012年北京市统计年鉴》，2011年北京市户籍总人口1277.9万，其中60岁以上老年人口250.6万，占总人口的19.6%，早已超过老龄化10%的标准，并高于全国同期13.74%的水平。"十二五"时期，北京市老年人口预计将以年均17万的数量增长，老年人口比例将增加2.8个百分点，处于快速增长期。第二，老年人口抚养比较高，根据《北京市2012年老年人口信息和老龄事业发展状况报告》①，北京市65岁以上老年抚养比为18.4%，全国同期水平仅为12.3%。

（二）家庭养老模式面临挑战

由于北京市纯老年人家庭②人口不断增长，核心家庭缩小，依靠家庭成员承担养老的责任受到挑战。第一，北京市纯老年人家庭人口45万，占老年人口总数的18.2%。第二，家庭规模缩小，核心家庭增多。根据第六次人口普查，北京市常住人口共有家庭户668.1万户，而其中三人户以下占84.2%，城镇比例更高，占85.6%。"421"的家庭结构，使得中间的夫妻既要照顾未成年的子女，又承担着赡养双方年老家长的义务。

（三）北京市机构养老只能解决少部分人的养老需求

北京市城乡机构养老以自费老年人为主，存在收养门槛，公办养老院存在排队现象，民办养老机构服务水平参差不齐。根据2012年《北京市统计年鉴》，北京市每百名60岁老年人口拥有养老床位数2.7张，提高年龄段的话，每百名80岁老年人口也只拥有养老床位数16.8张，其中城镇老年福利机构

---

① 北京民政信息网 http://zhengwu.beijing.gov.cn/tjxx/tjgb/，该报告于2012年10月公布。
② 纯老年人家庭指家庭成员全部为60岁以上，包括独居老年人家庭、夫妻都在60岁以上的家庭，与父母或其他老年亲属同住的老年人家庭。

178 个，床位数 32470 个，共收养 14881 人，自费 14148 人，农村老年福利机构 218 个，床位数 36281 个，收养人数 14464，其中自费 12045 人。养老机构床位数多于收养人数，可见，机构养老的资源还有闲置，从公办养老机构"一床难求"需要排队等候的现象来看，主要还是民办养老机构床位空闲所致。

二 北京市社区居家养老的实践经验

为了充分发挥社区居家养老的优势，北京市较早地开展了试点实践，积累了丰富的经验。北京市将近 3000 个社区，每个社区基本规模为 1000～3000 户，2009 年颁布实施《北京市市民居家养老（助残）服务（"九养"）办法》，规划了 90% 的老年人居家养老，6% 的老年人社区养老，4% 的老年人集中养老的养老服务模式。2012 年，由北京市民政局负责，深入落实"九养"政策，成为市政府折子工程的一项内容。北京市 2012 年为群众拟办的重要实事包括在 1000 个社区开展 10 大类、60 项基本公共服务试点工作，建成 150 个"一刻钟社区服务圈"示范点。北京市实施居家养老、促进家庭服务进社区的主要措施和特点包括以下几个方面。

（一）完善基础设施、充实服务人员

大力建设和发展社区服务设施和便民利民服务网点，2012 年提出要建立"六型社区"，六型即服务、文化、安全、规范、干净、健康，在全市 2772 个社区中，率先选择了 542 个建设六型社区。六型社区的一个特点就是便民服务网络健全，在社区内可以获得内容多样、质量较高的服务，满足日常基本生活需求。根据民政部 2012 年第三季度统计数据显示，北京市社区服务设施覆盖率达到了 142.19%，而全国同期水平仅为 23.74%[①]。社区基础设施和服务场所的发展，提高了老年居民在社区居住的舒适度，为开展居家养老服务提供了必要的硬件基础。除此之外，北京市还为符合条件的老人进行家庭无障碍化改

---

① 资料来源：http://www.mca.gov.cn/article/zwgk/tjsj/。

造，在基层社区符合条件的餐饮场所建立养老助残餐桌，设立托老所，充实相应的服务人员。2012年上半年，北京市已有养老（助残）餐桌、托老（残）所服务商共计1.5万余家，多数由社会力量兴办。2012年，北京市继续面向就业困难群体招聘2000名养老（助残）员，基本实现社区覆盖。

（二）政府购买服务，鼓励市场参与

市场组织以利润为导向，在服务内容中进行细分来满足老年人的主动性不高，需要政府加以引导。北京市的主要措施有，第一，发放养老助残券，购买社会服务。发放对象涵盖60～79岁的重度残疾老人，以及80岁以上的全部老年人，政府每月发放100元养老助残券。2011年全年北京市共为37.7万名80周岁以上老年人、3.6万名60～79岁重度残疾人和6.4万名16到59周岁无业重度残疾人每月发放养老助残券，全年总额5.12亿元。[①] 第二，扶持和补贴养老服务提供机构。2012年北京市对养老服务提供机构的扶持力度达到最大，其中，由市、区两级财政支付5200万元，直接奖励2011年培育的500家规范化老年（助残）餐桌、500家规范化托老（残）所，每家可获得5.2万元资金奖励；由福利彩票公益金、残疾人就业保障金共同出资2500万元，用于奖励约4000家社区老年（助残）餐桌、托老（残）所。

（三）非政府组织在基层社区的发展壮大

公民社会主要体现形式为各种非政府组织，包括慈善组织和志愿者组织。非政府组织能够更迅速地了解基层的需要并给予回应，家庭、社区和非政府组织针对不同个体和需求提供不同的服务，在提供"需求引导"的服务方面更有优势。北京市在社区居家养老服务实践中调动了非政府组织的积极参与，特别是社区志愿者组织，具有了较大的规模，形成了完善的制度，如《北京市"十二五"时期社区志愿服务项目指导目录》和《志愿北京之社区家园行动计划——2012年首都社区志愿服务项目》。这些社区志愿者组织通过大力开展文体活动、老年健康知识讲座、发放生活用品给困难老年人、为社区老人提供心

[①] 见北京民政信息网 http://zhengwu.beijing.gov.cn/tjxx/tjgb/，该报告于2012年10月份公布。

理关怀等活动参与到社区养老服务之中。与机构养老相比，非政府组织的参与，更能从精神层面增加老年人的社会归属感。

（四）充分发挥信息化的作用

在居家养老方面，北京市注重发挥信息化的优势。首先是信息公开，北京市在民政局网上公布了养老（助残）精神关怀服务支持单位、定点单位，以及全部签约的居家养老服务提供商的联系电话、地址，方便市民查找。第二，借助信息手段服务居家老年群体。2012 年继续为 65 岁以上有需要的老年人发放"小帮手"电子服务器。同时，2012 年基本建立了市、区、街、居四级联网的 96156 北京市社区公共服务信息平台，基本可以满足社区居民尤其是老年群体的各类需求。截止到 2012 年上半年，96156 北京市社区服务平台覆盖全市 18 区县、183 个街道（地区）、2539 个社区居委会，服务居民共计 339 万人次。

三 北京市实施社区居家养老存在的问题

北京市实行社区居家养老几年来，积累了较为丰富的经验，受到广大人民群众的欢迎。但是，也要正视其中存在的不足。总的来讲，北京市实施社区居家养老突出存在以下几个需要完善的地方。

第一，居家养老服务商城乡分布不平衡，仍以城区为主，郊区分布较少。在目前北京民政信息网上公布的 5327 个服务商中，中心城区西城、朝阳、海淀都达到了 500 家以上，朝阳区最多，达到了 955 家，而昌平和延庆只有几十家。这与老年人居住在城区的比例较高有关，但仍然反映了郊区的养老服务商的开发有很大的操作空间。

第二，养老服务商缺少行业服务标准。虽然北京市已经制定了居家养老（助残）服务指导性收费标准，在价格和服务内容方面规范了参与者的市场竞争行为，但是，养老服务提供商还缺少一个行业统一的服务标准，容易导致服务质量参差不齐，增加了监督的难度。

第三，托老所、日间服务中心的身份地位还不明确。2012 年北京市养老服务机构综合责任险已经面向社会养老机构推行，并由市财政对保险缴费的80%给予补贴，但是该保险还没有覆盖到社区托老所，托老所面临着较大的照料风险，无法明确责任。

第四，养老服务人员不足。养老服务人员的数量相对于庞大的老年人群体还有些欠缺，特别是管理人员和服务监督人员。社区居家养老重在服务和随访，特别是高龄老人、独居老人、失能老人等，更需要频繁地接受养老员的探访来了解他们的不时之需。

四　北京市完善社区居家养老的对策

社区居家养老，政府、市场、社会和家庭都应该参与，相互配合，成为有机的整体。只有充分调动各方资源，才能为全体老年人创造一个舒适的生活环境，提高他们的幸福水平和社会的和谐。北京市 2011 年发布《北京市"十二五"时期老龄事业发展规划》，提出要形成以"居家养老为基础、社区服务为依托、机构养老为补充"的多层次、多样化养老服务格局，2015 年居家养老员人数要超过 1 万名，百名老年人拥有的日间托老床位数要从 2010 年的 1 张增长为 2 张。十八大报告中指出要"积极应对人口老龄化，大力发展老龄服务事业和产业"，对老龄事业做了新的部署，为贯彻落实十八大报告精神，按期实现北京市老龄事业规划目标，针对北京市实施社区居家养老的各类问题，应逐步实施和完善系统化的居家养老政策措施。

（一）推动家庭服务进社区

加快城市社区家庭服务站点建设，促进家庭服务生活化、便民化和社区化。积极创建老年人宜居社区，整合各类社区服务设施，注意提高社区服务机构的服务质量以及服务人员的业务水平和素质。将社区卫生服务中心纳入居家养老之中。老年人身体机能退化，患慢性病等疾病的风险提高，对就医和健康检查的需求多，要充分利用基层社区的医疗卫生资源，结合家庭健康档案，重点做好老年慢性病常见病的检查和指导，对高龄和纯老年人家庭进行定期的随访诊治。另外，将托老所、照料中心等也纳入综合责任险补贴的范围内。

（二）加快制定养老机构服务行业标准，形成准入机制和淘汰机制

收入水平、受教育程度、身体健康程度等会影响老年人的需求，另外，老年人身体机能退化，有的行走不便，有的在视力听觉上有障碍，这需要服务提供机构配备相应的无障碍便利设施，并在老年人有特殊需求时尽量给予协助和满足，提供多样化和个性化的服务，更重要的是服务场所工作人员助老意识的加强，同时需要政府相关部门制定服务标准。

（三）全方位调动市场参与的积极性，吸引市场机构参与

引导养老服务提供商向郊区扩展，形成连锁。对于参与养老服务供给的市场部门来说，如同快递行业一样，只要形成了规模，培育了固定的服务群体，就有较大的利润空间。要进一步扩大养老券的使用范围，增加居家养老服务商的数量，同时政府部门简化与定点服务商的结算手续和流程，形成激励机制。

（四）加快建设养老服务人员队伍

与北京市一些职业院校合作，开设老年服务相关专业，开展养老服务人员的教育和培训，形成专业化的养老护理员队伍；继续面向北京市就业困难群体招聘养老员，一方面可以充实老年服务人员队伍，另一方面可以解决这部分群体的就业问题。

参考文献

北京市老龄工作委员会办公室：《北京市2011年老年人口信息和老龄事业发展状况报告》，http：//zhengwu. beijing. gov. cn/tjxx/tjgb/。

北京市统计局：《北京统计年鉴2012》，中国统计出版社，2012。

柴彦威：《中国城市老年人的活动空间》，科学出版社，2010。

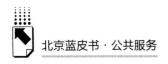
Practice and Suggestion of Community
Elderly Care in Beijing

He Wei   Sun Liyan

Abstract：Handle the problem of "Elderly will be looked after properly" has more to do with social stability and sustained and rapid economic development in the situation of getting old before being rich in China. Promoting the method of Community Elderly Care conform the reality of the situation, especially in the area of high population density and high urbanization rate. This paper analyzes the practice and suggestion of Community Elderly Care of Beijing because it is prior to carry and try the method of Community Elderly Care.

Key Words：Population Aging；Community Elderly Care；Family Service into Community

基础设施篇

Infrastructure

ℬ.15
北京基础设施建设的现状、问题与政策建议

张 耘 陆小成 刘小明 杨风寿*

摘 要：

北京市加大投入力度，采取有效措施加强基础设施建设与相关服务的改善，交通基础设施加大投资，信息基础设施建设加快，发布智慧北京行动纲要，供水、排水、节水基础设施全面提速；供热供气加大覆盖面等。基于北京处于经济快速发展、社会建设提升、民生建设改善的关键时期，基础设施建设与市民期待、与世界城市的要求还存在一定距离。针对基础设施建设现状和问题，应加快交通基础设施建设力度，加强运营管理和公共服务，提高信息服务能力，构建智慧北京，加强供水排水基础设施建设

* 张耘，北京市社会科学院管理所研究员，博导，主要研究方向：公共管理、科技管理；陆小成，北京市社会科学院管理所副研究员，博士后，主要研究方向：公共服务、基础设施、低碳创新；刘小明，北京市通州区委研究室副主任，高级经济师，主要研究方向：公共管理、基础设施；杨风寿，对外经济贸易大学保险学院副教授、博士后，研究方向：城市社会保障、公共政策。

与更新，提高标准，重构生态基础设施，加大能源环保基础设施建设，创新基础设施投融资机制。

关键词：

基础设施建设　排水问题　对策

一　北京市基础设施建设的基本现状

北京市基础设施建设是实现基本公共服务均等化、提高城市宜居水平、建设世界城市和首善之区的重要任务和基本要求。从总体上看，基于建设世界城市的战略要求，2012 年北京市基础设施建设进一步提速，各领域设施建设进一步完善。如表 1 所示，基础设施投资保持增长态势，北京全社会基础设施投资从 1978 年的 5.4 亿元增加到 2011 年的 1400.2 亿元，其中能源、公共服务业、交通运输业、邮政电信等领域基础设施均呈现上升态势，基础设施投资占全社会固定资产投资比重基本维持在 20% 以上，2011 年为 23.7%。从2010 年到 2011 年的基础设施投资变化考察，除了能源和公共服务业投资保持增长，

表 1　全社会基础设施投资（1978～2011 年）

单位：亿元，%

年份	基础设施投资	能源	公共服务业	交通运输	邮政电信	基础设施投资占全社会固定资产投资比重
1978	5.4	1.4	0.6	1.7	0.4	23.9
1988	23.2	8.8	5.3	4.7	3.0	14.2
1998	320.4	85.1	38.0	104.6	77.5	27.7
2005	610.7	102.3	160.3	224.1	69.9	21.6
2006	935.3	113.4	265.3	439.6	72.3	27.7
2007	1175.8	200.2	289.5	548.0	84.8	29.6
2008	1160.7	144.1	291.6	604.2	86.7	30.2
2009	1462.0	165.4	434.5	698.6	124.9	30.1
2010	1403.5	157.2	359.1	720.5	94.2	25.5
2011	1400.2	171.1	379.4	680.7	82.3	23.7

资料来源：《北京市统计年鉴 2012》，中国统计出版社，2012。

而交通运输和邮政电信等领域则略微减少。北京市各级政府加大投入力度，采取有效措施加强基础设施建设与相关服务的改善，进一步提高了基础设施建设水平，在促进世界城市建设中发挥了重要作用。

（一）交通基础设施加大投资

2012 年，北京市加大对交通基础设施的投资力度，交通领域总投资达到 190 亿元，交通基础设施相关项目达到 110 项。如表 2 所示，北京市境内公路、道路总里程从 2005 年的 19015 公里增加到 2011 年的 28446 公里，城市道路面积从 2005 年的 7437 万平方米增加到 2011 年的 9164 万平方米，城市道路桥梁从 2005 年的 964 座增加到 2011 年的 1885 座。

表 2　公路、城市道路及桥梁（1978～2011 年）

年　份	境内公路、道路总里程（公里）	公路里程（公里）	城市道路里程（公里）	城市道路面积（万平方米）	城市道路桥梁（座）
2005	19015	14696	4073	7437	964
2006	25377	20503	4419	7258	1079
2007	25765	20754	4460	7632	1230
2008	26921	20340	6186	8941	1738
2009	27436	20755	6247	9179	1765
2010	27907	21114	6355	9395	1855
2011	28446	21347	6258	9164	1885

资料来源：《北京市统计年鉴 2012》，中国统计出版社，2012。

北京市 2011 年境内道路、公路总里程达到 28446 公里，其中，城市道路达到 6258 公里，城市道路面积达到 9164 万平方米，立交桥数、天桥数、路口电视监视点位数、城八区照面线路长度等比 2009、2010 年均有所提高。从公共交通及客运出租小轿车情况看，年末运营车辆 2010 年为 24011 辆，2011 年为 24478 辆，公共电汽车 2011 年为 21628 辆，比 2010 年增加 80 辆，轨道交通为 2850 辆，比 2010 年增加 387 辆。此外，在运营线路条数从 2010 年 727 条增加到 2011 年到 764 条，年末运营线路长度从 2010 年的 19079 公里增加到 2011 年的 19832 公里。客运量 2011 年为 69600 万人次，比 2010 年增加 600 万人次。

（二）信息基础设施建设加快，发布智慧北京行动纲要

2012 年，北京继续加快信息基础设施建设速度，完成一系列的信息工程项目。信息管网发展迅速，建设各类信息管道 6000 多公里，累计达到 2 万多公里。物联网基础设施建设速度进一步加快，在北京市烟花爆竹监管和一氧化碳监控方面进行试点。北京市电子政务专网、医疗保险信息系统、社会保障卡系统及社区公共服务平台得到建设和完善，在智慧医疗、社保、安防、卫生、教育、就业等领域信息公共服务取得突破，建设成果显著。2012 年 3 月 16日，北京市经济信息化委员会发布了《智慧北京行动纲要》，提出了城市智能运行、信息基础设施提升等 8 大行动计划，提升北京市信息基础设施水平和公共服务绩效。

（三）供水、排水、节水基础设施全面提速

2012 年，北京在供水、排水和节水基础设施建设方面全面提速。北京自来水综合生产能力 2011 年达到 473 万立方米/日，比 2010 年提高了 28 万立方米/日，供水管道达到 16963 公里，销售总量为 94622 万立方米。从污水处理及环境卫生基础设施建设及其运营来看，污水管道长度从 2001 年的2163 公里增加到 2011 年的 4765 公里，污水处理能力从 2001 年的 144 万立方米/日增加到 2011 年的 369 万立方米/日，污水处理率 2011 年达到81.7%，表明北京在污水处理方面的基础设施建设不断加强，能力不断得到提升。

（四）供热供气加大覆盖面，并提升供给服务质量

从表 3、图 1 可以看出，全市集中供热管道长度从 2005 年的 6272 公里增加到 2010 年的 11734 公里，供热面积从 2001 年的 14729 万平方米增加到2011 年的 50794 万平方米，液化石油气销售量有所波动，从 2001 年的182188 吨增加到 2011 年的 394437 吨，天然气销售量保持快速增长态势，从 2001 年的 150585 万立方米增加到 2011 年的 690922 万立方米。截至 2012年 10 月 16 日，北京市共完成 9700 处、1.8 万项较大规模供热检修和维修。

市政供热管网系统 2012 年完成翻修 24 项，2012 年冬季将耗 68 亿立方米天然气①。

表 3　北京市供热与供气状况（2001～2011 年）

年份	全市集中供热管道长度（公里）	全市集中供热面积（万平方米）	液化石油气销售量（吨）	天然气销售量（万立方米）
2001		14729	182188	150585
2002		18172	234680	176504
2003		25108	311657	208837
2004		28150	431660	250326
2005	6272	31736	356551	294279
2006	7013	34977	415268	389202
2007	10424	37203	319631	441327
2008	11948	42501	289576	578626
2009	12156	44240	332693	645356
2010	12224	46715	299392	677009
2011	11734	50794	394437	690922

资料来源：《北京市统计年鉴 2012》，中国统计出版社，2012。

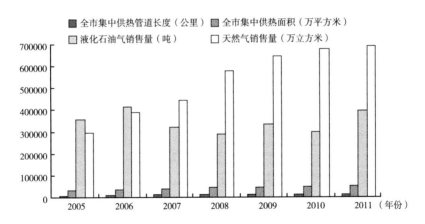

图 1　北京市供热与供气状况（2005～2011 年）

---

① 王东亮：《本市 2012 年冬季供热准备就绪　提前供热将进行气象会商》，《北京日报》2012 年 10 月 17 日。

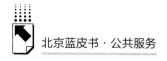

（三）全社会用电量持续增长，能源供应不断优化

北京全社会用电量从 2001 年的 3999415 万千瓦时增加到 2011 年的 8217055 万千瓦时。三次产业用电占全社会总用电比重分别为 2.07%、37.84% 和 42.47%，用电量主要集中在第三产业，这与北京市三次产业占 GDP 结构比重的 0.84:23.09:76.07 基本相适应。居民用电占全社会比重持续上升，从 2001 年的 13.48% 上升到 2011 年的 17.61%。从变化趋势看，全社会用电量包括城乡居民生活用电量将持续上升，使北京市用电压力增大。从能源生产量看，一次能源生产量从 2004 年的 765 万吨标准煤减少到 2011 年的 482 万吨标准煤，原煤从 2004 年的 1067.9 万吨减少到 2011 年的 500.1 万吨。热力和电力均呈现上升态势。人均生活用能源从 2002 年的 415.8 千克标准煤上升到 2011 年的 656.1 千克标准煤；人均生活用煤炭呈现下降态势，从 2002 年的 156 千克下降到 2011 年的 140.5 千克；电力则呈现上升态势，从 2002 年的 445.8 千瓦时上升到 2011 年的 727.2 千瓦时；液化石油气、天然气、汽油的人均生活消费均呈现上升态势。

二 北京市基础设施建设的问题剖析

基于北京处于经济快速发展，社会建设与民生建设不断改善的关键时期，城市化不断提速增效，但人口膨胀、交通拥堵、资源能源匮乏、环境污染等城市病依然严重，基础设施与人民的期待、与世界城市的标准还存在一定距离，主要表现在以下几个方面。

（一）交通基础设施建设与市民期待还存在不少距离

北京市交通基础设施建设大幅增长，然而，市民仍然感觉交通设施不完善，出行不够方便。轨道通车里程不断加大，但是地铁拥挤现象没有得到明显缓解，上下班时间的高峰期依然运输压力大。而地面交通情况在上下班高峰期、重要节假日时间，拥堵现象比较严重。私家车出行需求较大，核心城区的交通限行政策继续实施，对北京核心城区交通拥堵有些效果，但与市民期待的交通出行需求还有很大的差距。随着北京中心城区逐步扩大，公交线路过长，线路重复。目前，北京市城市轨道交通通车里程336公里，承担日常通勤量仅为10%，公共自行车发展严重滞后，与伦敦、巴黎等世界城市相比差距较大，轨道交通和公共自行车在缓解交通拥堵和提高交通便捷方面的功能没有得到有效发挥。

（二）信息基础设施建设存在不小的挑战和压力

信息基础设施建设是北京建设世界城市的安全保障。但北京在信息基础设施建设方面还存在不小的挑战和压力，与世界城市要求还存在不少的差距，如异地灾备、社会化灾备等问题没有得到很好解决，还不能真正满足城市经济社会发展和市民生产生活的公共信息服务需求，经济全球化和信息网络化所带来的诸多安全问题和信息预警压力，给当前脆弱的信息基础设施体系提出更加严峻的挑战和压力。提升公共信息服务能力是北京在建设世界城市背景下的重要挑战，信息基础设施条件与市民更高层次的消费需要期待存在一定差距，信息基础设施水平难以支撑和满足市民信息服务需求，信息服务资费高，三网融合存在严重阻碍等问题增加了政府部门的应对难度。随着城市管理与信息化融合度提高，要求以业务为主导进行整合，从系统、技术、制度等角度加强城市管理信息化难度巨大，如何依托城市信息基础设施建设，实现相关管理部门、社会组织等城市管理的信息共享和联合应用，创新信息基础设施建设与运营的体制机制等问题，迫切需要得到解决。

（三）排水基础设施滞后，7·21暴雨事件暴露的问题值得深思

北京在排水等基础设施建设方面与世界城市的要求还存在较大差距。北京在建设世界城市过程中，需要不断提高建设标准，应对包括暴雨在内的各种恶劣天气变化的挑战。2012年，北京发生的7·21特大自然灾害，全市受灾人口160.2万人，因灾造成经济损失116.4亿元。此次灾害反映出北京的城市基础设施特别是排水基础设施存在水平相对滞后、标准不高，防汛指挥运行机制不畅、缺乏防汛减灾知识普及、社会动员能力不足等问题。北京尽管加强了供水、排水等基础设施建设，但标准设置不高，设施更新不足，规划不够合理，区域差别较大等问题还比较严重，特别是农村地区的基础设施

建设还存在许多薄弱环节。部分区县排水系统还相对脆弱，雨水收集系统还须进一步提升①。

（四）能源消耗压力大，低碳新能源基础设施建设不足

北京能源环保基础设施建设不足，在应对全球气候变化、低碳发展和新能源设施建设方面还比较薄弱。尽管北京已经实现由煤炭消费为主转变为以天然气、石油为主的能源结构，但主要依靠的还是煤炭、石油等传统能源，传统能源的消耗总量保持不断攀升态势，对传统能源和输入能源依赖较大。如图2、图3所示，北京能源消费总量、终端消费总量等指标一直处于增长态势，能源消费总量从2001年的4229.2万吨标准煤增加到2011年的6995.4万吨标准煤，终端消费量从2001年的4036.6万吨标准煤增加到2011年的6671万吨标准煤。不过万元地区生产总值能耗则呈现不断下降趋势，从2001年的1.14吨标准煤下降到2011年的0.43吨标准煤②。

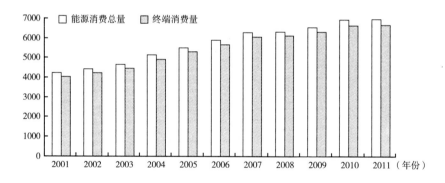

图2　北京能源消费总量和终端消费量（2001～2011年）

北京尽管加大了新能源技术研发和项目建设，但对太阳能、风能、地热能等新能源开发、新能源供应设施的投入和建设力度还不够，对加油充电综合服

---

① 《农村基础设施存在薄弱环节》，《北京晨报》2012年7月26日。
② 另据2012年8月17日新华社电，国家统计局、国家发展和改革委员会、国家能源局公布了2011年各省区市万元地区生产总值（GDP）能耗等指标，2011年绝对值最低的是北京，万元GDP能耗为0.459吨标准煤/万元。在本报告中我们采用《北京市统计年鉴2012》中的0.43吨标准煤/万元。

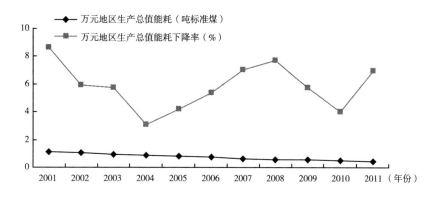

图3 北京万元地区生产总值能耗及下降率（2001～2011年）

务体系建设、太阳能路灯、太阳能热水器、太阳能发电厂、风能、地热能等设
施建设不足，从整个北京市范围看，新能源设施建设的覆盖面不广，投入力度
不大，社会影响不够，能源改造和利用效率不高，可再生新型能源利用不足。

（五）基础设施建设与运营机制不够灵活，社会资本参与力度不够

北京基础设施建设投入力度很大，但是与实际的市民期望和公共服务需求
差距还很大，资金缺口巨大。政府作为基本公共服务和基础设施建设的责任承
担者，限于自身的财力、人力、物力、时间、信息等体制机制障碍，难以确保
基础设施建设的全面铺开和系统提速。基础设施建设滞后与市民期待、社会需
求不断膨胀之间的矛盾会进一步恶化基础设施建设与运营环境。目前，北京市
缺乏更加高效的、灵活的社会化参与机制，特别是社会资本、社会力量参与不
足，难以从根本上解决北京市基础设施建设的诸多问题。政府投入不足，营运
效率低下，民间资本进入困难，准入条件过高，缺乏有效的基础设施融资平
台，市场竞争不足，发展不均衡，利益预期缺失，这些问题的存在均严重制约
了北京市基础设施建设步伐，要满足人口不断膨胀及公共服务需求不断提质的
要求存在一定的压力。

三　北京市基础设施建设的政策建议

贯彻落实科学发展观，按照"人文北京、科技北京、绿色北京"重大战

略构想，以建设中国特色世界城市为目标，北京离不开完善的基础设施的保障作用，需要不断加大对基础设施建设的投入，需要加快基础设施建设的资源共享与整合，提高北京基础设施承载能力，保障资源能源供应，缓解城市交通拥堵，提升城市环境品质，确保城市运行安全，提高交通、能源、水利、信息等领域基础设施水平，促进北京建设更加和谐、宜居、生态、低碳的世界城市[①]。针对北京市基础设施建设的现状和存在的问题，提出以下政策建议。

（一）加快交通基础设施建设力度，创新体制机制，加强运营管理和服务

从建设世界城市、"三个北京"、"五个之都"和实现基本公共服务均等化等战略高度出发，应该加快交通基础设施建设力度。以轨道交通、公共自行车、地面公交线网建设为重点和突破口，加强中心城交通拥堵治理，更及时有效缓解高峰时段交通拥堵状况。基于轨道交通在承载力和运输量的绝对优势，要增加投入、创新投融资机制，提高建设速度和质量，加快北京现有城市轨道交通建设的规划和开工，特别要加强核心城区与周边城乡结合部、远郊区县、旅游景点等关键区域的轨道交通建设，加强对远郊区县、公共建筑和居民住宅区到地铁站优化布局，以轨道交通建设为引擎，助推北京市产业园区、人口就业、住房需求等在核心城区的周边、城乡结合部、远郊区县的布局和疏解。加大公共自行车建设力度，增加公共自行车租车点和停靠点，增加覆盖面，完善相关服务，充分发挥公共自行车在弥补公共交通、轨道交通换勤等方面的功能和优势。在中心城区地铁站点周边建立具有一定规模的自行车服务网络，在重点区域、大型社区通行社区摆渡车，解决城市公交"最后一公里"的问题。围绕中心城拥堵区域，加大城市微循环道路建设力度。

（二）加大信息基础设施建设，提高公共信息服务能力，构建智慧北京

加大信息基础设施方面的科技研发和技术创新，在信息全球化背景下占有

---

① 苏民：《未来五年北京基础设施将更加完善》，《经济日报》2011年12月5日。

主动权和话语权，助推北京建设为信息基础设施完善、信息功能强大、信息服务高效的智慧、智能型世界城市。强化基础信息资源开发利用，建成具有较强国际竞争力的现代信息服务体系，为国内外用户提供便捷高效、安全有序、智能统筹的公共信息服务。提升基本资源、交通、生态环境、人口、市政市容、公共安全数字化管理水平，逐步实现基础设施智能化、城市管理精细化、社会服务网格化。加强宽带接入能力、公用智能电表普及率、互联网普及率、社区服务管理信息化普及率、全程在线办理的事项比例等指标的达标，促进信息基础设施建设与完善，进而为北京建设世界城市提供更加高效、完备、安全、可靠的信息基础设施和信息服务体系，构建更加智慧、安全智能的世界城市。

（三）加强供水排水基础设施建设与更新，提高标准，重构生态基础设施

认真总结应对"7·21"强降雨抢险救灾的经验教训，加强排水管网等基础设施建设，提高城市运行保障和应急管理能力。重构城市的"生态基础设施"，缓解城市环境的生态危机。实施一批城市基础设施薄弱环节改造和排险消隐工程，重点治理城市积涝点、给排水管线、老旧地下管网和道路桥梁、险库险渠等隐患。加快改善落后地区特别是山区农民的生产生活环境，鼓励生存环境恶劣的山区农民迁移，提升区域防汛抗灾能力，不断改善和优化远郊区县、山区农村等区域居民生活环境和基础设施建设。提高基础设施建设标准，加强现有设施的检查、更新、维护和建设，淘汰落后的基础设施，采用现代高端技术完善基础设施装备，在供水、排水等基础设施领域保障安全、快捷、高效，提高供水、排水重大安全事故的预警能力。要进一步健全供水基础设施保障体系，加强防洪减灾等安全基础设施建设，加强极端天气监测预警，提高协统应对和应急处置能力。

（四）加大能源环保基础设施建设，提高节能减排意识和效率

北京作为资源匮乏型城市，资源能源均依靠输入，面对能源消耗总量不断提升，压力不断增大的现实，需要加强能源环保基础设施建设。要加强能源的集约化利用，加强对传统资源能源消费模式的转变和能源结构的转型，严格控

制煤炭消费,提高优质能源消费比重。要提升首都资源能源供应能力和自生能力,既要加大南水北调和再生水两大水源年供应能力,优化北京水资源配置,提高城市再生利用率。要大力发展低碳、绿色的可再生能源,如大力发展太阳能、风能、核能等新能源。加强环卫基础设施建设,提高垃圾处理能力,促进北京世界城市建设。树立节能减排意识,倡导低碳生活和低碳消费模式,减少对能源的消耗和依赖,提高能源利用效率,促进北京低碳转型与绿色发展。应对全球气候变化和世界各国对低碳经济发展的强烈呼声,应加强大气污染治理,完善空气质量监测体系,制定城市低碳转型与绿色发展、大气污染治理、清洁空气发展的有效政策措施,加强环境治理和低碳发展的合作互动机制,有效提升和改善空气质量[①]。

(五)坚持政府主导、市场运作、多元投入原则,创新设施投融资机制

以打造世界城市和全国文化中心为目标,坚持政府主导、市场运作、多元投入原则,建立基础设施建设的多元化、多渠道投资机制。充分发挥政府主导作用,加大对基础设施建设的财政性资金支持,履行和承担基础设施建设中的政府职责,加大投入、保障安全、加快建设。积极探索和完善基础设施投融资机制,建立多元投入、多方参与、多层保障的基础设施建设市场化、社会化机制。支持民营部门进入基础设施产业,消除政策壁垒和体制障碍,拓宽社会资本进入渠道和途径,引入市场竞争机制。特别是面对公共交通、轨道交通、公共自行车、城市绿化美化、能源供应等领域的资金需求问题,应该发挥好金融在基础设施投资和建设中的作用,积极探索新的基础设施建设融资渠道和合作方式。此外,要缩小区域之间在基础设施和公共服务方面的差距,重视加强远郊区县、城乡结合部的基础设施建设力度,为北京市各区县均衡协调发展提供基础设施保障,进而引导产业、人口、教育、医疗等要素、资源和公共服务的均衡发展和统筹协调,助推北京经济社会持续发展和世界城市建设。

---

① 王斌、蒲晓磊、郝斐然:《北京人大要求加强首都排水管网等基础设施建设》,法制网,2012年7月26日。

参考文献

北京市统计局：《北京统计年鉴 2012》，中国统计出版社，2012。

刘冕：《2012 年内北京市建设 110 项交通基础设施》，《北京日报》2012 年 8 月 29 日。

赖臻：《北京市将在 2012 年实现水务基础设施建设全面提速》，www. gov. cn，2012 - 2 - 6。

王东亮：《本市 2012 年冬季供热准备就绪，提前供热将进行气象会商》，《北京日报》2012 年 10 月 17 日。

《北京农村基础设施存在薄弱环节》，《北京晨报》2012 年 7 月 26 日。

王斌、蒲晓磊、郝斐然：《北京人大要求加强首都排水管网等基础设施建设》，法制网，2012 - 7 - 26。

陆小成：《北京市基础设施建设与公共服务均等化研究》，《北京公共服务发展报告（2011 ~ 2012）》，社会科学文献出版社，2012。

Research on the Present Situation, Issues and Policy Recommend Ations of the Infrastructure Construction in Beijing

Zhang Yun　Lu Xiaocheng　Liu Xiaoming　Yang Fengshou

Abstract: In Beijing, it is increase the intensity of input , taken effective measures to strengthen the construction of infrastructure and service improvement, and the traffic infrastructure investment, and the construction of information infrastructure to accelerate the release of wisdom of the Beijing platform for action, and water supply, drainage, water saving infrastructure carrying speed, and increase the coverage of the heating supply. Based on the rapid economic development, social construction and the construction of people's livelihood improvement in the critical period of Beijing, the requirement still has certain distance on the construction of infrastructure and public expectations, and the world city. Aiming at the status and problems of infrastructure construction, we should accelerate the traffic infrastructure to build strength, and to strengthen the operation management and public service, and to improve the information service ability and the construction of the Wisdom Beijing, and to strengthen water supply and drainage infrastructure construction and update, and to improve the standards, and the reconstruction of ecological infrastructure, and energy and environmental protection infrastructure construction, and the innovation of the infrastructure investment and financing mechanisms.

Key Words: Infrastructure Construction; Drainage Problems; Countermeasures

B.16
北京建设国际活动聚集之都
基础设施承载能力研究

杨 松*

摘 要：

　　北京建设国际活动聚集之都基础设施主要包括场馆基础设施、交通基础设施和公共服务设施三大类。场馆基础设施主要存在场馆数量偏少、布局失衡、综合功能不全、配套服务缺失等问题；交通基础设施主要存在公共交通建设滞后、国际航空运力不足、交通管理落后导致严重拥堵等问题；公共服务设施主要存在供给服务水平不高、体制机制僵化落后、服务便利化人性化不够等问题。总体上看，北京城市基础设施对打造国际活动聚集之都的承载能力不高，需要进一步提升北京基础设施的建设水平和承载能力。

关键词：

　　国际活动　聚集之都　基础设施　承载能力

　　2010 年 8 月，中央领导视察北京并提出"要努力把北京打造成国际活动聚集之都、世界高端企业总部聚集之都、世界高端人才聚集之都、中国特色社会主义先进文化之都、和谐宜居之都"的宏伟目标。2012 年 6 月，北京市第十一次党代会报告把建设中国特色世界城市、"努力建设国际活动聚集之都"、"促进国际活动聚集，加强国际会展城市建设"等写入未来北京市发展目标。北京建设国际活动聚集之都，举办大型国际活动①，离不开配套的、功能完善

---

* 杨松，北京市社会科学院市情调查研究中心副主任，副研究员，主要研究方向为公共管理、公用事业管理、城市治理、市场监管等。

① 国际活动是一个外延非常广泛、内涵十分丰富的概念。这里，我们将国际活动划分国际会展活动、国际旅游活动、国际商贸活动、国际文体活动和国际节庆活动五种类型，以下关于国际活动的论述皆围绕这五种国际活动类型展开。

的城市基础设施的建设和发展，基础设施的承载能力是一个值得研究的重要
问题。

一 打造国际活动聚集之都必须具备与之配套的基础设施

（一）基础设施承载力研究现状

随着中国城市化进程的加快，城市基础设施承载能力的研究日益受到重
视，从 20 世纪 80 年代开始，有关资源承载力、环境承载力、土地承载力、水
资源承载力与城市发展之间关系的研究日益增多，也取得了一批重要的研究成
果。根据北京建设中国特色世界城市总体战略和打造国际活动聚集之都的要
求，笔者将打造北京国际活动聚集之都所需配套的基础设施界定并划分为：场
馆基础设施、交通基础设施、公共服务设施三大类型。场馆基础设施和交通基
础设施属于工程性质的基础设施，公共服务设施中既包括工程性质的基础设施
（如供水、供电、供气、供热等公用事业设施），还包括社会性质的基础设施
（如文化教育、卫生医疗、政务服务等设施）。

承载力是从工程地质学中借用来的概念，原意指地基强度对建筑物负重的
能力，后被广泛应用到环境、经济、社会等研究领域。本文所研究的基础设施
承载能力，指的是场馆基础设施、交通基础设施和公共服务设施对北京建设国
际活动聚集之都在数量和质量方面的满足程度，即北京现有的基础设施对北京
打造国际活动聚集之都的支持水平和支持程度。

一般认为，基础设施对经济社会发展的满足程度无非就是三种状况：
一是超载状态，承载载体不能满足被承载对象的要求，表现为基础设施被
过度使用或处于不堪重负的状态；二是平衡状态，承载载体刚好满足被承
载对象的要求，从经济上看此时效用最大化；三是低载状态，承载载体能
充分满足被承载对象的要求，且有富余，在现实中往往表现为基础设施超
前建设。

近年来，随着北京会展经济、聚集经济形态（如总部经济）的快速发展，
特别是打造国际活动聚集之都战略目标确定后，有关会展经济、国际活动聚集

与城市基础设施承载能力的问题便凸显出来，引起了学术界的关注，相关研究也随之展开。

赵楠等人（2009）对北京市基础设施承载力指数与承载状态进行了实证研究，发现从 1986 年到 2006 年间北京基础设施对各类承载对象的综合承载能力在逐年提升，特别是奥运因素使得北京基础设施承载能力得到明显改善，但总体而言，北京基础设施承载能力多数年份处于超载状态[1]。

王春才（2008）对北京会展业与场馆建设互馈关系进行了研究，认为两者之间的相互作用既表现为阶段性强度差异，又表现出持续性特征，二者通过双向的正反馈机制形成北京会展场馆建设与会展业相互促进关系[2]。

裴向军分析了现代化场馆的构成要素，认为包括硬件要素和软件要素两大类，硬件要素有四个，分别是选址的科学性、布局的合理性、内部设计的合理性和设施的先进性；软件要素有三个，分别是与展览相关配套服务的齐全性、会展场馆管理的有效性和展会工作人员的专业性[3]。

郭太生、裴岩（2008）研究了北京重要基础设施安全性状态，认为首都重要的基础设施基本上处于安全状态，对一般风险具有可接受性，但应对恐怖袭击的能力还有待提高[4]。

从目前研究现状看，学术界对北京建设国际活动聚集之都基础设施的承载能力的研究尚处于起步阶段，研究成果较少，研究对象和研究方法尚存在不足，主要表现在：①过于偏重对承载载体的研究，而忽视对被承载对象即国际活动聚集的研究，对国际活动聚集的成因、规律、特点等缺乏深入的研究，不了解打造国际活动聚集之都到底需要什么样的基础设施及承载能力；②只研究基础设施对国际活动聚集的单向承载关系，而忽略国际活动聚集对基础设施建设的压力需求和导向，很容易导致基础设施建设脱离被承载对象的需求；③对工程性质类的基础设施承载力研究较多，对社会性质基础设施承载力研究较

① 赵楠、申俊利、贾丽静：《北京市基础设施承载力指数与承载状态实证研究》，《城市发展研究》2009 年第 4 期。
② 王春才：《北京会展业发展与会展场馆建设互馈关系研究》，《城市问题》2008 年第 9 期。
③ 裴向军：《会展场馆现代化构成要素研究》，《浙江树人大学学报》2008 年 7 月。
④ 郭太生、裴岩：《首都重要基础设施安全状态评价》，《中国人民公安大学学报》（社会科学版）2008 年第 3 期。

少，特别是与建设国际活动聚集之都密切相关的公共服务设施研究不够；④单项承载力研究较多，综合性承载力研究较少。

（二）北京打造国际活动聚集之都需要配套建设什么样的基础设施

基础设施是承载国际活动聚集的重要条件，北京建设国际活动聚集之都的宏伟目标对城市基础设施建设提出了高标准的要求。笔者认为，打造国际活动聚集之都所需要的基础设施应当有以下几项。

1. 建设布局较为合理、综合功能齐全、配套服务完善的场馆基础设施

场馆基础设施是打造国际活动聚集之都的首要条件。适应未来建设国际活动聚集之都要求的场馆基础设施，应当包括适合举办各类大型国际活动的场馆主体建筑及其附属设施，必须满足国际活动向北京聚集的要求，为举办大型国际活动提供现代化的、具有综合功能的、能够满足多种需求的场馆设施，力求实现布局较为合理、场馆综合功能齐全、配套服务完善的场馆基础设施建设和发展格局。

2. 建设公共交通便捷、国际交往便利、客流物流疏散畅通的交通基础设施

交通基础设施是关系国际活动能否顺利举办、安全举办和成功举办的关键条件，也是建设国际活动聚集之都的必要条件。满足建设国际活动聚集之都要求的交通基础设施应当以建设完善的公共交通运输体系、发达的国际航空运输和便利的通关服务等为主要内容，体现绿色出行、安全出行、畅通出行的要求，以满足国际活动聚集所带来的人流、物流聚集及快速分散的需求。

3. 建设供给能力完备、服务水平较高、管理现代化的公共服务设施

公共服务设施是建设国际活动聚集之都的重要基础条件，通过建立现代公共服务体系，完善公共服务设施和条件，提供同国际接轨的、高质量的现代公共服务，包括公用事业服务、医疗教育服务、国际语言服务、信息服务、政务服务等，以满足国际活动聚集、举办和开展各项的需求，满足国际高端人才聚集的需求。

二 北京建设国际活动聚集之都基础设施现状分析

（一）场馆基础设施

北京举办国际活动（会展活动）的场馆基础设施近年来得到了快速发展，

在北京奥运会的带动下，新建了以国家会议中心、国家体育场（鸟巢）、国家游泳馆（水立方）、五棵松体育馆、新国展等为代表的一批现代化的场馆设施，部分存量场馆设施（如工人体育馆、北京展览馆、农业展览馆等）也进行了现代化的改扩建，为近年来北京成功举办奥运会、新中国成立六十周年大庆、上海合作组织峰会、中非会议等重大国际国内活动奠定了基础。但从未来打造国际活动聚集之都的要求来看，北京场馆基础设施仍然存在承载能力不够的问题，主要表现为场馆数量偏少、布局失衡、综合功能不全、配套服务缺失等。

1. 场馆设施的数量及会展面积

目前，北京适合举办大型国际活动（或会展活动）的场馆数量并不多。主要的会展场馆共有十几家，按室内外会展面积总和排名，十万平方米以上的场馆只有 5 家，室内室外会展面积最大的为新国展，大多数场馆单体会展面积在 5 万平方米以下（参见表 1）。

表 1 北京举办国际活动场馆设施概况

单位：万平方米

排名	场馆名称	建设年代	占地面积	建筑面积	展厅数（个）	标准展位（个）	会展面积（室内＋室外）
1	中国国际展览中心(新馆)	2008（一期）	66.00	2.00	8	4512	10＋8＝18
2	北京九华国际会展中心	2009	40.00	7.00	3	3000	7＋10＝17
3	北京国际花卉物流港	2009	13.82	16.60	4	2240	7＋9＝16
4	中国国际展览中心(老馆)	1985	15.00	7.60	20	3108	6.5752＋6.4688＝12.3759
5	北京经开国际汇展中心	2004	32.00	10.00	9	8000	8.5＋2.8＝11.3
6	农业展览馆	1959	43.00	2.88	7	535	2.5＋3.3＝5.8
7	国家会议中心	2007	12 公顷	53.00	6	—	4.00
8	北京展览馆	1954	20.00	25.04	12	约 2000	2.2＋1＝3.2
9	海淀展览馆	2002		2.00	3	382	0.8＋1.3＝2.1
10	北京国际会议中心	1990	31.5 公顷	6.88	6	约 95	0.9＋1＝1.9
11	中国国际贸易中心	1989	12 公顷	56.00	3	约 1100	1.4648＋0.12＝1.5848
12	中华世纪坛	2000	4.5 公顷	3.50	8	—	0.7985＋0.58＝1.3785
13	中国国际科技会展中心	2001	100 亩	12.00		338	0.82
14	北京锦绣大地展览中心	2000	20.00	2.80	5	384	0.12

资料来源：根据相关文献和调研资料整理。

从全球看，全球现有 15 个展览中心的展出面积超过 20 万平方米，其中有四家超过 30 万平方米，全球展览设施大型化、功能综合化趋势十分明显。中国进出口商品交易会琶洲展馆全球排名第 4 位，上海新国展排名第 15 位，武汉展览中心全球排名第 18 位，这是目前国内已建成的最大三家场馆。与国外比较，北京场馆设施数量较少，单体规模偏小（即便是北京新国展，其展出面积世界排名仅第 43 位），缺乏多功能的、综合性的大型会展场馆。

从国内看，全国各地会展建设加快，场馆设施大型化、规模化呈现明显趋势，许多二、三线城市也在致力于建设"会展之都"。目前已经建设完成的大型会展场馆有武汉国际博览中心（20 万平方米）、义乌国际展览中心（12 万平方米）和成都新国际会展中心（11 万平方米）等，在建的 40 万平方米以上的大型会展场馆有上海中国博览会项目和天津市中国国家会展项目；此外还有重庆悦来会展城项目，约 20 万平方米规模。预计到 2012 年底，中国会展场馆总面积达 1185 万平方米，比 2010 年增加 16%。中国许多二、三线城市加快建设会展之都，将可能造成北京会展业的进一步外溢和会展项目的流失，对北京建设国际活动聚集之都形成严峻挑战。

根据笔者调研了解，奥运会后北京没有建设新的场馆设施，目前新国展二期、三期项目建设推进仍十分缓慢，北京场馆规模偏小、综合功能不全的格局短期内难以改变，这也是近年来北京部分知名会展项目流失的主要原因，这种状况将严重制约国际活动向北京的聚集，也限制了大型国际活动在京举办。

2. 场馆设施的选址及布局

朝阳、昌平、海淀地理位置优越，北京的会议宾馆、会展场所大多集中于这三个区，这与经济发展水平和区位优势相关。2002 年，朝阳区、昌平区和海淀区共接待展会 45686 个，占当年全市展会总数的 63.6%，会展收入 9.4 亿元，占当年全市会展收入的 66.1%[①]。新国展、九华国际会展中心、国家会议中心等大型会展设施场馆的建成，更提升了这三个区域的会展优势。但从全市看，场馆选址存在零碎散乱的状况，布局并不均衡，城南和城东地区缺少大型

---

① 邹春先、牛小慧、杜鹃：《北京市会展业统计方法研究》，《北京市第十二次统计科学讨论会论文选编》，北京市统计局，2003。

活动场馆。笔者经过调研认为，场馆布局除了传统的区域外，应着重建设和发展怀柔区、大兴区、通州区的场馆设施，以实现场馆设施建设在全市范围内的均衡发展。从场馆设施布局功能看，目前北京会展场馆设施存在个体规模小、布局分散、设施陈旧、功能单一等问题，限制了场馆功能的发挥。

3. 场馆设施的周边环境和发展空间

由表 2 可见，北京大多数场馆设施位于市内或繁华地段，发展空间受到限制，大多数都没有预留用地。场馆周边环境复杂，交通拥堵，不利于国际活动聚集所带来的人流物流聚集与分散；部分老场馆设施老化严重，改造空间有限，不适应国际活动的需要。笔者调研过的北京展览馆、工人体育（场）馆、农业展览馆、老国展等都面临场馆周边环境恶化和发展空间狭小等问题。

表 2　北京场馆设施与举办国际活动的关系

序号	会展场馆名称	城市区位	发展空间	交通条件	环境条件	设施条件
1	北京展览馆	西直门外	无预留用地	公交便利	周边环境复杂，交通拥堵	设施老化
2	农业展览馆	朝阳区东三环	无预留用地	公交便利	周边环境复杂，交通拥堵	设施老化
3	中国国际展览中心（老馆）	朝阳区北三环	无预留用地	公交便利	周边环境复杂，交通拥堵	设施老化
4	中国国际展览中心（新馆）	顺义区天竺镇	有预留用地	城铁交通	周边环境一般，交通不便	设施先进
5	中国国际贸易中心	建外大街	无预留用地	公交便利	周边环境复杂，交通拥堵	设施较为先进
6	中国国际科技会展中心	朝阳区北三环	无预留用地	公交便利	周边环境较好，交通拥堵	设施尚可
7	北京国际会议中心	朝阳区北五环	无预留用地	交通不便	周边环境好	设施先进
8	国家会议中心	奥运村内	无预留用地	公交便利	周边环境好	设施先进
9	北京经开汇展中心	经济开发区内	有预留用地	交通不便	周边环境复杂	设施尚可
10	北京九华国际会展中心	昌平区小汤山镇	有预留用地	公交较便利	周边环境好	设施先进
11	北京大红门国际会展中心	南三环	无预留用地	公交不便	位于公园内，环境状况较好	设施一般

续表

序号	会展场馆名称	城市区位	发展空间	交通条件	环境条件	设施条件
12	北京锦绣大地展览中心	海淀区卓石路	无预留用地	交通不便	周边环境复杂，交通拥堵	设施一般
13	北京国际花卉物流港	顺义区后沙峪镇	有预留用地	交通不便	周边环境尚可，交通不便	设施一般
14	中华世纪坛	长安街延长线上	无预留用地	交通便利	周边环境复杂，需要交通管制	设施尚可
15	工人体育场(馆)	二环边	无预留用地	交通便利	周边环境复杂，需要交通管制	设施老化
16	五棵松体育馆	五环边	有预留用地	交通便利	周边环境尚可	设施先进

（二）交通基础设施

交通基础设施是举办国际活动的重要条件。"十一五"时期市级交通总投资量达 2500 亿元，占 GDP 的 4.5%，同比"十五"增长 137.6%。大量的建设投资在一定程度上提高了交通设施对国际活动聚集的承载能力，也改善了交通环境。但交通基础设施建设仍然难以完全满足国际活动聚集的需要，交通基础设施瓶颈制约仍相当严重，主要表现在以下方面。

1. 公共交通

总体来看，北京的公共交通建设滞后。同当今的世界城市相比，北京公共交通系统起步较晚，发展相对落后。北京地铁系统虽然近年来快速发展，仍存在线路少、通车里程短等问题，远远落后于城市发展的需要，也难以满足未来国际活动聚集之都的需要。

2. 国际航空港

目前北京的航空港还存在运力不足，首都机场航班需求的满足率仅 75%，年均仍有 2200 万人次的需求得不到满足。同时，随着首都经济社会快速发展和城市化进程不断加快，民航客运吞吐能力需求超过 1.2 亿人次/年以上。

3. 交通运行秩序

尽管北京道路建设上取得了较大的成就，但是近年来汽车保有量的飞速增长，给北京的道路通畅带来了沉重的压力，交通运行秩序混乱，交通管理落后导致严重拥堵。北京汽车的数量从 2000 年的 150 万辆到 2011 年突破 500 万辆，十年翻了两番。道路增长速度与机动车保有量快速增长速度严重脱节，北京的交通拥堵情况已经进入了前所未有的困境，使得北京这个政治、文化中心逐渐成为中国城市道路最拥堵的城市之一。北京交通拥堵状况严重制约国际活动向北京的聚集，对国际活动举办提出了严峻的挑战。

（三）公共服务设施

这里，笔者将满足建设国际活动聚集之都所需的公共服务设施划分为两大类：一类是以供水、供电、供气、供热、垃圾处理、污水处理等为主要内容的市政公用事业类服务设施；另一类是以医疗服务、邮电服务、商业服务、教育服务、政务服务等为主要内容的服务设施。

从公用事业服务设施来看，北京的公用事业服务设施存在供给能力偏紧、处理能力不够、服务范围有限、绿色发展水平不高等问题。支撑北京公用事业的能源、水资源、燃气资源等供应紧张，生产能力受到限制，公用事业管网铺设受限，服务范围有限；污水处理能力、垃圾处理能力尽管在不断提升，但仍不能满足城市快速发展的需求。北京建设国际活动聚集之都，需要建设一批现代化的公用事业服务设施，进一步提高公用事业的服务能力，特别是要重点建设环境友好型的绿色服务设施。

从医疗服务、邮电服务、商业服务、教育服务、政务服务等服务设施来看，北京医疗卫生、基础教育、政务服务等公共服务水平与国际化差距较大，公共服务便利化、人性化程度不高，管理体制机制僵化落后，难以满足国际活动聚集的要求。

三 提升北京国际活动聚集之都基础设施承载能力的政策建议

（一）科学制定适应国际活动聚集之都要求的基础设施建设规划，明确基础设施的承载能力

2011年11月发布的《北京市"十二五"时期重大基础设施发展规划》

明确了"加快建设北京新机场"等十项重大基础设施建设任务，目标是"到2015年基本建成系统完善、安全高效、城乡一体、区域统筹的现代化基础设施体系"。但从该《规划》所列"十二五"时期基础设施发展31个主要指标和十大任务看，主要涉及"交通、水资源、能源、环境和信息"五大类基础设施，没有关于场馆基础设施建设的规划任务，也没有明确提出以建设国际活动聚集之都战略作为《规划》的指导思想。笔者认为，这无疑是一大缺憾，《规划》所提出的任务无疑是需要的、迫切的，但无法全部满足打造国际活动聚集之都的要求。因此，现在需要根据建设国际活动聚集之都的战略要求，制定更加科学的基础设施规划。

（二）加强政府对国际活动聚集之都基础设施建设的投资力度，提升基础设施的承载能力

建设国际活动聚集之都基础设施的建设，主要依靠政府投资。从世界主要国家的经验看，大型活动场馆（包括会展场馆、体育场馆、文化场馆等）设施建设主要依赖政府的投资，政府是场馆设施建设的主要投资方，公共财政资金是场馆设施投资的主要来源。这是由场馆设施公共物品性质所决定的。笔者认为，目前北京最缺乏的是10万平方米左右的综合性会展场馆，建议市政府可考虑在南城地区新建一所10万平方米左右的现代化会展场馆。

（三）逐步改革基础设施建设的投融资体制，拓宽融资渠道，保障基础设施的承载能力

城市基础设施包括场馆基础设施除了依靠政府投资建设以外，还可以充分发挥市场机制的作用，改革基础设施投融资体制，拓宽社会资本、民营资本进入场馆基础设施建设领域的渠道，以保障场馆基础设施的承载能力。根据世界上一些国家的成功经验，城市基础设施建设可采取PPP（Private Public Partnership）模式即特许经营模式。PPP是包含了BOT（建设—拥有—移交）、TOT（转让—运营—移交）、BT（建设—移交）等一系列特许经营模式的总称。政府作为场馆设施的所有者，可以采取特许权拍卖的方式吸引社会投资者参与建设和经营。笔者调研中了解到，国家体育场（鸟巢）建设过程中曾引

入了特许经营（BOT）模式，对当时缓解建设资金起到了一定的作用；而五棵松体育馆从投资建设到运营管理则全部是由民营资本投资建设和管理的。即使是政府投资的基础设施建设项目，也可以采取代建制方式，发挥代建人的投资积极性和工程建设的专业性作用。场馆设施的经营权和无形资产运营也是场馆建设投资回报的一种重要方式，采取拍卖经营权、冠名等方式，也可以缓解场馆设施建设和经营资金不足的困境。

（四）挖掘场馆设施及周边资源的潜在功能，发挥基础设施的综合承载能力

建设国际活动聚集之都并不意味着大建场馆，而是要尽量盘活现有场馆资源，发挥现有场馆的综合承载能力。北京有许多 20 世纪 50～70 年代建设的会展场馆（如北京展览馆、农业展览馆、工人体育馆、工人体育场等），受周边环境的制约已无再扩建的可能。但是，这些场馆仍然在发挥着重要作用。为进一步提升这些老旧场馆的作用，可以采取挖掘场馆周边资源潜在功能等办法，发挥这些老旧场馆的综合承载能力。一是与周边合作，开辟新的会展资源。与周边餐饮业、旅馆业、旅游业合作，提供更多的会展服务；二是延长会展业的产业链，将会展过程中的研讨会、报告会、展示会、新闻发布会等转移至周边举办；三是要充分利用场馆的室外空间；四是利用信息化的手段，如大屏幕显示屏、电子传媒、网上展示等，改革传统的会展方式，提高会展效率和宣传效果。

参考文献

赵楠、申俊利、贾利静：《北京市基础设施承载指数与承载状态实证研究》，《城市发展研究》2009 年第 4 期。

王春才：《北京会展业发展与会展场馆建设互馈关系研究》，《城市问题》2008 年第 9 期。

张卫星：《北京市会展经济发展的瓶颈问题及对策研究》，《北京财贸管理干部学院学报》2004 年 9 月。

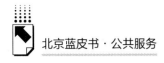
裴向军：《会展场馆现代化构成要素研究》，《浙江树人大学学报》2008 年 7 月。

郭太生、裴岩：《首都重要基础设施安全状态评价》，《中国人民公安大学学报》（社会科学版）2008 年第 3 期。

陈元欣、王健：《经营城市与综合性大型赛事场馆设施融资研究》，《体育与科学》2007 年第 1 期。

Research on Infrastructure Carrying Capacity for Building Beijing into an International Activities Aggregation City

Yang Song

Abstract：Infrastructures for building Beijing into an international activities aggregation city consist mainly of stadium infrastructure, transportation infrastructure and public services infrastructure. Stadium infrastructures have the problems of lacking of stadiums, imbalance layout, incomplete comprehensive functions, absence of supporting service, etc. Transportation infrastructures face the problems of lagging public transportation construction, insufficient international airline capacity, serious traffic jams resulting from poor transportation management, etc. Public services infrastructures have the problems of low supply service level, rigid institution mechanism and lacking of humanization and facilitation, etc. Generally speaking, the carrying capacity of Beijing's urban infrastructure to create itself as an international activities aggregation city is still in lower stage, and it is necessary to continue to improve the construction and carrying capacity of Beijing's urban infrastructure.

Key Words：International Activities；Aggregation City；Infrastructures；Carrying Capacity

B.17
北京绿色出行与发展城市
新型交通系统的构想

摘　要：

　　近几年北京市居民机动化出行比重、出行量逐年上升，不仅造成了越来越严重的道路拥堵，也挤占了大量城市空间，步行和自行车出行环境不断恶化，存在交通安全隐患，同时严重影响到城市的生态环境，危害人们的生命健康。北京实施"公交优先"战略，公交设施得到改善，但在舒适性、可及性方面差强人意，难以吸引更多人选择公交出行。绿色出行为解决特大型城市交通问题提供了新思路，构建慢行交通与公共交通彼此衔接的新型交通系统，为实现居民绿色出行提供了现实途径。文章在分析北京市交通现状及居民出行特点的基础上，针对北京绿色出行面临的主要问题提出政策建议。

关键词：

　　绿色出行　非机动化　慢行交通　柔性公交　新型交通系统

一　北京城市交通现状与居民出行特点

（一）出行总量巨大

随着人口和社会经济的发展，北京市交通出行量逐年增加。2010年北京市六环内日均出行总量达到4130万人次（含步行），比2005年增加1210万人

* 庞世辉，北京市社会科学院管理研究所副研究员，研究方向：公共财政、公共管理、城市交通。

次，增长41.4%，比2009年增加469万人次，增长10.1%①。人口规模、出行次数、出行距离以及出行强度是影响北京市居民出行总量的主要因素。

1. 人口规模随着城市的不断扩张加速增长，交通需求增势迅猛

2011年底，北京市常住人口2018.6万人②，首次突破2000万人，比2000年增加近700万人，增长48%以上，比2005年增加481万人，增长31.2%。从增长趋势看，人口规模从500万（1958）增至1000万（1986）经过了28年，从1000万增至1500万（2005）经过了19年，从1500万增至2000万（2011年），仅用了6年时间，呈现加速增长的趋势，给城市交通造成巨大压力。

2. 居民日均出行次数随着生活需求多样化逐渐增多

据北京市第四次综合交通调查结果显示，2010年北京市六环内人均出行次数为2.82次/人，比2005年（2.64次/人）增长了6.8%③。

3. 居民出行距离随着城市规模的日益扩张不断加大

2010年，北京市六环内除步行方式的平均出行距离为10.6公里，比2000年增加2.6公里，比2005年增加1.3公里，分别增长了32.5%和14%。其中，公交出行增加1.3公里，地铁出行增加3.5公里。

4. 中心区出行强度因城市功能集聚不断加大

2010年，北京市六环以内的出行强度仍然高达3.8万人次/平方公里，比2005年增长46%，三环以内的出行强度增长20%，金融街、CBD等地区出行吸引强度增长最快，分别比2005年增长86%和79%，发展相对滞后的南城地区，出行强度也增长了60%左右④。由于中央政务区、商务区、优质教育和医疗及文化娱乐等公共资源聚集城市中心区，近5年建设项目的50%也主要集中在中心城区⑤，出行格局具有强中心的空间特征。

---

① 北京市交通委、北京交通发展研究中心：《探寻北京交通——世界城市交通科学发展之路》，2012年1月。
② 《2012年北京统计年鉴》，北京市统计局网站，http：//www. bjstats. gov. cn/nj/main/2012 - tjnj/index. htm。
③ 北京交通发展研究中心：《2011年北京市交通发展年度报告》，2011年8月。
④ 北京市交通委、北京交通发展研究中心：《探寻北京交通——世界城市交通科学发展之路》，2012年1月。
⑤ 刘小明：《北京交通发展历程与对策》，"首届世界大城市交通发展论坛"会议资料，北京交通发展研究中心网站，http：//www. bjtrc. org. cn/InfoCenter/NewsAttach//，2012 - 11 - 9。

（二）出行机动化水平较高

1. 机动车拥有量加速增长

2011 年北京市机动车拥有量接近 500 万辆，比 2005 年增加 240 万辆，增幅达到 93%。私人小汽车由 2005 年的 180 万辆增加到 2011 年的 390 万辆，增加 210 万辆，增幅达到 117%。截至 2012 年 10 月底，全市机动车保有量 517.1 万辆。

2. 小汽车出行强度较大

近年北京市对小汽车实行限行措施，一定程度上限制了小汽车的出车率，但从居民出行结构看，小汽车出行需求的增长势头仍难以遏制。2010 年北京市六环内的小汽车出行量接近 1000 万人次，比 2005 年增加 393 万人次，比 2009 年增加 59 万人次。小汽车短距离出行比重有所上升，低于 5 公里的短途出行占出行总量的 44%，出行强度达到 3.49 次/日。

表 1　北京市居民出行结构

单位：%

	1986 年	2000 年	2005 年	2010 年
公共交通	28.2	26.5	29.8	39.7
小 汽 车	5.0	23.2	29.8	34.2
自 行 车	62.7	38.5	30.2	16.4
出 租 车	0.3	8.8	7.8	6.8
其 他	3.8	3.0	2.5	2.9
合 计	100.0	100.0	100.0	100.0

资料来源：北京市交通委、北京交通发展研究中心《探寻北京交通——世界城市交通科学发展之路》，2012 年 1 月。

（三）居民出行的时间特征明显

1. 早晚高峰出行比重较大

据北京交通研究中心提供的数据，在各种出行方式中，除了出租车外，其他出行方式早晚高峰出行量占全天出行量的比重均超过 30%，高峰特征明显。

2. 早高峰出行总量中生活类出行比例接近一半

对居民高峰时段出行目的进行调查发现：除了大量以通勤、商务活动为目的的上班族、上学族出行外，还有越来越多的以购物、健身、休闲等为目的的生活类出行越来越集中于早高峰时段。2010年，这类出行约占早高峰出行总量的47%，一定程度上增加了道路和公共交通的负荷。

（四）居民平均每日出行时耗偏长

2010年，北京市六环内居民人均每日出行需耗时108分钟，乘坐公共交通出行平均时耗63.5分钟，乘坐地铁出行平均时耗73.95分钟，驾车出行35.9分钟，公共交通并未体现出明显的优势。北京公共交通的平均出行速度仅为小汽车的40%，60多分钟的平均时耗中约有1/3时间消耗在等车和换乘中，高峰时段地面公交的劣势尤其明显。公交专用道功能因尚未形成网络无法有效发挥，公交线网设计及场站设置存在缺陷，驻车换乘不便等，严重影响了城市公交竞争力。

表2　各种出行方式高峰时段出行时耗比较

出行方式	平均出行距离（公里）	平均出行时耗（分钟）	平均行驶速度（公里/小时）
公共电汽车	9.60	63.50	9.10
轨道交通	16.35	73.95	13.26
出租车	7.15	36.30	11.63
小汽车	9.30	35.9	15.70
自行车	3.25	21.35	9.09
步行	1.50	17.05	5.35

注：公共电汽车及轨道交通时耗构成 = 车内时间 + 车外换乘等车时间。

资料来源：根据北京交通发展研究中心《2011年北京市交通发展年度报告》中的相关数据整理。

（五）持续增长的交通供给无法满足巨大的交通需求

从交通投资看，北京市多年来一直重视交通基础设施建设，2010年完成市级固定资产投资514亿元，比2006年增长92.5%。"十一五"期间，市级交通投资总额达到2500亿元，占北京市同期GDP的4.7%[①]。投资主要用于

---

① 北京交通发展研究中心：《2011年北京市交通发展年度报告》，2011年8月。

兴建交通枢纽、大型驻车换乘停车场（Parkand Ride，P&R）、城市智能交通系统等重点建设项目，促进了城市交通环境的改善和交通事业的发展。持续的投资增长一定程度上改善了交通基础设施，缓解了城市交通压力，但与加速增长的出行需求相比，供需矛盾仍然较大，中心区尤为突出。

从道路供给看，2010年底北京市城六区道路总里程达到6355公里，城市道路总面积达9395万平方米，道路密度达到464.5公里/百平方公里，城市交通基础设施承载能力得到提升。道路供给总量年年增加，供给结构每年都有调整，但从实际运行结果看，"路修到哪儿就堵到哪儿"的现象仍客观存在，面对难以遏制的机动化出行需求，城市道路设施仍显脆弱。

从公共交通发展水平看，北京于2006年、2009年先后出台了《关于优先发展公共交通的意见》和《绿色交通行动计划（2009~2015）》，通过加大轨道交通建设力度、全面更新公交车辆、优化公交线网、实施低票价、设立专用道等一系列措施，大力推进"公交城市"建设。2011年北京市居民出行中公共交通的承担率已突破40%，但与其他国际化大都市普遍60%~80%的公交承担率相比仍显较低，目前北京市公交发展水平、服务能力尚难以吸引更多司机选择弃驾出行。

表3 北京市公共交通发展情况

指　标		2005 年	2010 年	增长%
地面公交:	运营线路(条)	593	713	20.2
	运营车辆(辆)	18503	21548	16.5
	年客运量(亿人次)	44.98	50.51	12.3
轨道交通:	运营线路(条)	4	14	250.0
	运营里程(公里)	114	336	194.7
	年客运量(亿人次)	6.8	18.46	171.6
公共交通(公交+轨道)出行比例%		29.8	39.7	9.9 个百分点

资料来源：北京公交公司。

（六）城市环境堪忧

由于对健康的影响，城市交通引起的环境污染已为越来越多的人所关注。

"十一五"时期，北京市不断加强机动车排放管理，同时加强交通噪声治理，近年机动车排放相关指标，年际变化不大，总体尚好，但是在机动车保有量持续增长、近期市民机动化出行的态势难以逆转的压力下，城市交通拥堵局面很难从根本上得到缓解，交通能耗结构短期内难以优化，有害气体的排放也因为路网运行速度迟缓而难以有效控制。

2010年，北京市交通领域（含航空、铁路和社会车辆）总能耗1631万吨标煤，占全市能耗的23.4%；机动车尾气排放的PM2.5约占全市PM2.5排放总量的22.2%，氮氧化物约占全市的58%，挥发性有机物约占全市的40%[①]。能源与环境问题突出，直接影响到城市的可持续发展。实现城市节能环保、市民健康发展的目标，必须调整现有的交通结构，改变居民出行方式，倡导绿色出行。

二 国内外城市绿色出行策略借鉴

国内外快速发展的大城市都面临一个共同的难题，在快速进入汽车时代的同时，带来巨量的能源消耗；在快速推进城市化的进程中，随之而来的人口激增，逐渐超出城市道路和公用设施所能承载的负荷；社会经济快速发展，导致大量的人流、物流的空间移动，形成多样化的出行需求；多层次的交通需求又引发人们对交通个性化、舒适性、快捷性的要求，造成私人机动化出行大规模增加。发达国家早在20世纪60年代就已经意识到机动化过度出行所带来的危害，进而采取了绿色出行策略。

英国：1961年英国一份报告中第一次提出大规模道路建设会给城市造成负面影响，建议规定环境标准确定交通流量，以解决道路通行能力和城市环境品质之间的矛盾。研究者提出步行者在城市中应享有充分的自由，能够随意地漫步、休息、购物和交流，尽情沉浸于城市建筑和历史所营造的氛围中。此后，英国逐渐将改善步行交通条件作为中央政府的一个重要目标，1996年又

① 刘小明：《北京交通发展历程与对策》，"首届世界大城市交通发展论坛"会议资料，北京交通发展研究中心网站：http://www.bjtrc.org.cn，2012-11-9。

提出自行车交通的国家战略。

德国：19世纪70年代中期，德国一些城市开始探讨如何有效地增加自行车在城市交通中的作用，并积极推行自行车友好城市的规划；同时在道路网络的规划中，逐渐引入"区域交通安宁"的概念；在一些主要街区的规划中，将完善步行交通环境、保证行人安全置于首位，同时严格限定机动车行驶速度，充分体现了"以人为本"的绿色交通理念。

丹麦哥本哈根：早在1947年就提出著名的"手指形态规划"，用长期规划引导城市交通。规划规定城市开发沿着几条狭窄的放射形走廊集中进行。之后的城市土地开发与轨道交通建设紧密结合，中心区的公交系统与完善的步行系统和自行车网络设施有效衔接，既保持了中世纪城市风貌，又较好地解决了中心区的交通问题。

法国巴黎：全面推行全日制自助式自行车和小型电动汽车租赁业务，将高科技元素充分融入车辆制造和租赁服务系统之中，方便市民使用公共代步方式取代自驾出行。

中国杭州：建立公共自行车服务体系，将公共自行车作为公共交通的一部分，享受公交优惠政策；实行智能化管理、人性化服务，深受市民和游客欢迎。

国内外一些城市在推行绿色出行策略的初期多是鼓励步行、推行自行车租赁系统、改善慢行交通环境、扶持公共交通等。发展至今，已逐步拓展到从交通规划、城市空间设计，到车辆人性化设计、信息网络技术应用、智能管理，以及运用政策与经济手段协同推进、综合协调。上述经验对北京实施绿色交通战略、促进市民绿色出行，具有重要的借鉴意义。

三 北京绿色出行面临的主要问题

与国际大都市相比，北京城市交通问题有其特殊性，也是实施绿色出行策略必须要面对的问题。

一是城市通勤半径大，2010年六环内4130万人次的出行需求，大部分是职住分离的上班族，通勤半径由15公里的五环范围扩展到30公里，是造成潮汐式交通的主要原因。适应北京建设世界城市，以及发展首都城市圈的需要，未来的北京交通要承担更大的人口规模和更长距离的通勤半径。在绿色出行的前提下保证一定的通行效率，是对未来北京综合交通发展提出的更高要求。

二是北京快速的城市化进程是在非机动化基础上起步的，历史上早已形成了城市固有的空间形态，用地紧张、建筑物密集、城市内部街区和道路普遍狭小、紧凑和复杂，快速机动化带来的交通问题，因传统的城市布局而愈加复杂。而为方便小汽车出行修建的大量道路、停车场等交通设施则将城市原有空间割裂，原有的历史文脉、古都风貌正在逐渐淡去。倡导绿色出行如何兼顾古城保护的需要？这是北京交通未来发展需要面对的现实要求。

三是城市中心区土地高强度开发导致高层建筑集中，人口集聚，产生和吸引了大量出行，造成中心区交通量过度集中。依靠"建路"、"限行"、"收费"等传统的交通管理模式显然难以奏效。创新管理理念、发展城市新型交通系统方是破局之举。

四是北京中心区既具有政务区、商务区的功能，同时又是各种公共资源高度集中的区域，教育、医疗、娱乐、旅游等多种设施、多功能高度叠加，产生和吸引出行需求的点多且分散，个性化、便捷性、舒适性需求对公共交通服务品质提出更高要求。

五是绿色出行依赖多种交通工具、出行方式协同组合，既要保证通行效率，又要符合节能减排的要求，实际运行和管理难度较大。绿色交通工具包括各种无污染或低污染车辆，出行方式为步行、骑行、公交和轨道交通、合乘、单人自驾等，多种交通协同组合，以实现城市交通的通畅、安全、舒适、低耗。但传统交通强调个人自由选择、个人的出行偏好，如何引导市民的出行偏好、鼓励市民选择绿色出行方式，需要采取有效手段加以规范。

四　北京绿色出行实现途径与政策建议

绿色出行是采用对环境影响最小的出行方式，既节约能源、减少污染，又有益于健康、兼顾效率。出行方式包括无污染的步行、自行车，或乘坐低污染的公共电汽车、地铁以及自助电动车，或采用合乘、环保驾车等方式，尽可能减少机动化出行，减少对环境的影响。北京实现绿色出行的主要路径包括：发展新型交通系统、引导市民出行非机动化、鼓励乘坐公交、出行环境人性化、交通管理科学化等。

1. 发展 P&R + 轨道交通系统，解决通勤半径过长的驻车换乘需求

相对地面道路交通而言，轨道交通既可以提高运输效率，还可以避免造成城市交通拥挤，对城市环境的污染程度相对较低，能够体现绿色出行的理念。但对特大型城市来说，轨道交通受线网、站点、运行时间等影响，其灵活性、可达性与出行需求有一定差距。建设停车换乘设施（P&R）可弥补这一缺陷，扩大轨道交通的服务吸引范围。P&R 是在城市中心区外围的轨道交通站点附近，为通勤乘客设置小汽车长时间停车换乘场地，通过低价或免费停车，或以优惠的轨道交通收费政策，引导乘客放弃驾驶小汽车进入城市中心区，改为换乘轨道交通，对缓解中心区交通压力，优化城市交通结构具有重要意义。条件成熟，还可以结合城际铁路、市郊铁路进一步扩大通勤服务范围。

2. 发展人性化的慢行交通系统，解决市区短距离出行需求

慢行交通系统是将步行、自行车、自助式电动车等慢速出行方式作为城市交通的重要组成部分，既可以缓解城市道路拥堵，又可以减少汽车尾气污染，能够在全市范围内充分满足居民购物、娱乐、休闲、旅游等多种出行需求，在短距离出行中具有明显优势。发展慢行交通，既有利于营造安全、便捷、清新、宁静的城市环境，同时还可以强身健体。慢行出行对城市空间环境、道路安全等要求较高，需要在舒适性、安全性与城市空间协调性方面精心设计。一定意义上说，慢行交通系统是一个城市文化、科技、管理、理念等多种品质的具体展现，是感受城市、增进交流的重要窗口，是实现多种交通方式有效衔接的主要途径。

目前，北京慢行交通环境不完善，机动车占用步行和自行车道路，出行者缺乏安全感；过街天桥大多与周围建筑功能和空间视觉的协调性较差，立体化设计降低了行人过街的便利性；多数步行道空间狭窄、单调，缺少休息场所，环境设计缺少人性化；步行通道管理不善，大量小商贩占道经营，难以吸引市民步行出行。北京发展慢行交通可以结合城市特点，以完善慢行环境为重点，充分考虑步道、自行车道的完整性、连续性与安全性，并与其他交通系统站点换乘需求相结合，留出一定的自行车换乘停车设施；在步道建设中充分体现人性化设计理念，与城市风貌、景观休闲、旅游观光以及必要的商业需求紧密结合，与古城保护紧密结合，让步行者在城市漫步中充分感受城市、增进交流，在慢行中体验城市品质；在民俗旅游、古城观光以及景点集中的区域，可以推行观光人力三轮车、观光自行车、自助电动车等取代旅游车进入景区。

3. 发展慢行交通＋公共交通系统，解决城市中短距离出行需求

从通行能力看，公共电汽车的效率远远高于小汽车、摩托车、自行车、步行等。但是公共汽车的特点是定线路、定站点、定运营时间，且不能实现门到门的出行需求。以任何目的、选择任何交通工具出行，起终点两端均离不开慢行交通方式，完善慢行交通设施有助于发展公共交通。北京公共交通系统目前存在的主要问题：一是线路重叠，线网有待优化；二是线路过长，运营时间、候车时间不确定；三是站距较长，多数站位设置在距离路口较远的位置，无疑增加了出行时间和成本；四是服务品质亟待提高。

提高公共交通吸引力，应在快捷性、舒适性方面下工夫。一是优化线网设计，避免路线重复，适当缩短长度。二是合理设置站点，方便换乘。三是建立动态信息与静态标识相结合的公交信息引导系统，在北京主要街区路口，统一设置标识清晰的公交车站指示路牌，引导出行者更加方便地乘用公共交通。四是将公共自行车纳入公共交通系统，统一规划管理，有效解决"最后一公里"问题。五是发展非常规柔性公交，即运营线路和运营时间半固定、专门为地铁、大容量公交和重点地区提供集散服务的小公共汽车。国外相关调查研究表明，3/4以上乘坐小型公共汽车的通勤者是常规公交系统的使用者，他们愿意对有座位、运行速度快、环境舒适的交通服务付出更高的费用。柔性公交能更有效地吸引众多市民放弃自驾，应在社区、写字楼等客流集中地区开设。六是改善公共电气车内部环境、换乘及候车环境，增加舒适性，切实吸引更多私家车主改乘公共交通工具。

4. 发展自动步道系统，提高换乘和通行效率

北京市区有许多大型换乘设施、地铁站、火车站、步行商业街等区域，人流、物流聚集，吸引了大量出行需求，但同时也造成大量人员滞留，难以及时疏散，存在安全隐患，也给周边道路造成交通压力。可以考虑修建自动平移设施，加快人员通行。在一些大型过街通道，也可以修建自动步道系统，为过街行人提供通行便利，可以吸引更多居民绿色出行。

5. 开展多种形式的绿色出行引导行动，增强市民绿色出行意识

一定意义上说，出行需求是刚性的，但出行方式是可以选择的。虽然目前北京居民出行结构中，小汽车出行比例偏高，部分原因是由于出行偏好，另一部分原因是绿色出行意识淡薄。有必要开展多种形式的绿色出行引导行动，实现出行引导社会化、日常化、生活化。

开展健康步行引导行动，宣传"快乐行走，健康时尚"的步行文化理念，推广"步行＋公共交通"的出行模式；开展绿色骑行引导行动，宣传"绿色出行，健康环保"的骑行文化理念；开展社区、街道、路口文明引导行动，充分动员社会力量参与文明出行引导行动，引导路人、骑车人、驾车人遵守交规，有序通行，共建交通文明；开展文明行车引导行动，在单位、社区、街道、学校、出租车公司等深入宣传交通法规和交通礼仪，倡导行车有道、驾驶有德；开展全民文明出行教育行动，充分发挥媒体的作用，通过电视、广播、网络等，对广大民众进行绿色出行教育，培养全民绿色出行观念。

6. 加强交通需求管理，有效改善绿色出行环境

倡导绿色出行，一方面是为了提高道路通行效率，另一方面是为了减少机动车污染排放，改善城市环境。提高公共交通品质，是实现绿色出行的主要途径，重点是解决可达性问题，关键点有三个：一是缩短在途运行时间，需要解决道路通畅问题，但要受道路通行条件限制，不确定性较大；二是缩短两端步行时间，需要加大公交网的密度，尽量延伸贴近小区，但有时受路网条件制约；三是缩短候车换乘时间，可以缩小发车间隔，加大公交运行强度，但同样也要受道路运行条件的制约。轨道交通虽然可以避免道路条件约束，但运行能力也受限制。在当前，北京市机动车拥有量不断增加，路网负荷越来越大，实现绿色出行必须在发展公共交通的同时加强交通需求管理。

与国外需求管理的环境不同，目前北京市道路网尚不完整，城市空间已过度开发，而机动车规模加速增长，可调整的空间极为有限。北京市交通需求管理应结合城市具体情况，根据不同需要采取不同策略：一是以减少出行为目的的策略，具体包括远程办公、电视电话会议、电子商务、电子政务等；二是以调整交通分布为目的的策略，主要是通过交通规划引导城市布局，从空间上分散交通流；三是以调整出行时间为目的的策略，主要通过票价机制引导出行者选择非高峰时段出行，从时间上分散交通流；四是以引导出行方式选择为目的的策略，主要是制定政策引导出行者选择大容量交通，具体措施包括鼓励合乘、限制小汽车进入市区、改善换乘设施等。

参考文献

北京市交通委、北京交通发展研究中心研究报告：《探寻北京交通——世界城市交通科学发展之路》，2012 年 1 月。

北京交通发展研究中心：《2011 年北京市交通发展年度报告》，2011 年 8 月。

刘小明：《北京交通发展历程与对策》，《首届世界大城市交通发展论坛》会议资料，北京交通发展研究中心网站：http：//www. bjtrc. org. cn。

黄娟、陆建：《城市步行交通系统规划研究》，《现代城市研究》2007 年第 2 期。

冯晋：《英国慢行交通系统的启示》，《道路交通管理》2010 年第 6 期。

孙颖：《法国巴黎自行车租赁业务及对我国的启示》，《交通运输工程与信息学报》2010 年第 2 期。

庞世辉：《北京城市交通管理精细化研究》，《北京公共服务发展报告（2011~2012）》，社会科学文献出版社，2012。

Research on the Notion of Beijing Green Travel and Developing Urban New Traffic System

Pang Shihui

Abstract： In recent years, the motorized transport and residents travel volume in Beijing have been rising yearly. This has led to heavier road congestion, occupying more of city space, worsening walking and cycling environment, hidden dangers of traffic safety, as well as severe impacts on urban ecological environment and people's life and health. Thanks to bus priority measures in Beijing, bus facilities have been improved, but the riding comfort and accessibility are barely satisfactory, so there still exists difficulties to attract more people choose bus travel. Green travel provides a new way of thinking for solving transport problems in megalopolis. To build a new traffic system harmonizing slow traffic and public transport appropriately, this provides a realistic approach to realize Beijing resident green travel. Based on the analysis of Beijing traffic status and the characteristics of residents travel, this article puts forward policy suggestions on main problems in Beijing green travel.

Key Words: Green Travel; Non-motorized Transport (NMT); Slow Traffic; Flexible Bus; New Traffic System

B.18

北京建设低碳城市与供热
节能减排对策研究

郭卫东　郑勤俭*

摘　要：

　　从低碳城市、低碳经济的内涵、发展模式和相互间的关系入手，深入研究和分析北京的供热现状、节能工作成效、节能减排面临的形势等。根据供热节能减排工作的性质、特点和要求，提出了北京供热节能减排工作的指导思想、原则和目标，以及实施供热节能减排工作的对策建议，期待能为治理北京大气环境，提高城市环境质量，节约能源资源，发展低碳经济，建设低碳城市提供借鉴和启示。

关键词：

　　低碳城市　城市供热　节能减排

一　低碳城市的内涵及建设低碳城市
与供热节能减排的关系

（一）低碳城市的概念

低碳城市是指在经济高速发展的同时，能源消耗和 CO_2 排放处于较低水平状态的城市。低碳城市建设有赖于低碳经济的发展程度，因此，低碳经济的

---

* 郭卫东，北京市市政市容委研究室主任，高级经济师，研究方向：城市管理、基础设施、市政公用事业；郑勤俭，北京城市管理学会秘书长，高级经济师，研究方向：城市管理、基础设施、市政公用事业、区域经济。

发展水平，决定着低碳城市的建设。低碳城市要求城市在经济高速发展的前提下，保持能源消耗和二氧化碳排放处于较低的水平。北京已进入工业化的后期，如何化解经济快速发展对资源、能源消耗的高度依赖，如何突破资源、能源的"瓶颈"约束，成为北京面临的主要难题。建设低碳城市，北京既需要摆脱对化石燃料的过分依赖，减轻高油价的压力，实现经济转型，又需要解决经济社会发展中带来的诸多问题。同时，北京的城市化进程快、规模大，低碳之路无疑为北京的可持续发展提供了一条新的途径。

（二）建设低碳城市与供热节能减排的关系

低碳城市建设的核心，是要求城市的能源消耗和二氧化碳排放处于较低水平。节能减排是当今世界经济发展的重要战略方针，供热采暖是中国北方地区的民生大事，供热节能减排是城市供热管理的一项长期任务。建设低碳城市是北京乃至国家可持续发展的一条新的途径，是城市经济建设和社会发展的基本要求。而供热节能减排是建设低碳城市的一部分，是实现低碳城市的一项重要举措。供热节能减排要按照低碳城市建设的政策要求、规范标准和技术手段去推广和实施。而低碳城市建设又依赖于包括供热节能减排在内的各项经济活动的开展得以实现。本文以北京城市供热为例，按照建设低碳城市的要求，就供热节能减排问题进行研究和探讨，以期有助于促进北京低碳城市建设和节能减排工作的推广实施。

二　北京供热节能绩效分析

（一）北京供热现状

北京是全国最大的集中供热城市。截至 2011 年底，全市总供热面积 6.97 亿平方米，比"十五"期末增加了 27400 万平方米，增长 49.5%。其中住宅面积为 5.19 亿平方米，供热单位 1577 个，锅炉房 4021 座，供热管网总长 2 万余公里。在各类供热方式中，清洁能源（包括燃气、燃油、电、热电联产）供热面积达到 71.4%，燃煤达到 28.6%。在清洁能源中燃气供热面积达到 45%，城市集中供热管网达到 24.8%。

（二）北京供热能耗分析

长期以来，中国经济一直建立在高投入、高消耗、高污染的粗放型增长模式之上，能源耗费非常严重。特别是近几年来，由于高耗能行业增长过快，在单位国内生产总值上升的同时，能源消耗也快速增长，甚至快于经济增长。中国人口众多，能源资源本就相对不足，再加上经济发展正处于工业化和城镇化加速期，对能源有较大需求，能源资源不足的矛盾更加突出。只有通过节能才能缓解中国能源面临的严峻形势。

建筑是具有很大节能潜力的行业。根据建设部有关资料显示，目前中国拥有的 400 多亿平方米的城乡建筑中，95% 左右是高耗能建筑，建筑能耗已占到全社会终端能耗的 27.5%，单位建筑面积采暖能耗相当于相同气候地区发达国家的 2 ~ 3 倍。建筑能耗高在很大程度上是由于长期福利供热体制引致的供热能耗高造成的。目前，全市供热锅炉每年耗煤量约 550 万吨，耗气量 50 多亿立方米，供热采暖能耗占建筑总能耗的一半左右。其中，燃煤锅炉平均运行效率仅为 55% ~ 60%，比国际先进水平低 20 ~ 25 个百分点；燃气锅炉平均运行效率为 80%，比国际先进水平低 10 ~ 15 个百分点；全市锅炉房 4521 座，采取节能措施的仅占 8%；全市 30% 的老旧管网和 15% 的户内采暖系统超期服役、年久失修，热能浪费严重，热损失在 20% 左右。据预测，北京市建筑节能潜力为 60% 左右，供热系统节能潜力为 33% 左右，行为节能潜力为 7% 左右。

（三）节能减排工作成效

按照国家和市委、市政府关于节能减排的要求，北京市通过采取节能技术改造、整合供热资源、加快热计量改革、落实"低保高控"等措施，在供热节能方面取得了非常好的成绩，供热单耗比"十五"期间降低 10%。采取的具体措施如下。

1. 从分散到集中、从单一到多元——调整能源结构

北京市着眼城市基础设施和供热保障实际，按照"整合资源、集中供热，节约资源、减少排放"的工作思路，完成了城区 1.6 万台燃煤锅炉清洁能源的改造工作和远郊区县的供热资源整合，以大型区域集中供热替代分散的中小型锅炉房的工作，单位供热煤耗下降了30%，二氧化硫、烟尘等主要污染物排放量减少60%以上。同时，着力发展清洁能源和可再生能源，广泛应用天然气、地热、太阳能、生物质燃料等清洁能源，不断优化供热结构，初步形成了以集中供热为主，多种能源、多种方式相结合的供热新局面。

2. 从人工调节到自动控制——实施技术改造

为解决人工操作存在的系统调节不及时、不平衡而出现"上热下冷、近热远冷"等问题，提高供热质量，降低供热能耗，北京市通过制定供热节能技术改造资金奖励政策，引导供热企业采用锅炉自动控制、气候补偿、供热分时分区控制等19项供热节能技术，达到系统平衡运行。全市已有217座锅炉房实施了供热系统节能改造，锅炉燃料消耗和耗电明显下降，平均节能率约20%。同时，还通过制定老旧供热管网改造政府补助政策，从2008年开始，先后对800多个小区进行了老旧供热管网改造，不仅降低了10%的供热能耗，而且使供热质量和供热安全得到保障。

3. 从按面积收费到按用热量收费——全力推进热计量改革

实行供热计量改革，是推进供热节能减排的重要抓手。从2007年开始，北京市以政府机关、大型公建热计量收费为突破口，积极推进供热计量收费试点。2010年全市供热计量改革从试点转向全面推进，供热计量收费范围扩大到所有新建建筑和具备计量条件的既有建筑。2010~2011年采暖季，全市进行供热计量收费的公共建筑达到了3500万平方米，居住建筑约达到了560万平方米。

4. 从高低差距过大到"低保高控"——提升能源利用效率

针对供热保障中存在着部分居民室温不达标，而部分商场、写字楼等公建室温过高的问题，通过采取"低保高控"措施，要求供热单位保障居民住宅达到规定标准温度，要求机关、商场等公共建筑严格控制室温不超标，并通过学校寒假期间采取分区控制和保温运行措施，一个采暖季就节约天然气950万立方米，取得了良好的节能效果。

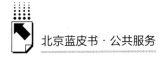

三 北京供热节能减排工作面临的形势

（一）城市热源建设滞后，供需矛盾日益突出

北京城市建设持续快速发展，"十一五"期间每年新竣工面积约 4000 万平方米，对城市热能供应与保障能力提出了更高的要求。特别是热电联产城市热网供热，从 2005 年的 9730 万平方米发展到 2011 年的 1.72 亿平方米，供热面积增加了 59.6%，而热源供应能力从 2005 年的 5419MW 发展至 2011 年的 7153MW，仅增加了 32%，2011 年城市热网供热面积已超过设计能力，热源建设明显滞后于城市发展的需求，城市热源供应能力与用热需求矛盾日益突出。

（二）供热燃气需求加大，供热保障要求提高

"十一五"期间，燃气供热面积从 1.67 亿平方米发展到 3.13 亿平方米，供热面积增加了 87.4%；供热燃气用量从 21 亿立方米发展到 53.2 亿立方米，已占到全市燃气用量的 70%。总结北京市两次"限气"的经历，天然气能源保障能力问题体现在三个方面：一是资源供应能力不足，尚未构建天然气资源的安全保障体系；二是供热调峰能力有限，现有调峰手段难以平衡季节性峰谷差；三是应急处置能力薄弱，难以有效应对突发性事件及重大管线事故对城市能源保障的影响。

（三）供热系统能耗较高，供热节能潜力较大

通过北京现有供热系统能耗调查，与同纬度国家供热能耗相比高出 30%～50%。通过 2008 年开始的供热系统节能改造工程实施效果看，在现有节能技术下供热系统实施节能改造后，至少有 10%～20% 的节能潜力。而目前一些中小型供热单位，特别是非企业化的供热单位，由于供热收费体制和管理体制的局限，还缺乏节能改造的内在动力。

（四）供热单位高度分散，管理水平参差不齐

北京供热目前仍是以单位后勤部门自行管理为主的管理体制。据统计，在

全市 4591 座锅炉房中，供热面积 5 万平方米以下的锅炉房占到 65.12%，而供热面积 20 万平方米以上的锅炉房仅占到 8.57%，中小型锅炉房掌控着全市 40% 的供热资源。单位及部门间的割据和条块分割，以及非企业化的管理，不仅造成供热资源管理分散，供热设施结构不合理，供热资源难以高效利用，而且还制约了供热行业向专业化、规范化、集约化方面发展。

（五）体制改革相对滞后，供热市场尚需培育

目前，北京市供热收费体制改革尚未全面推进，现行的热费与热量消耗无关的计费方式，使供热单位、热用户及建设开发商缺乏节能的内在动力，使供热计量改革和供热节能的推进遇到阻力；同时，在贯彻《北京市供热采暖管理办法》的过程中，其现行缴费方式已阻碍了"谁用热，谁交费"新体制的建立；此外，非企业化供热运营模式以及供热价格长期未能理顺等，使供热行业的运行质量、安全服务规范和监督机制尚未完全建立，制约着供热行业的健康发展。

四　北京供热节能减排工作的指导思想、原则和目标

北京的供热节能减排工作虽然取得了一定成绩，但是与北京供热本身的节能潜力及国务院和北京市对北京城市发展的节能减排要求相比，北京市的供热节能工作还有很长的路要走。而且，"十二五"期间北京市已将建筑领域节能作为全市节能减排的重点，而建筑节能的核心任务是要降低供热采暖能耗。供热行业将承担全市节能减排的历史使命和重要任务。因此，我们应在原有的基础上，继续扎扎实实、攻坚克难，进一步提升北京市的供热节能水平，为北京市建设低碳城市和节能减排工作作出应有的贡献。

（一）指导思想

北京市供热节能减排工作的指导思想是认真贯彻国家关于节能减排工作的部署和要求，全面落实科学发展观，坚持以建设"人文北京、科技北京、绿色北京"为指导，符合市委市政府将首都北京建设成为世界城市的要求，坚

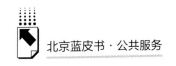

持清洁能源供热为主导，多种方式、多种能源相结合的发展方针，以满足供热需求、保障供热安全为核心，以转变发展方式、调整供热结构、加快科技进步为手段，建立安全、清洁、经济、高效的城镇供热体系。

（二）基本原则

1. 政府引导、企业为主、社会参与、市场运作

鼓励供热单位依托供热协会、节能技术服务机构以及能源管理服务机构共同参与节能改造，应用成熟的节能新技术、新工艺、新设备和新材料，提高供热运行效率和管理水平。同时要鼓励全体市民积极参与，鼓励市民的行为节能和对有关供热设施与相关建筑进行技术改造。

2. 优化供热结构，科学有效供热

科学预测供热发展规模和用能需求，考虑社会经济承受能力和不同供热方式的特点，建立多元化的供热用能体系。科学有效保障供热安全，提高供热效率，促进大气环境质量改善。

3. 挖潜与改造相结合

充分考虑供热用天然气、煤炭等能源供应情况，做好供热能源供需平衡；充分利用既有供热设施开展挖潜与节能改造工作，降低供热能耗。

4. 发展与整合并重

本着"发展中整合、整合中发展"的原则，优先考虑利用既有供热设施，整合周边供热资源，满足发展需求；严格按规划控制建设新热源，新建热源与周边未来发展和整合相衔接。通过整合提高区域供热管理水平，实现供热资源的优化配置。

5. 坚持供热体制改革，引导培育供热市场

加快供热体制改革步伐，制定相关配套政策，包括供热收费制度的相关政策，逐步建立市场准入退出制度，规范市场秩序，促进供热市场化和用热计量化。

（三）任务目标

根据国务院和北京市有关节能减排工作的任务要求以及北京市的供热节能

减排工作的基础情况，我们建议"十二五"期间北京市的供热节能减排工作的总目标是单位面积供热能耗比"十一五"末下降12%。具体任务如下。

1. 供热系统节能改造及老旧供热管网设施改造

解决供热设施老化、跑冒滴漏等问题，提高管网输配效率，开发应用供热节能新技术，提高供热装备技术水平和运行人员技术素质。

2. 推进供热计量收费制度改革

2013年前完成1.5亿平方米既有二步、三步节能居住建筑的供热计量改造，实行供热计量收费。完成3000万平方米既有非节能居住建筑节能及供热计量改造项目，同步实行计量收费。完成2.3亿平方米公共机构、公共建筑的供热计量改造，实行供热计量收费。

3. 推进供热资源整合工作

完成远郊区县大型集中供热中心建设，整合新城分散小型供热锅炉。基本完成城六区20蒸吨以上燃煤锅炉房清洁能源改造工作。

五　实施供热节能减排工作的对策建议

（一）改革热费制度，实行用热商品化、货币化

改革热费制度，停止福利供热，实行"谁用热、谁交费，用多少热、交多少费"，是促进供热节能减排的重要手段。具体要做好四个方面的工作：一是停止由职工所在单位统包的职工用热制度，明确交费主体，实行"谁用热，谁交费"，由居民家庭（用热户）直接向供热企业交费采暖，实行用热商品化。二是积极稳妥、合情合理制定职工采暖补贴办法。应综合考虑职工住房标准、供热平均价格、采暖期限、职工收入水平和财政、企业的经济承受能力以及由于广泛采用清洁能源而使北京市热价处于全国最高水平的现状等多种因素，根据本地实际情况进行测算，合理确定采暖补贴范围、总体补贴水平、各类人员的补贴标准和发放办法。三是切实做好弱势群体的救助工作。对进入最低生活保障线等弱势群体的采暖费要纳入社会保障体系，保证有专门的资金渠道和来源对弱势群体实行热费减免政策。四是调整供热价格。由于目前北京市

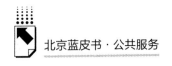

的供热价格已严重脱离供热成本，为促进北京市供热事业的良性发展，必须统筹兼顾供热企业、热用户和整个社会发展的各个层面的利益，科学合理地确定采暖价格，理顺供热价格体系。

（二）整合供热资源，优化供热结构

供热资源的整合是优化城市供热结构，合理配置供热资源的重要途径，是供热体制改革的重要内容和热费制度改革的前提条件，也是节能减排的重要举措。具体要做好以下工作。

1. 搞好供热资源的合理调整

按照建设部等八部委"以集中供热为主导、多种方式相结合"为方向，坚持"在整合中发展，在发展中整合"的思路，合理配置供热资源，优化城市供热结构，改革现行管理模式，实行特许经营制度，推进供热的社会化、规范化、市场化和集约化，提高城市供热保障能力和管理水平，促进首都供热事业的健康发展。特别是要依托大型骨干供热企业，通过改组、联合、兼并、股份合作等市场化运作方式并辅以行政手段，对供热资源实施调整，对供热市场进行规范。通过市场化配置供热资源，培育和引导供热向社会化、市场化发展。

2. 合理确定资源的整合范围

对城六区供热半径不超过1公里的中、小供暖锅炉房；规模在1万平方米以下供热单位、不符合标准的锅炉房及单台20吨以下燃煤锅炉房；长期超过排放标准，经限期治理仍不能达标，市民反映强烈的；未经环保、质量技术监督、规划、供暖等行政管理部门批准、擅自违法建设的；未取得供热资质和特许经营权，也未进行工商注册的；违反有关规定，直接影响到居民正常采暖，给社会造成恶劣影响的；对必须进行改建、扩建和设备更新改造的锅炉房，符合整合条件的；新建住宅和公建、危房改造小区、经济适用房小区要严格规划控制，先整合后新建。

3. 进行供热资源整合

包括对供热资源的合理配置和对供热市场秩序的整顿。政府应根据规划对供热资源进行调整，对供热市场秩序进行整顿；应根据特许经营的规定，实行

市场准入、退出和特许经营制度；根据资产的性质，可采取联网、托管、兼并和收购等方式进行资源整合。①以城市集中供热管网和市国有大型区域供热公司为依托，对现有国有供热企业资源进行重组合并。②以区属供暖所为依托，对区属国有、集体或开发性的供热单位进行重组合并和供热资源的整合。③中央直属、国管、驻京部队机关及在京企事业单位的供暖锅炉房，应按照北京的总体规划和要求，对本系统的供暖资源进行整合，并对其供暖实施归口管理。④非专业供热单位，应实行所有权与经营权分离。将供热设施与原单位脱钩，按供热市场准入条件，试行特许经营和管理。

（三）积极推行供热计量改造和收费

要严格执行《北京市新建集中供暖住宅分户热计量技术规程》（DBJ 01 - 605 - 2000），凡新建公共建筑和居民住宅，都必须设计、安装具有热计量及室温调控功能的采暖系统，计量及温控装置费用计入房屋建造成本。要按照量力而行、分步实施和市场引导原则，积极探索旧有住宅的热计量方式和节能措施，制定旧有住宅实施热计量、供热系统节能和建筑节能的改造规划，促进住宅节能改造和供热系统节能改造的实施，满足用户的不同需求。要研究制定旧有住宅的节能及采暖设施改造的经济政策，按照"谁受益，谁投资"的原则，由政府、供热企业、职工个人和职工所在单位共同承担。政府应给予必要的扶植，多渠道筹集资金。要对于已实现热计量改造的采暖用户，取消按面积计收热费，推行按热计量收费。

（四）加强市级主管部门的组织、协调、指导、监督

要落实供热节能减排工作涉及部门的责任。其中，市住房和城乡建设委负责制定本市既有建筑节能改造任务的年度目标和分解下达，审核、汇总年度申请财政部和市财政奖励资金的改造项目，协调有关主管部门对各区县的节能改造工作进行指导、监督、验收、考核。市财政局负责申报有关中央财政、市财政奖励资金的审核，按照有关规定拨付资金，监督奖励资金的使用。市政、市容委负责制定本市热源、管网节能改造和建筑物热计量改造的年度任务目标和分解下达，对各区县市政、市容委供热计量改造的管理工作进行指导、监督、

考核。市和区县发改委负责对公共机构的既有建筑热计量和节能改造项目进行审核，组织实施。

（五）加大新材料、新技术的推广，保证节能改造工程的质量

北京市住房和城乡建设委员会 2010 年发布的新成果新技术推广目录，包括推广科技创新成果 23 项、既有建筑节能改造技术 11 项和村镇宜居型住宅技术 8 项。北京市住房和城乡建设委员会和北京市规划委员会共同发布《北京市推广、限制和禁止使用的建筑材料目录（2010 年版）》，有 41 项新型建材列入推广使用目录，85 项落后建材列入限制和禁止使用目录。我们应在节能改造过程中加大对新型节能技术和材料、设备的应用力度，通过科技推动节能减排。

（六）加快供热行业改革，积极培育和规范供热市场

北京市应坚持以集中供热为主导、多种方式相结合的发展方针，编制并强化供热发展和供热资源整合规划，在满足居民采暖需要的同时促进能源利用效率的提高和环境质量的改善。同时，要积极推进供热社会化、企业化改革，特别是深化国有供热企业改革，加快建立现代企业制度，加强供热企业内部管理，加快企业技术进步，降低运行成本，强化成本约束机制。另一方面，也要进一步转变政府职能，在加强对供热市场和行业的管理，注重培育和规范供热市场，建立公平竞争的市场机制，使供热体系进入良性发展轨道。

参考文献

庄贵阳、郑艳：《中国推行节能减排与低碳城市建设的宏观背景》，《中国城市发展报告（2009）》，社会科学文献出版社，2009。

武云甫、张雷、景洪兰：《城市热网失水率达标措施》，《节能》2002 年第 7 期。

丁亦如、孙杰：《谈目前供暖系统中常见的几个技术问题》，《区域供热》2001 年第 4 期。

张宝林、闫横、刘志勇：《浅析城镇供热系统节能》，《节能》2006 年第 8 期。

刘杨：《锅炉供热系统节能技术在供热管理中的应用》，《记者摇篮》2004 年第 8 期。

Research on Countermeasures of Building a Low Carbon City and Heating Energy Saving and Emission Reduction in Beijing

Guo Weidong   Zheng Qinjian

Abstract: From the connotation, development mode and mutual relations of low carbon city and low carbon economy, we do in-depth research and analysis on the heating present situation, energy-saving effect, energy saving and emission reduction in Beijing. According to the nature, characteristics and requirements of the heating energy saving and emission reduction work, we propose guiding ideology, principles and objectives of the Beijing heating energy-saving emission reduction working, as well as the implementation of heating energy saving and emission reduction countermeasures, look forward to the reference and enlightenment for the governance of Beijing atmospheric environment, improving the quality of city environment, conserving energy and resources, and the development of low carbon economy, building a low carbon city.

Key Words: Low Carbon City; City Heat Supply; Energy Saving and Emission Reduction

B.19

北京市医疗卫生公共服务
设施与资源配置分析

罗　植[*]

摘　要：

从四个主要指标考察了医疗卫生设施与资源在北京区县的布局情况，从基尼系数的角度对北京市医疗卫生设施与资源的公平性进行了分析，最后借用绝对收敛的检验方法分析了北京市医疗卫生设施与资源布局的发展变化。结果显示北京市医疗卫生设施与资源的布局存在比较严重的失衡问题，而且这一问题在近几年内并未得到明显改善。

关键词：

医疗卫生　公共服务设施与资源　基尼系数　绝对收敛

一　北京市医疗卫生公共服务设施与资源的布局分析

医疗卫生服务的供给水平可以通过医生、护士、床位以及相关经费投入来衡量。为了消除人口规模因素的影响，本研究采用人均量来衡量。其中，每千人拥有医生数，每千人拥有护士数以及每千人拥有床位数均有直接的统计数据可查。而医疗卫生经费，可通过人均财政性医疗卫生支出来反应。从四个指标衡量医疗卫生设施与资源在北京市各区县的布局情况如表1到表4所示。

表1到表3从人均角度反映了医生数、护士数和床位数这三种医疗卫生设

---

* 罗植，博士，北京市社会科学院与清华大学联合培养博士后，主要研究方向：公共管理、公共政策分析，政府管理创新。本文为北京市社会科学院重点课题"北京公共服务资源空间布局战略研究"最新研究成果。

施与资源在各区县的历史布局情况。从这些设施与资源的分布情况不难发现以下几个特征。

表1　各区县每千人拥有医生数

单位：个/千人

区县 \ 年份	2005	2006	2007	2008	2009	2010	2011
东 城 区	10.6	10.3	11.5	11.2	11.1	9.2	9.6
西 城 区	7.3	7.4	8.8	9.1	9.3	8.0	8.4
崇 文 区	5.6	5.9	6.4	7.1	7.0		
宣 武 区	5.7	5.9	5.6	5.7	5.8		
朝 阳 区	4.8	5.1	3.2	3.6	3.8	3.6	3.7
丰 台 区	3.8	3.7	2.4	2.6	2.6	2.3	2.4
石景山区	4.7	4.6	3.1	2.5	3.3	3.5	3.5
海 淀 区	3.5	3.6	2.7	3.1	2.7	2.8	2.9
门头沟区	3.8	3.6	3.4	3.3	3.5	3.6	3.8
房 山 区	2.4	2.5	2.3	2.5	2.5	2.5	2.8
通 州 区	2.8	3.1	1.8	1.9	2.0	2.0	2.0
顺 义 区	2.9	3.0	2.4	2.6	2.8	2.4	2.5
昌 平 区	3.7	4.1	2.9	2.8	2.8	1.9	2.0
大 兴 区	3.2	3.6	2.2	2.2	2.3	2.2	2.2
怀 柔 区	3.6	4.0	3.1	2.8	2.8	3.1	3.3
平 谷 区	2.8	1.9	2.2	3.0	2.9	3.2	3.1
密 云 县	2.5	2.2	2.4	2.5	2.5	2.8	2.9
延 庆 县	2.9	1.5	2.5	2.6	2.7	2.6	2.7

资料来源：根据历年《北京区域统计年鉴》整理而得，包括最新出版的《北京区域统计年鉴2012》，同心出版社，2012。

第一，三种设施与资源在不同区县的布局表现出明显的差异，设施与资源更多地聚集于中心城区。不论是医生护士这种人力资源，还是床位这种物质设施，都主要集中在东城区与西城区。其中东城区的三个指标在2011年时分别达到9.6、9.6和10.9，西城区分别达到8.4、10.2和11.1。这一水平不仅显著高于其他区县，而且是美国全国平均水平的三倍多①。

_____

① 《国际统计年鉴2001》显示，美国2004年每千人医生数为2.68，2007年每千人床位数为3.10。

第二，从现实感受看，东城区与西城区的高水平医疗卫生设施与资源并没有带来与之相应的消费体验。因此，这些指标可能存在一定的水分，并未反映东城区与西城区的真实情况，甚至也不能反映其他区县的真实情况。其实，东城区与西城区的许多医院已经不属于基本医疗卫生的范畴，这些医院在北京乃至全国都是最好的。这些医院不仅为北京服务，同时也为全国服务。然而，该指标通常是以本地区常住人口甚至是户籍人口进行核算，并不考虑那些来京就医的大量流量人口。因此，该指标必然会高估真实水平。

表2　各区县每千人拥有护士数

单位：人/千人

年份区县	2005	2006	2007	2008	2009	2010	2011
东城区	9.7	10.1	11.3	11.8	11.4	9.1	9.6
西城区	7.8	8.6	10.6	10.3	10.8	9.7	10.2
崇文区	4.4	4.6	5.0	5.6	5.9		
宣武区	5.2	5.3	5.3	5.5	5.9		
朝阳区	4.3	4.7	3.2	3.5	3.8	3.8	4.0
丰台区	3.1	3.3	2.3	2.5	2.6	2.4	2.7
石景山区	4.0	4.0	2.9	2.4	3.6	3.8	3.9
海淀区	2.8	2.9	2.5	3.2	2.9	3.0	3.1
门头沟区	3.7	3.5	3.2	3.2	3.6	4.0	4.5
房山区	2.3	2.4	1.9	2.1	2.1	2.3	2.7
通州区	1.9	2.1	1.4	1.6	1.8	1.7	1.9
顺义区	1.7	1.8	1.8	1.9	2.3	2.0	2.1
昌平区	3.2	3.5	2.5	2.4	2.8	1.8	1.9
大兴区	2.2	2.3	1.4	1.7	1.8	1.9	2.0
怀柔区	1.9	2.0	1.8	1.8	2.1	2.3	2.5
平谷区	1.3	1.0	1.4	1.8	2.3	2.7	2.9
密云县	1.6	1.4	1.6	1.7	1.9	2.0	2.0
延庆县	1.8	0.9	1.8	1.8	2.0	2.0	2.2

资料来源：根据历年《北京区域统计年鉴》整理而得，包括最新出版的《北京区域统计年鉴2012》，同心出版社，2012。

第三，从每个区县的纵向历史变化看，三种医疗卫生设施与资源在许多区县都出现了不同程度的下滑。三种设施与资源中，降低幅度最小的是每千人拥有护士数，其次是每千人拥有医生数。从表中可以看到，许多区县在2011年时的水平比 2005 年时减少了 1，通州区和昌平区的减少甚至接近于 2。三种设施与资源中，下滑最为严重的是每千人床位数，个别区县的减少接近甚至超过了 50%，比如丰台区、石景山区和海淀区。由于北京市到目前还一直处于人口大量流入时期，因此，人均设施与资源水平的下滑实质上反映了设施与资源的增长速度赶不上人口流入的速度。比如，通州区 2005 年末的常住人口为 86.7 万，其中外来人口 19.7 万，2011 年末，其常住人口为 125 万，增长 44.2%，其中外来人口达 47.7 万，增长高达 142.1%；昌平区 2005 年末的常住人口为 78.2 万，其中外来人口 21.9 万，2011 年末，其常住人口为 173.8 万，增长 122.3%，其中外来人口达到 89.6 万，增长高达 309.1%。可见，医疗卫生设施与资源的人均水平的下降，主要源于常住人口的急剧增长。这说明，在对设施与资源布局时应该考虑到未来几年的人口流动。

表3　各区县每千人拥有床位数

单位：个/千人

区县 \ 年份	2005	2006	2007	2008	2009	2010	2011
东 城 区	14.3	14.2	15.0	14.5	14.0	10.8	10.9
西 城 区	10.3	10.4	12.4	12.7	13.0	11.1	11.1
崇 文 区	5.7	5.9	6.6	6.2	6.2		
宣 武 区	8.1	8.1	7.7	7.6	7.7		
朝 阳 区	7.2	7.5	4.1	4.4	4.5	4.3	4.3
丰 台 区	6.5	6.3	3.8	3.6	4.2	3.7	3.6
石景山区	7.5	7.4	4.8	4.7	4.8	5.0	4.8
海 淀 区	5.0	4.9	3.1	2.9	2.8	2.7	2.6
门头沟区	10.0	10.3	8.4	8.8	8.7	8.8	8.7
房 山 区	6.0	5.8	4.8	5.1	5.3	5.7	5.7
通 州 区	3.7	3.8	1.9	1.7	1.7	1.6	1.5
顺 义 区	3.6	3.6	3.3	3.1	3.1	2.6	2.7
昌 平 区	12.1	13.3	7.2	7.2	6.5	4.2	4.3
大 兴 区	5.4	5.9	2.9	3.1	3.1	2.7	2.8
怀 柔 区	4.7	5.3	3.5	3.4	3.1	3.2	3.4
平 谷 区	3.1	2.4	3.3	3.6	3.7	3.8	3.9
密 云 县	2.8	2.5	1.6	1.6	1.8	1.9	2.3
延 庆 县	3.9	1.9	2.9	2.9	3.0	2.8	2.7

资料来源：根据历年《北京区域统计年鉴》整理而得，包括最新出版的《北京区域统计年鉴 2012》，同心出版社，2012。

第四，从横向的差异变化看，不论是 2005 年还是 2011 年，三种设施与资源的区县布局都表现出较大的差异。从每千人拥有医生数看，2005 年末，最多的东城区是最少的房山区的 4.3 倍，到 2011 年时，依然是最高的东城区是最少的通州区的 4.9 倍。从每千人拥有护士数看，2005 年末，最多的东城区是最少的平谷区的 7.6 倍，到 2011 年末，最多的西城区是最少的昌平区的 5.5 倍。从每千人拥有床位数看，2005 年末，设施最多的东城区是设施最少的密云县的 5.2 倍，到 2011 年末，设施最多的西城区是设施最少的通州区的 7.7 倍。从这些数据看，似乎并没有反映出区县间差距的不断缩小，甚至还有扩大的可能。

表 4 是人均财政性经费在各区县的布局情况。该指标通过财政支出中医疗卫生支出与本地区常住人口数计算而得。其实，人口指标至少有户籍人口和常住人口两种口径。户籍人口是公安部门按户籍统计的人口，以公安户籍记录为统计基础，常住人口则包括户籍人口（不含本地户籍长期在外地的），以及在本地居住半年以上的人口。由于常住人口是医疗卫生支出的主要受益者，因此，使用常住人口进行计算更为合适。同时，为了令不同年份的经费具有可比性，表中数据均以 1952 年为基年的不变价格进行换算（为了处理上的简单，假设各区县的价格指数基本相等，等于北京市的整体水平）。

表 4　各区县实际人均财政性医疗卫生支出

单位：元/人

区县 \ 年份	2005	2006	2007	2008	2009	2010	2011
东 城 区	133	200	234	252	260	272	197
西 城 区	157	260	276	332	319	341	270
崇 文 区	100	131	185	229	242	237	185
宣 武 区	82	107	113	124	134	139	108
朝 阳 区	31	52	67	80	83	85	105
丰 台 区	39	48	66	78	73	68	78
石景山区	47	74	72	76	128	82	89
海 淀 区	30	61	66	82	79	75	85
门头沟区	79	118	161	178	200	223	163
房 山 区	45	61	112	152	162	171	206
通 州 区	35	83	66	77	100	108	116

续表

区　年份　县	2005	2006	2007	2008	2009	2010	2011
顺 义 区	64	109	112	151	192	181	192
昌 平 区	40	59	73	95	101	97	70
大 兴 区	50	70	79	81	109	99	101
怀 柔 区	88	133	163	231	215	270	442
平 谷 区	55	65	98	129	160	222	216
密 云 县	60	94	97	147	224	211	409
延 庆 县	71	129	153	209	223	308	283

注：本表数据按 1952 年的不变价格计算。

资料来源：根据历年《北京区域统计年鉴》整理而得，包括最新出版的《北京区域统计年鉴 2012》，同心出版社，2012。

可以看到，2005～2011 年，各区县的人均财政性医疗卫生支出都有显著提高，许多区县都从 2005 年的几十元增加到了 2011 年的上百元，但各区县的增长速度存在巨大差异，从一倍到三倍各不相等。从布局情况的发展变化看，2005 年末，人均财政性经费最高的西城区是最低的海淀区的 5.2 倍，到 2011 年末，人均财政性经费最高的怀柔区是最低的昌平区的 6.3 倍。其差异性也没有明显降低的趋势。当然，这种财政性经费的差异性可能正是为了减少设施与资源布局的差异性而设置的。对此，还需要进一步通过公平性指标对其进行定量的检验。

二　北京市医疗卫生公共服务设施与资源的公平性分析

测量某种资源分布差异性的指标有很多。其中，经济学家基尼于 1912 年根据洛伦茨曲线（Lorenz，1905）提出的基尼系数因其简单明确的特征而最为常用。借助基尼系数测量公共服务设施与资源布局在不同区县之间的差异性时，还需要注意两点。一是基尼系数测量的是不同群组间的差异性，对于群组内则假设不存在差异。二是基尼系数的准确性依赖于设施与资源的同质性。就医疗卫生资源而言，则假设每一个医生、护士和病床具有同等的效用（通常只有病床数最接近该假设），因此，测量得到的结论需要根据该假设做出适当的调整。就财政性经费而言，则假设各区县的物价水平相同，即每一块钱在不同的区县买到的东西相同。通过计算可知，2005～2011年，北京市各区县的四种医疗卫生设施与资源的基尼系数如表5所示。

表5　各区县医疗卫生设施与资源投入的基尼系数与

年份	每千人医生数	每千人护士数	每千人病床数	人均医疗卫生支出
2005	0.228	0.317	0.260	0.270
2006	0.256	0.346	0.287	0.265
2007	0.302	0.380	0.331	0.261
2008	0.293	0.365	0.334	0.263
2009	0.287	0.341	0.327	0.235
2010	0.257	0.311	0.317	0.271
2011	0.258	0.310	0.313	0.307

　　从各个年份的基尼系数可以看到，四种医疗卫生设施与资源的基尼系数在大多数时间都小于0.3，根据基尼在测量收入分配公平性时的基本标准，这些设施与资源的布局都处于比较平均或相对合理的水平。当然，评价收入分配的标准是否能够恰当地反映医疗卫生设施与资源的分配，还需要通过更多的经验数据长期考察。从基尼系数的变化趋势看，2005～2011年，各种设施与资源投入的公平性程度都没有得到显著改善，一直在0.3水平上下波动，甚至有些时候还出现过不公平性加剧的现象。从图1的基尼系数变化趋势看，2005～2011年，医生数、护士数和床位数三种资源的布局差异性程度呈现出先升高后降低的变化过程，而人均财政性医疗卫生支出则正好相反，表现出先下降后升高的变化过程。正如前面所分析的，这种相反的变化过程可能反映了财政性医疗卫生支出在医疗卫生设施与资源均等化方面的推动作用。即正是这种财政性支出的差异性，才推动了三种主要的医疗卫生资源朝着更公平的方向发展。

　　另外，如果考虑到医生、护士和货币的不同质性，以及服务于全国人民的特殊性，那么基尼系数所测量的不公平性还可能被低估。因此，北京市医疗卫生设施与资源布局的不公平必然高于基尼系数所测量的结果。

　　综上可知，北京市医疗卫生设施与资源在空间布局上存在一定的差异，以收入分配的评价标准看，有些时候几乎接近于较不公平的警戒线。不仅如此，

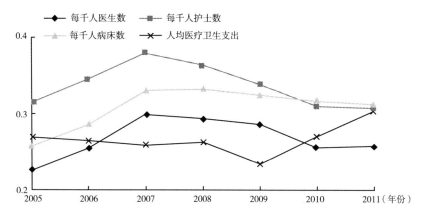

图1 各区县医疗卫生设施与资源投入的基尼系数

其公平性水平在2005～2011年间并没有得到明显的改善，只是从2007年起表现出了一定的公平性趋势，但这种趋势是否显著存在，还需通过定量的分析进行估计。

三 北京市医疗卫生公共服务设施与资源的绝对收敛分析

基尼系数的变动反映了资源空间布局差异程度的变动。当区县间的公共服务设施与资源差异扩大时，布局合理性降低，基尼系数提高。当区县间的公共服务设施与资源差异缩小时，布局合理性提高，基尼系数降低。换言之，布局的合理或基尼系数的降低反映了差异的缩小，即不同区县的医疗卫生资源朝着同一个水平发展。从经济学的角度看，就是表现出收敛的特征。因此，可借用收敛性检验方法来分析公共服务设施与资源的布局变化是否向着更合理的方向发展。由于公共服务设施与资源的空间布局还没有一个较为严格的理论模型，因此，本研究借助Baumol（1986）所使用的检验方法①，检验北京市医疗卫生公共服务设施与资源是否具有绝对收敛的特征。具体而言，可设置如下回归模型：

$$\ln S_{i,end} - \ln S_{i,start} = \_const + \beta \ln S_{i,start} + \varepsilon. \tag{1}$$

---

① Baumol的方法存在一定的问题（De Long，1988），但借此方法进行分析，不会对定性结果产生严重影响。

如上模型中，S 代表各种医疗卫生设施与资源的投入水平，下标 i 标识不同的区县，下标 start 表示为初始一期，下标 end 表示为最末一期，_ const 是常数项，ε 是一般干扰项。从回归模型的设置可以看到，回归模型中的因变量是各种医疗卫生设施与资源从初始一期到最末一期的增长率的自然对数，自变量为初始一期的各种医疗卫生设施与资源的投入水平的自然对数。因此，估计系数 β 实际上反映了医疗卫生设施与资源初始一期的投入水平与其未来几年内的增长率之间的关系。如果初始设施与资源水平较低的区县普遍具有较高的增长率，那么这种设施与资源的差异性就会不断地缩小，说明绝对收敛性的存在。此时，二者之间反映出负相关的关系，因此，估计系数 β 应该小于 0。相反，如果估计系数 β > 0，那么初始设施与资源水平较低的区县则普遍具有较低的增长率，此时区县间的差异会不断加剧，说明医疗卫生设施与资源不存在绝对收敛的特征。

利用表 1 到表 4 中的数据估计回归模型（1），可以得到如表 6 的估计结果[①]。

从表 6 的估计结果可以看到，四种医疗卫生设施与资源模型的估计系数 β 都很接近于 0，虽然有三个模型的估计结果小于 0，但其与 0 的绝对距离很小。而且，在自体抽样标准误的推断下，四个模型中的估计值都不能在 10% 的水平显著。从拟合优度 R^2 看，四个模型的 R^2 都不到 0.1，而且调整后的 R^2 甚至有小于 0 的结果存在。这些结果都表明一个结论，即初始一期的医疗卫生资源与其增长率之间没有显著的统计关系，初始设施与资源的水平高低并不显著影响其未来几年的增长率。也就是说，2005～2010 年间医疗卫生设施与资源的布局不存在显著的绝对收敛特征。因此，虽然基尼系数的变化趋势表现出了越来越公平的趋势，但这种趋势并不具有统计上的显著性。

由于经济中的绝对收敛特征更多地存在于长期之中。因此，本研究也试图从更长期的角度检验医疗卫生设施与资源的绝对收敛特征。将考察的时间范围扩大，重新估计回归模型（1），其估计结果如表 7 所示（初期为可得数据的最早年份）。

---

① 崇文区与宣武区缺少 2010 年的数据，为了不损失本来就相对较少的样本量，该年数据由近三年增长率的几何平均数估算。表 7 与此相同。

表6　2005～2010年间各种医疗卫生设施与资源投入的绝对收敛检验结果

	每千人医生数	每千人护士数	每千人床位数	人均医疗卫生支出
β	0.075	-0.127	-0.037	-0.069
	(0.165)	(0.140)	(0.201)	(0.087)
_const	-0.251	0.198	-0.282	1.240***
	(0.222)	(0.163)	(0.358)	(0.187)
N	18	18	18	18
R^2	0.015	0.068	0.003	0.013
$Adj\ R^2$	-0.046	0.010	-0.060	-0.049

圆括号内为自体抽样标准误（*Bootstrap Standard Error*），抽样次数为1000。

* $p<0.1$，** $p<0.05$，*** $p<0.01$。

表7　其他年份至2010年各种医疗卫生设施与资源投入的绝对收敛检验结果

	每千人医生数	每千人护士数	每千人床位数	人均医疗卫生支出
β	-0.098	-0.098	-0.967***	-0.215
	(0.180)	(0.122)	(0.182)	(0.267)
_const	-0.070	0.154	1.401***	2.033*
	(0.222)	(0.119)	(0.263)	(1.040)
N	18	18	18	18
R^2	0.016	0.045	0.597	0.030
$Adj\ R^2$	-0.046	-0.014	0.572	-0.031
初始年	2001	2001	1994	2003

圆括号内为自体抽样标准误（*Bootstrap Standard Error*），抽样次数为1000。

* $p<0.1$，** $p<0.05$，*** $p<0.01$。

与前面的结果对比可以发现，除每千人床位数这一模型外，其他三个模型的估计结果均没有质的变化，其结论依然是初始一期的医疗卫生资源与其未来几年的增长率之间没有显著的统计关系。每千人床位数的估计结果则显著不同，待估计系数 β 的估计结果为 -0.967，十分接近 -1，其拟合优度 R^2 也达到了0.597。这说明从更长期的角度看，每千人床位数具有显著的绝对收敛特征，其在区县间的布局变化具有趋于公平的趋势。这也说明，相对于更早期的1994年，北京市的人均床位布局变得更为公平。

床位设施与其他三种资源的结果差异应该与模型考察的时间范围有关。从表7可以看到，因为每千人床位数可获得的最早数据为1994年，而其他三种资源可获得的最早数据都是2001年以后。由此可以推测，如果在相同的时间范围内估计模型，其他三种资源也可能表现出绝对收敛的特征。

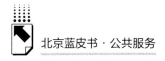

四　结论与建议

本研究对北京市医疗卫生公共服务设施与资源的投入状况、公平性程度和绝对收敛性进行了分析。从投入的基本状况看，北京市的各种医疗卫生服务设施与资源的布局存在着比较严重的失衡问题，这些设施与资源在区县间的布局表现出显著的差异。从公平性程度看，由于财政性经费的侧重性，这种设施与资源布局的失衡从2007年开始表现出有所缓解的趋势，开始朝着趋向公平的方向发展。但是，从绝对收敛的检验结果看，医疗卫生公共服务设施与资源的布局变化在近六年里并没有显著的收敛特征，趋向公平的发展趋势并不具有统计上的显著性。由此可以看出，北京的医疗卫生公共服务设施与资源的布局失衡问题比较严重，因此，在以后的医疗卫生设施与资源的布局上，应该加大对资源匮乏区县的供给力度，同进还要考虑到人口快速增长的因素，以及北京市医疗卫生设施与资源服务于全国人民的特殊性。

参考文献

国家统计局：《中国统计年鉴2012》，中国统计出版社，2012。

北京市统计局：《北京区域统计年鉴》，同心出版社，2012。

Baumol, W. J., 1986, "Productivity Growth, Convergence, and Welfare: What the Long-run Data Show", American Economic Review, 76 (5): 1072 – 1085.

De Long, J. B., 1988, "Productivity Growth, Convergence, and Welfare: Comment", American Economic Review, 78 (5): 1138 – 1154.

Reseach on the Allocation of Public Health Facilities and Resource in Beijing

Luo Zhi

Abstract: Firstly, this paper reviewed the distribution of public health facilities and resources in Beijing through four kinds of resources. In addition, we measured the equity of four facilities and resources by using Gini coefficient. At last, we inspected the convergence of evolution of these facilities and resources. The conclusion shows that the distribution of public health facilities and resources in Beijing is unbalanced and not improved in recently years.

Key Words: Public Health; Public Service Resource; Gini Coefficient; Absolute Convergence

公共安全篇

Public Safety

B.20

首都社会治安防控体系建设考察

殷星辰[*]

摘　要：

　　经过十几年的建设，特别是经过 2008 年奥运会和 2009 年新中国 60 年国庆安保实战，北京已经建立起了比较成熟和完善的社会治安防控体系，有力地维护了首都社会的安全稳定。但首都社会治安防控体系建设还存在平战结合不紧、科技化含量不高、社会参与度不广等问题。应从实现社会治安防控体系的精细化、信息化、社会化入手，进一步提高首都社会治安防控体系建设的整体效能。

关键词：

　　首都社会治安　防控体系　综合治理

---

* 殷星辰，北京市社会科学院首都综治研究所所长，研究员，博导，研究领域：社会管理、社会稳定、社会治安、反恐怖等。

一 首都社会治安防控体系的建设历程

所谓社会治安防控体系，是指在党委和政府的统一领导下，在政法综治部门的组织协调下，以稳定社会大局为出发点，以公安系统、武警部队为中坚力量，以政府相关部门和社会力量为依托，以各界群众积极参与为基础，整合现有的警力和社会资源，充分发挥各自职能作用，综合运用各种手段，通过科学、有效的工作机制，将打击与防范、教育与改造、管理与建设等多种措施有机结合，实现统一指挥、快速反应，对社会治安实施全方位动态防控的管理系统。

首都社会治安防控体系建设最早可追溯到 20 世纪 80 年代中期。1985 年 4 月，为了落实中央提出的社会治安综合治理方针，北京市成立了社会治安社会秩序综合治理领导小组并下设办公室，简称"综治办"，为市委临时机构。这一机构是为了"通过思想的、政治的、经济的、行政的、法律的各种手段，达到控制犯罪、预防犯罪、减少犯罪，并把犯罪分子中的绝大多数改造成新人的目的"[1]。1989 年 3 月，北京市委决定社会治安综合治理工作由政府负责，成立北京市综合整治社会治安秩序领导小组，原"综治办"改名为北京市综合整治社会治安秩序领导小组办公室，简称为"综合整治办"，为市政府的临时机构。1991 年 4 月，根据全国社会治安综合治理工作会议精神和中央 7 号文件要求，正式成立了首都社会治安综合治理委员会，同年 6 月，原"综合整治办"撤销，正式成立"首都综治办"。这一时期，北京市针对外来流动人口问题、刑释解教人员安置帮教问题、预防青少年违法犯罪问题、基层治安防范等问题先后出台一系列规范性文件，开展了大量的卓有成效的工作，为首都社会治安防控体系建设打下了良好基础。

2001 年，中共中央、国务院下发了《关于进一步加强社会治安综合治理的意见》，明确提出了"建立和完善全社会的防控体系"的任务，要"逐

---

[1] 中央社会治安综合治理委员会办公室编著《社会治安综合治理工作读本》，中国长安出版社，2009 年，第 17 页。

步建立和完善'打、防、控'一体化的工作机制"。在此后的一系列文件中对社会治安防控体系建设的指导思想、主要任务、总体目标、重要措施等都进行了详细阐述。首都综治委认真落实中央的决定和部署,及时实现了综治工作重心向加强防范的全面转移、综治工作领域向参与社会建设和城市管理的全面转变。建立并认真实施社会治安综合治理领导责任制,解决了职责不明、责任不清、作用发挥不平衡和条块结合不够紧密的问题,形成了齐抓共管的工作格局。综治组织建设、队伍建设、制度建设、经费保障机制建设等各项基层基础工作也得到显著加强。社会治安的工作制度和工作网络不断完善,具有首都特色的社会治安防控体系建设的基本框架和主要内容基本定型。

2006年,党的十六届六中全会提出了进一步完善社会治安防控体系的要求,为实现对社会治安问题的综合治理和标本兼治,从源头上改善社会治安外部环境、消除各种社会治安隐患,充分发挥各方面防控力量的整体合力和多种防控手段的最大效能。北京市按照"创一流、建首善"的工作标准,以创建安全、稳定、和谐的社会环境为中心,运用社会控制理论和系统工程方法,努力建立和完善具有首都特色的社会治安防控体系。目前,已经形成了以重大活动安保为牵引,以人民战争形式为依托,以现代信息科技为支撑,整体防控与精细防控相结合,融打、防、管、建为一体的递进式社会治安防控体系,有力保障了首都地区的安全稳定,圆满完成了"平安奥运"和"平安国庆"的目标,有效实现了违法犯罪发案率平稳可控,群众安全感保持在良好以上水平。

二 首都社会治安防控体系建设取得的主要成效

经过十几年的建设,特别是经过2008年奥运会和2009年新中国60年国庆安保的实战检验,首都社会治安防控体系越发成熟和完善,基本实现了防控主体的全民参与,防控区域的整体覆盖,防控对象的动态掌控,防控时间的全天候控制,防控手段的综合运用,防控机制的整体联动,成为维护首都安全稳定的重要载体和有效工具。

（一）切实加强社会治安防范领导责任制建设，建立社会治安防控工作组织领导体系

早在 20 世纪 90 年代初，北京市颁发的第一个关于社会治安防范工作的纲领性文件——《北京市社会治安综合治理条例》就规定了对社会治安综合治理实行目标管理和建立责任制的要求。目前北京市已建立起了比较完善的社会治安防范领导责任制。每年年初，市委市政府以社会治安综合治理责任书的形式确定各级党委、政府，各部门、各单位党政主要领导为本地区、本部门、本单位的社会治安综合治理第一责任人，各级党政部门主管此项工作的领导是直接责任人，根据"属地"原则和"谁主管、谁负责"原则，严格落实领导、部门和单位责任。各区县、各部门严格按照市级工作模式，层层签订责任书，把社会治安防范工作落实到基层。社会治安综合治理责任书是考评各级党委政府、各级部门、各行业系统和基层单位工作成效的重要依据。同时还建立了领导干部综治实绩档案，把各区县、各部门党政主要领导和分管领导开展治安防控的工作业绩记入个人档案，作为领导干部奖惩的依据。通过落实治安防控责任制，北京市建立起了以市、区县、街道（乡镇）三级党委政府为领导机构，以市、区县、街道（镇）和社区（村）综治部门为协调机构的"三级领导四级协调"的组织领导体系，形成了对社会治安防控工作各部门齐抓共管的格局。

（二）大力发扬群防群治优势，做强做大社会治安防控力量体系

经过多年的建设和整合，北京市已经形成了一支以公安干警、武警官兵为专门力量，以治安巡防队员、单位内保和流动人口管理员为市场化力量，以治安志愿者为志愿力量的三位一体的专群结合、群防群治的社会治安防控大军。其中由党委政府可以直接指挥、责任任务明确、直接参与社会治安防控的群众性力量已达 110 万人。

首都公安干警作为治安防控的常规性专业力量、主力军，目前达 5 万人，可以直接参加社会治安防控的达 2 万人左右。北京市通过优化警力资源配置，明确和落实各种警力在治安防控中的职责任务，采取巡逻勤务、社区驻防、治安控制、内部防控等多种形式，最大限度地把警力下沉到基层，充分发挥公安

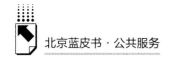

机关在社会治安防控中的主力军作用。

武装警察是首都社会治安防控不可或缺的骨干和突击力量，主要担负固定目标执勤、处置突发事件、反恐等任务。

政府、企事业单位以购买服务的方式，建立起了三支市场化防控力量。一是治安巡防队伍。专职治安巡防队伍按实有人口的2‰配备，目前已达4.4万人，主要任务是配合公安派出所开展公共部位的巡逻防控，特殊时刻在公安机关的指导下开展应急处突工作。二是单位内保力量。主要负责社区、大型商场、集贸市场、宾馆饭店、娱乐场所以及机关、社会团体、企事业单位的安全保卫工作。三是流动人口管理员队伍。自2007年2月开始，北京市所有社区和村组按照辖区流动人口3‰～5‰或出租房屋50～100户/人的比例配备，主要负责收集和报告影响社会稳定的情况信息，检查出租房屋治安和安全隐患，及时发现和报告违法犯罪行为。

首都群防群治工作和治安志愿力量建设是首都社会治安防控体系建设的一大特色。近年来，首都群防群治工作不断创新工作理念和模式，群防群治水平不断提升。在全国率先成立了治安志愿者协会，作为群防群治力量自我管理、自我服务的平台。目前全市登记注册的治安志愿者达70余万人，在队伍结构上积极吸收流动人口、大学生、在职党员干部等新生力量充实到群防群治队伍之中。目前治安志愿者队伍中，50岁以下的中青年志愿者达到68万人，占总数的84.5%，高中以上学历达到60.6万人占总数的75%。在调度使用上对群防群治力量按照科学调度、勤务指挥的方式规范使用。在规范管理上制定了《首都治安志愿者章程》、《治安志愿者实名制管理办法》、《举报奖励办法》、《星级评比考核意见》等内部制度。在提升能力上逐级开展教育培训和实战演练。在物资保障上将群防群治工作经费纳入各级财政预算，同时积极争取社会资金投入。通过上述措施为首都社会治安防控工作打下了坚实的群众基础，使治安志愿力量发挥了突出的助推和防范作用。

（三）深入推进科技创安工程，建立基层社区社会治安技术防范体系

1999年北京市开始实施"科技创安"工程，把治安防范与现代科技结合

起来，首都社会治安防控科技水平实现了全面提升。2009 年成立了由 31 个市委、市政府工作部门组成的首都综治委科技创安综合协调委员会，充分发挥各部门齐抓共管工作优势，推进和完善全市各类居民小区、重点地区、部位、重点场所的物技防建设，进一步提高科技防范水平。截止到 2011 年底，全市居民小区科技创安工程覆盖率达到 90% 以上，繁华街区覆盖率达到 100%，城市主要街道、机关企事业单位、要害部门技防设施覆盖率为 100%，安装视频监控探头 47 万个，整合社会视频监控图像 71924 路。同时于 2011 年启动全市老旧小区物技防改造工作，全年完成了 300 个老旧小区的物技防改造升级。

（四）牢牢把握防控重点，建立首都政治中心区防控工作体系

北京市从确保党中央绝对安全出发，将重大活动安保经验常态化，创造性地提出了首都政治中心区防控理念，于 2010 年 3 月 24 日建立启动了首都政治中心区防控机制。一是以最强保障体现最高配置。以优中选优为标准，组建由巡警、特警、交警等 5 大警种、31 个所队站、1277 名民警组成的专业力量，增设中心区巡特警支队、特警大队、交通大队专职机构，优先配备了单警智能巡逻车、新型处突车、移动监控车等特色警务装备，确保实现全方位支撑和突出提升核心战斗力。二是创新网格化管控机制，分解落实区域防控责任。根据区域位置和敏感程度，将政治中心区划分为 3 种类型、85 个网格，细化任务措施，落实岗位责任，突出点对点指挥，突出全责全能，突出联勤联动，实现对各类敏感突发事件的一分钟处置。三是创新远端防控机制，由外向内逐级加密增效。始终坚持以外围保中心，层层设防，层层过滤，依托环首都七省区市警务合作平台，依托全市社会面防控布局，依托政治中心区周边查控网络，切实将问题发现、解决在中心区外围。经过在实践中不断总结经验、把握规律、完善机制，政治中心区已经连续 20 多个月保持街头"零发案"。

（五）坚持管理与教育相结合，建立完善重点人群违法犯罪预防体系

目前，首都外来流动人口达 800 万人，外来人口违法犯罪已经成为影响首都社会治安的主要因素，为有效破解这一治安难题，北京市把外来流动人口服

务管理作为加强社会治安防控的重点，通过建立全市流动人口信息工作平台，加强基层流管站和流管员队伍建设，实现对流动人口"底数清、情况明、数字准"；通过加强出租房屋管理，及时消除各类治安和安全隐患；通过完善流动人口服务保障措施，增强归属感，促进流动人口加强自管自治和安全防范。

从加强完善安置帮教工作入手，着力实现刑释解教人员和社区矫正人员由防范控制型管理向人性化、服务型管理转变。一是建立了党委政府领导、各部门分工负责的安置帮教工作体制。市、区县综治委成立了以党委、政府主管领导牵头，19 个成员单位组成的社区矫正和刑释解教安置帮教工作协调委员会，实现了各单位力量、职能、手段、政策的有效集成。二是以"阳光中途之家"为载体，切实增强教育管控和安置帮教力度。16 个区县已经全部建成"阳光中途之家"，不断加大对刑释解教人员的释教无缝衔接、教育帮扶和就业安置力度，目前接受过"阳光中途之家"教育服务的"两类人员"无一重新犯罪。三是推行专群结合、专兼结合的"3 + N"社区矫正工作模式。"3"即司法助理员、矫正干警、社会工作者，"N"即若干名社区干部、居民和服刑人员家属组成的兼职力量。所管社区服刑人员总体稳定，并且涌现出一批见义勇为、拾金不昧、创业致富的典型。

切实加强对吸毒人群和肇事肇祸精神病人等高危人群的摸排管控工作。以创建"向日葵社区"为载体对全市排查出的 2 万多名吸毒人员开展动态管控，最大限度降低社会危害。2011 年吸毒人员管控率同比上升 28%，查处率上升 21.4%；对易肇事肇祸精神病人实行日常分级管理、社会化管理，并建立了区域联合管控、接回管控等工作机制，最大限度减少肇事肇祸案事件发生。

（六）统筹网上网下两个战场，构建虚拟社会防控体系

按照中央提出的"统筹把握网上网下两个战场"的工作要求，北京市从整合各方资源、创新管理模式、健全工作机制等方面积极构建网上网下联动的虚拟社会整体防控体系，积极应对虚拟社会对现实社会的影响，预防和减少网络违法犯罪行为。一是加强互联网信息发布传播管控，对网上微博实行实名制管理；二是建立网安系统，实现了公安机关对各种网络违法犯罪行为的及时查处和有效打击；三是着力提升网络信息安全事件应对能力。建立完善信息安全

监测、预警机制，并成立了专家委员会和信息安全应急救援队伍。四是建立了网上社区警务模式。通过建立网上社区警务室和三级网络社区巡控格局，推动网上社区警务拓展、延伸。

（七）加强法规制度建设，建立社会治安防控制度保障体系

北京市委、市政府，首都综治委、办和相关部门相继制定出台了加强首都社会治安防控体系建设的一系列政策法规和文件，如1992年的《北京市社会治安综合治理条例》，2002年的《关于贯彻中共中央、国务院关于进一步加强社会治安综合治理的意见》、2003年的《关于进一步加强社会治安防范工作的若干意见》，都是指导首都社会治安防控体系建设的纲领性文件。为实现社会治安防范工作的法制化和规范化，北京市政府和有关部门制定发布了《北京市住宅区及住宅安全防范建设设施建设和使用管理办法》、《北京市人民防空工程和普通地下室安全使用管理办法》、《北京市人民政府关于加强图像信息管理系统建设工作的意见》等政府规章和文件。为进一步丰富和完善社会治安防控体系内容，首都综治委、办相继制定下发了关于基层社会治安巡防队伍建设、社会面网格巡控、等级防控、重点地区排查整治等系列配套工作制度，为社会治安防控体系建设提供了制度保障。

三　进一步加强社会治安防控体系的建议

（一）进一步推进社会治安防控体系建设的精细化

一是进一步细化防控组织网络。加强社区、村防控组织建设，在城市社区，普遍建立在社区综治委领导下的居民小区、楼门院长分片负责的细化的治安防范组织网络；在农村，普遍建立在村党组织、自治组织领导下的村民小组长、村民代表包片包户的工作网络。加强机关、团体、工厂、学校等企事业单位治安防控组织网络建设，将治安防控工作组织建到车间、班组。所有基层组织负责人要对辖区、生产经营范围内的安全工作负全责。

二是进一步细化防控任务标准。逐级明确各级防控组织工作任务和工作标

准，逐个明确所有参与治安防控各种专群力量的工作责任任务，并通过每年逐级签订责任书、制定岗位说明书和推行群防群治力量实名制等形式予以落实。各部门各单位要加强检查考核，细化考核标准，并将考核结果与个人奖惩紧密结合起来。

三是进一步细化防控工作措施。各街道、乡镇、社区、村及其他各级各类防控组织都要结合本地区、本部门实际，制定详尽的日常及重点时期防控工作方案和应急处置预案；建立常态化运作的工作机制；对各类重点防控对象全部建立电子台账，并建立分类管理、定期排查的工作机制，确保各类重点工作对象能够及时掌控；建立社会治安形势定期分析研判机制，定期分析存在的突出问题并研究解决。

四是进一步细化防控力量投放标准。各级防控组织要根据不同时期社会治安状况变化规律、不同时期安全稳定工作要求标准，制定详尽的有针对性的力量投入方案，做到科学使用，分级按需投放。

（二）进一步推进社会治安防控体系建设的信息化

一是继续推进科技创安工程。重点加强公共区域和老旧小区以及单位内部重点要害部位技术防范基础设施建设力度，加大对已建成的全市各类图像监控系统资源的整合力度，形成覆盖城乡、全市联网、资源共享的图像信息监控系统。

二是进一步完善流动人口信息管理平台。尽快实现政府各部门间有关流动人口信息的共录共享，实现流动人口信息采集、统计、分析、查询等功能，为各级政府制定相关政策提供决策依据。

三是全面推广以现代信息技术为依托，集治安防控、城市管理、公共服务为一体的城市管理中心建设。以街道为单位，以城市管理中心信息系统为依托，建立街道安全稳定工作管理信息系统，建设安防信息资源综合数据库，实现安全稳定基础工作的信息化。

（三）进一步推进社会治安防控体系建设的社会化

一是充分发挥社区组织在治安防控中的基础性作用。大力加强社区党组织、自治组织、治保会、调委会建设，组织广大社区居民、成员共同维护社区安全。进一步明确物业管理企业在小区治安防范中的职责，强化其对社区居民安全服务的责任。

二是充分发挥社会团体在预防犯罪工作中的作用。积极借鉴国外经验，培育和发展新型社团组织，部分承接由各级政府承担的预防青少年犯罪、刑满释放和解除劳教人员安置帮教等预防犯罪的相关社会公益职能。

三是充分发挥社会企业在治安防控中的作用。坚持政府引导、社会参与，最大限度地整合和利用社会资源加强治安防范工作。

四是充分发挥公众在社会治安防控中的作用。进一步完善各类有奖举报制度，依法保护和鼓励广大公民同各类违法犯罪行为作斗争的积极性。

五是充分发挥群防群治队伍的作用。优化群防群治队伍整体素质，切实采取有效措施，保护、引导、发挥好广大治安志愿者的积极性。继续发展职业化、半职业化保安力量。

参考文献

杨玉海：《社会治安防控体系建设论纲》，《北京人民警察学院学报》2008 年第 6 期。

中央社会治安综合治理委员会办公室编著《社会治安综合治理工作读本》，中国长安出版社，2009。

陈伟：《城市社会治安防控体系建设存在的问题及对策研究——社会治安防控体系建设研究》，《法制与经济》2010 年第 10 期。

王焱：《公共服务型社会治安防控体系中的公民参与》，《社科纵横》2011 年第 6 期。

Review on Construction of the Capital Social Security Protection System

Yin Xingchen

Abstract: Based on construction in more than ten years, especially practice of 2008 Olympic Games and the 60th National Day, Beijing has established a more mature and improved Capital Social Security Protection System （CSSPS）, which safeguard social security and stability of capital effectively. However, There still exit several shortcomings in combination of peacetime and wartime, utilize of science and technology, universality of social participation upon construction of CSSPS. It is necessary to improve overall performance of the construction of CSSPS by achieving specialization, informatization, socialization.

Key Words: Capital Social Security; Prevention and Control System; Comprehensive Treatment

B.21
推进网格化社会服务管理体系
建设：进展、问题与对策

袁振龙*

摘　要：

在介绍北京市全面推进网格化社会服务管理体系建设工作进展情况基础上，分析了建设过程中存在的情况和问题，提出了对网格化社会服务管理体系建设的对策建议。

关键词：

网格化　社会服务管理　体系建设

一　工作进展情况

2012年5月30日，北京市召开网格化社会服务管理体系建设推进大会，对网格化社会服务管理体系建设工作做出部署，目前已取得重要进展。

1. 加强组织领导，加大推进力度

各区县、各职能部门结合自身实际建立了主要领导牵头的专项工作领导小组，研究制定规划性文件，明确网格化推广工作的职责分工、工作进度和协调机制，组织领导得到加强。

2. 切实加强工作试点，拓展推广范围

各区县根据各自工作基础和地区实际，按照试点先行、总结经验、逐步推开的原则，重点加强了对工作试点地区的指导，试点探索有序进行。西城区制

---

* 袁振龙，北京市社会科学院综治研究所副所长，副研究员，博士，研究方向：城市社会学与社区、社会管理、社会安全。

定了《全响应社会服务管理技术标准规范》，梳理出十个系统平台（包括数据中心、十千惠民、信息门户、网上服务大厅等），已在 10 个试点街道推广实施。

3. 针对服务管理需求，因地制宜划分网格

在探索实践中，各区县按照方便群众、易于管理的原则，根据各自地域特点和服务管理需求，进一步细化了网格划分的原则，因地制宜划分网格，为不同网格配备了相应的服务管理团队。东城区根据辖区的不同特点和服务管理需求的差异，把所有网格划分为住宅、商业商务、商住混合、机关企事业单位、人员密集场所、其他共 6 种类型。密云县针对全县地形地貌复杂的特点，分类划分了社区网格、村庄网格、农地网格、山场网格、景区网格、工业区网格等 8 类基础网格，不同基础网格的服务管理重点、人员配备标准各不相同。

4. 工作平台逐步搭建，运行机制建设进一步加强

各区县先后搭建各具特色的服务管理平台，区、街道、社区工作平台建设稳步推进，工商、民政等部门也积极与各级工作平台进行对接，运行机制建设得到进一步加强，协管力量得到初步整合。密云县推进县网格化指挥中心与应急、非紧急救助、综治维稳中心融会贯通，统一指挥调度。西城区德胜街道搭建了社会服务管理指挥中枢，实现了多任务、多职能、多工种的综合利用。海淀区青龙桥街道西苑挂甲屯社区整合社区公共服务大厅、社会服务管理分中心、视频监控中心、综治维稳站和社区服务站组建了"五位一体"的社区工作平台。东城区梳理了涉及 29 个部门的 300 多项社会服务管理业务事项，形成了"采集上报—指挥派遣—处置反馈—任务核查—入库评价—结单归档"六步工作流程闭环结构。朝阳区明确各级平台、各个网格、各个岗位的工作职责、工作流程和考核标准，通过系统平台实现对各网格、各岗位精确、科学的考核评价。

5. 加强信息系统研发，服务管理信息化工作稳步推进

各区县、各部门积极探索试点综合信息系统的分层构建与多元整合方式，信息系统建设取得明显进展。东城区研发并上线区、街、社区和网格四级信息系统，建立动态数据库，每个网格配备移动终端 PDA，建设了业务办公、基础数据、基础地理、社会管理、社会服务等六大系统。西城区健全完善区街

"全响应"社会服务管理指挥中枢。朝阳区建设了全模式社会服务管理信息系统，包括信息采集系统、信息处理系统、基础信息库和动态数据库。

二　面临的主要问题

当前，网格化社会服务管理体系建设还存在一些急需解决的突出问题。

（一）思想认识不够一致，存在诸多模糊认识

部分区县、部门还没有把思想认识完全统一到市委、市政府推进网格化社会服务管理体系建设的意见精神和工作部署上来，存在着诸多模糊认识。一是认为划网格即为"网格化"。有的区县认为网格化就是简单地划分一下网格，把划网格与"网格化"混为一谈。二是认为网格化就是包装形式。有的区县认为，网格化是用网格包装一下原来固有的做法，不用对现有体制机制进行改造和重塑。三是认为网格化主要是块上的事。有的部门认为，网格化就是区县的事，自身所属部门只要按照区县要求自行落实就行，甚至简单地认为只要将本部门承担的工作任务交给社区、村基层组织去落实就行了。四是对实行网格化管理的必要性仍存疑虑。有的区县认为，只要落实责任，不实行网格化也能使服务管理到位，没有必要实行网格化。

（二）推进进度快慢不一，呈现出很不平衡的状态

全市整体而言，网格化社会服务管理体系建设工作呈现出条块推进节奏不一、条冷块相对热的状况。具体表现：一是部门整体推进力度小，工作迟缓。一些部门没有认真落实主要领导负总责的要求，对如何将本部门的服务管理职能延伸到社区网格，如何将服务管理力量下沉到社区网格，没有明确的工作思路和可以操作的措施办法。二是部分区县工作还浮在表面。一些区县组织领导工作力度不足，对如何构建网格化社会服务管理体系建设研究不深，缺乏实质性工作措施。

（三）统一规范不够，标准化管理意识需要加强

目前，全市网格化社会服务管理体系建设的工作标准、工作规范还没有统

一，一些区县和部门的标准化管理意识比较薄弱。主要表现为：一是部门对本系统网格化建设工作缺乏统一指导。不少部门片面地理解网格化社会服务管理工作的重点在区县、街道（乡镇）、社区，没有充分发挥职能作用，做好服务基层工作，对本部门与网格化社会服务管理体系如何融合缺乏明确的思路和措施，对各级下属机构如何融入网格缺乏统一规划和要求。二是缺乏具有可操作性的业务管理工作标准。一些部门对网格化社会服务管理标准体系的构建缺乏足够的认识和动力，没有研究制定相应的业务标准、信息化标准、运行标准和具有可操作性的业务管理工作标准。

（四）队伍整合不到位，力量统筹的整体效能有待提高

当前，网格化社会服务管理体系的构建遭遇队伍难以整合的问题。主要表现为：一是职能部门管理、执法等专业力量还未融入网格。一些具有管理、执法权的职能部门，与区县、街道乡镇、社区村等三级平台还缺乏有效的对接，管理、执法等专业力量与网格没有对接。二是部门各类协管队伍职能需要重新调整。各类协管员大多由不同部门招聘使用，各自的工作内容、工作强度、工资待遇不一样，但都要进入社区（村）和网格工作，基层缺乏应有的管理配置权。

（五）信息系统分割，信息数据资源共享形成壁垒

各部委办局与各区县、各街道乡镇的业务信息系统还没有实现联通共享，部门业务信息系统基层难以分享使用。主要表现为：一是各部门主观上不愿意自己的业务信息系统与其他信息系统进行互联互通。一些部门以保密等为理由，不愿意与网格化社会服务管理信息系统进行联通。二是信息系统互联互通存在物理障碍。不同单位推动信息化系统建设的时间不一，信息系统使用的制式标准不一。三是网格化社会服务管理内容丰富，需要整合的业务信息系统很多。实现全市社会服务管理信息系统的互联互通，需要制订清晰的业务信息系统互联互通工作安排，明确联通时限。

（六）科学监督评价体系有待加强，精细化管理后劲不足

网格化社会服务管理工作的运行如何监督、各服务管理主体的工作绩效如

何评价，缺乏明确清晰的规划和措施办法。主要表现：一是政府部门的内部监督缺乏明确的要求和标准。一些政府部门不希望建立一套统一的独立的监督评价体系。二是政府服务管理工作缺乏外部监督评价。外部对政府服务管理工作缺乏有效的监督渠道和评价办法。三是社会服务管理工作监督评价没有实现定量化，随意性比较强。四是社会服务管理工作监督评价没有纳入信息系统。

（七）社会组织作用发挥不够，社会资源利用不充分

社会组织在网格化社会服务管理工作中的作用没有得到充分发挥，社会资源没有得到充分利用。主要表现：一是社会组织在网格化社会服务管理工作中的作用体现得不明显。一些区县、部门对社会组织不信任。二是社会资源利用很不充分。社会单位参与不多，资源开放不够普遍。三是志愿者发动还不充分。对组织发动志愿者参与网格化社会服务管理工作还缺乏明确的思路和措施。

（八）经费人员保障不力，影响推进工作进度

对网格化社会服务管理体系的机构设置、经费保障、人员保障等还缺乏明确的规定。主要表现：一是经费保障不力。目前，网格化社会服务管理体系建设的经费保障还缺乏明确具体的规定和标准。二是缺乏推动的专门机构。网格化社会服务管理体系建设缺乏专门机构及专门工作力量的谋划推动。

三　推进网格化社会服务管理体系建设的几点思考

推进网格化社会服务管理体系建设，必须紧紧围绕建设中国特色世界城市的战略目标，着力解决影响和制约社会服务管理水平的突出问题，大力推动社会服务管理运行机制和方式方法创新，全力建设协同政府、责任政府、智慧政府和高效政府，努力实现社会服务管理精细化、责任化、信息化和标准化。

（一）建设协同政府，实现社会服务管理工作精细化

推进网格化社会服务管理体系建设，必须切实改变以往"重建设轻管

理"、"重管理轻服务"、社会服务管理"条块分割"、服务管理方式粗放等状况，建立完善以政府为主导，在政府、市场与社会之间，政府各部门之间，政府横向与纵向之间构建起多元立体治理结构，实现其在社会服务管理领域的协同合作，推动社会服务管理工作走向精密细致。

（二）建设责任政府，实现社会服务管理工作责任化

推进网格化社会服务管理体系建设，必须切实改变以往社会服务管理不到位、责任不清、条块之间责权利不对等的状况，进一步明确政府各部门及其所属企事业单位在社会服务管理中所承担的职责，进一步推进政府部门职能下沉，把社会服务管理工作延伸到网格、把力量下沉到网格、把社会服务管理职责落实到网格，积极主动地就自己所承担的社会服务管理职责向人民负责，接受人民的监督，政府行为不当或不当行使职权，应当依法承担法律责任，实现权力与责任的统一。

（三）建设智慧政府，实现社会服务管理工作信息化

推进网格化社会服务管理体系建设，必须切实改变社会服务管理信息化水平不高、信息系统难以联通共享、服务管理工作难以监管等状况，通过广泛应用物联网、云计算、移动互联网、人工智能、数据挖掘等现代信息技术，大力提高政府及相关社会单位、社会组织社会服务管理工作的智能化水平，形成全面感知、快速反应、主动服务、便捷运行、实时监控、数据评价的现代社会服务管理新格局。

（四）建设高效政府，实现社会服务管理工作标准化

推进网格化社会服务管理体系建设，必须切实改变以往社会服务管理缺乏统一工作规范标准、各部门各单位自行其是、服务管理绩效偏低等状况，通过制定操作性较强的社会服务管理工作标准和网格化运行标准，形成完善的网格化社会服务管理业务工作标准体系，推动政府机构人员调整，大力增强政府对人民服务管理需求的回应性，努力建设高效的政府。

236

四　继续推进的对策建议

网格化社会服务管理体系建设是北京改善政府服务管理、完善社会服务管理功能、提升社会服务管理工作精细化水平的整体工程。各级党委政府必须坚持以居民群众的需求为导向，进一步细化工作措施，全面推进网格化社会服务管理体系建设。

（一）加强统筹协调，强化工作督导

一是组建具体推动工作的专门实体班子。明确在市推进网格化社会服务管理体系建设领导小组及其办公室的组织领导和协调下，组建全市网格化社会服务管理体系建设工作组，专门负责推进工作的总体协调、拟定推进计划和折子工程、推动落实和督查督办等日常事务。

二是以部门为重点督促研究制定实施工作方案。所有与社会服务管理有关的职能部门都要制定详细的实施工作方案，研究制定落实专业服务管理和执法力量下沉的工作措施，把社会服务管理职责切实落实到网格。公安、工商、民政、教育、人力资源和社会保障、住房与建设、财政、经济信息等重点部门要在制订实施方案的基础上，研究制定具体业务工作标准，推动网格化社会服务管理工作深入开展。

三是网格化社会服务管理工作纳入主要领导政绩考核和综治工作年度考核。市委组织部将网格化社会服务管理工作绩效纳入各区县、各部委办局主要领导政绩考核。首都社会管理综合治理委员会将各区县、各部门办局网格化社会服务管理工作开展情况及成效纳入社会管理综合治理年度工作考核。

四是组织成立市领导牵头的督查工作组。成立若干个由市领导带领的网格化社会服务管理体系建设工作督查组，分别对各区县、各部门网格化工作推进情况进行督导检查，指导、督促各区县、各部门网格化工作的深入开展。

（二）以标准化为载体，加强工作规范

一是组织制定操作性较强的业务管理工作标准。组织社会服务、社会管

理、组织等相关职能部门，研究制定公共教育、医疗卫生、社会保障、公共安全、社会服务、社会事业、应急管理、治安维稳、社会救助与福利等具体业务管理工作标准。

二是对网格运行标准做出规定。组织相关部门抓紧研究制定细化层级设置、网格划分、网格职责、运行机制、考核评价等标准。

（三）加强力量统筹与整合，形成工作合力

一是推动部门力量进网格。各部委办局调整规范区县机构、街道乡镇派出机构及具体工作人员的职责，与区县、街道乡镇、社区村网格化工作平台进行对接，划分各自的业务网格，实现各业务网格与社会服务管理网格的完全对接，一个业务干部可根据情况负责一个或多个社会服务管理网格，以实名制形式在街道（乡镇）、社区（村）和网格公布。

二是加强各类协管力量的整合。由区县政府统一招聘、统一管理、统一培训、统一考核、统一奖惩，委托街道乡镇进行属地化管理，按照"街道（乡镇）统筹管理，部门业务指导，严格总量控制，规范待遇水平"的原则和部门管事、街道（乡镇）管人、社区（村）履职的构架以及因事设岗、一岗多责、按岗定员的管理模式，对进入社区（村）网格工作的各类协管员进行配置和规范整合。

（四）大力推动信息系统联网和信息数据共享

一是进一步统一信息平台设计思路和标准。进一步完善纵向"市、区县、街道乡镇、社区网格"四级网络。横向建设完善基础信息数据系统和网格化社会服务管理运行系统两大应用系统。基础信息数据系统按照统一的数据结构建设，实现人、地、物、事、组织各类信息的全面整合和互联共享。社会服务管理运行系统包括管理和服务两部分。网格化社会服务管理信息系统通过共享交换平台与业务部门的业务应用系统进行信息的共享交换和业务协同。

二是制定信息采集标准。设计基层统一采集和单点登录采集两种信息采集模式，实现统一采集、分发使用。统一采集要通过建立统一的网格化社会服务

管理信息系统，实现基层信息的统一采集，利用市区两级共享交换平台分发市、区两级各业务部门。单点登录采集要整合业务部门延伸基层的采集系统，形成统一界面、单点登录，汇总发送到网格化社会服务管理信息系统，形成相互确认机制。实现对全市各类基础信息数据的整合和规范，进一步丰富和完善社会服务管理各类基础数据库。

三是进一步推动信息资源共享。通过建设市、区县两级共享交换平台，推动网格化社会服务管理信息数据库与全市四大基础库及业务部门的管理业务库之间的信息共享交换，实现信息资源共享。

（五）推动建立科学有效的监督评价体系

一是完善社会服务管理工作立体监督网络。整合社区工作者和网格管理员移动终端、各类紧急报警电话、非紧急救助电话、监督电话、服务热线、政府网站、社区网站、市长（区县长）信箱、微博、媒体监督、社会单位监督、居民监督和政府内部监督、人大代表监督、政协委员监督等多种途径，广泛应用电子地图、物联网感知、视频监控探头等技术手段，构建网格化社会服务管理立体监督网络。

二是实现社会服务管理工作绩效评价定量化。依托网格化社会服务管理信息系统，以工作开展、问题发现、工作办结、服务管理绩效、居民群众和社会单位评价等为依据，对政府各部委办局及其业务网格工作人员、街道乡镇、社区（村）、网格管理员等服务管理主体进行定期定量的评价。

三是完善社会服务管理工作的社会评价方法。定期开展居民群众、社会单位社会服务管理工作满意度调查。

（六）充分发挥社会组织作用，合理利用社会资源

探索"政社合作"等途径，把社会组织公益资源与政府公共服务资源进行有效整合和对接，努力开创政府倡导、社会组织实施、社会各界广泛参与网格化社会服务管理工作的局面。

一是逐步将各类社会单位纳入网格化社会服务管理体系。通过区域性党建、地区管理委员会等平台，将辖区范围内承担社会服务管理职能任务的社会

单位纳入网格化社会服务管理体系，积极引导和鼓励社会单位承担社会责任，开放单位资源，承接社会服务管理项目，缓解停车管理、活动场所不足、老年人就餐等问题。

二是培育扶持社区社会组织，打造公益活动品牌。整合地区公益资源，建立公益项目与街道乡镇、社区及驻区单位、社会单位的对接合作平台，引导、支持社区社会组织扎根社区、服务居民，重点扶持一批志愿服务、低碳生活、心理慰藉等对接群众需求的服务项目。支持"枢纽型"社会组织和服务性、公益性、互助性社区社会组织，广泛开展扶贫救助、扶老助残、文体科普等活动，打造公益活动品牌。

三是大力培育扶持社区志愿组织，发展壮大社会服务管理志愿者队伍。增加各类志愿者参与社会服务管理的渠道和平台。

四是向社会组织购买服务。通过合作、补贴、优惠、项目申请、奖励等形式向社会组织购买服务。

（七）加大经费人员保障力度，推动体系建设健康发展

通过加大经费、人员等各项保障力度，着力研究解决网格化社会服务管理体系建设遇到的一些"掣肘性"问题，推动网格化社会服务管理体系建设健康发展。

一是研究制定经费保障具体措施。逐年提升社会服务管理工作在财政预算中的比重，建立经济落后地区社会服务管理工作经费转移支付制度。

二是对机构人员设置进行研究。建立由各级政府领导的从事网格化社会服务管理工作的专门机构，尽快推动各区县、街道乡镇社会服务管理工作平台建设。

参考文献

陈家刚：《社区治理网格化建设的现状、问题及对策思考》，《兰州学刊》2010年第11期。

李鹏：《我国城市网格化管理研究的拓展》，《城市发展研究》2011 年第 2 期。

张楚文：《论长株潭城市群社区服务网格化管理模式》，《湖南社会科学》2011 年第 3 期。

王名、杨丽：《社会管理创新的"网格化"体系探析》，《探索》2012 年第 1 期。

Advancing Grid Construction of Social Service Management System：Progress，Problems and Countermeasures

Yuan Zhenlong

Abstract：Based on the grid construction progress of Beijing social service management system，this paper analyzes the situation and problems during the grid construction of social service management system and proposes some corresponding countermeasures.

Key Words：Grid；Social Service Management；System's Construction

B.22
城市公共设施行业安全监管模式研究

翟振岗　刘克会　朱　伟*

摘　要：

随着城市的快速发展，城市公共设施结构与相互影响更加复杂，传统的安全监管方式与手段已经不能满足行业安全监管的需要。本研究通过对城市公共设施安全监管的主客体辨析，指出安全监管的主客体；全面分析了与城市公共设施相关的国家、地方法律法规及标准规范，明确了各部门对城市公共设施安全监管的职责；提出了城市公共设施行业安全监管主体履责原则、手段、要求；基于PDCA戴明环理论，建立了城市公共设施PDCA动态安全监管履责模式，为城市公共设施安全监管责任体系的改进和完善提供了科学的方法。

关键词：

城市公共设施　履责分析　PDCA循环

一　研究背景与意义

城市公共设施是维系城市运行和城市功能正常发挥的基础，直接关系着城市能否安全、平稳、高效、有序运行。本文"城市公共设施"特指市政管理范围内的城市燃气、供热、供水、排水、电力等设施。随着城市化进程的不断加快，人们生活水平日益提高，作为城市日常运行重要组成部分的城市公共设

---

* 翟振岗，北京城市系统工程研究中心副研究员，研究方向：信息化城市管理、城市公共设施安全；刘克会，北京城市系统工程研究中心城市运行研究部主任，副研究员，研究方向：城市运行与管理、城市公共设施安全；朱伟，北京城市系统工程研究中心副主任，副研究员，研究方向：城市管理、城市公共安全。

施建设规模加速扩大。伴随而来的城市公共设施管理问题越发复杂，传统的管理方式已经远远满足不了发展现状的需求。2009 年政府机构改革进一步明确了行业主管部门对市政公共设施的安全生产负有行业管理职责，目前急需进一步明确城市公共设施安全监管过程中主客体的主要职责、行业安全监管的履责手段与要求，以及行业安全监管履责模式。

二　城市公共设施行业安全监管职责体系分析

（一）安全监管主客体辨析

管理是一个系统，管理主体、管理客体和管理手段构成了管理系统的基本要素。就安全监管来说，政府行政机关掌握监管权力，采用法律法规、监督检查等各种手段对企业进行监督管理，政府是安全监管的主体，而安全监管的客体则是被管理对象——与安全相关的企业和个人。

1. 安全监管主体——政府

北京市政府为了更好地履行城市公共设施安全监管的职能，经过多年探索与努力，逐渐形成了"政府负责、部门协作、行业规范、公众参与"的监管格局。在城市公共设施行业形成了从市政府、市级行业管理部门到区（县）行业管理部门的管理层级，即从最高管理层到最低管理层的领导。而在安全监管方面，实行安全生产综合监管与行业管理部门行业监管相结合的工作机制。在城市公共设施安全生产监管方面，北京市、各区县安全生产监督管理局负责综合监管，市、区县市政市容委负责燃气、供热、户外广告等领域的行业管理，市、区水务部门负责供水、排水等方面的行业管理，即负有行业监管职能。而质量技术监督、城管执法、建设、工商等职能部门无权直接指挥，但经过授权具有业务指导及某一个专业方面的职能职权，即承担专项监管职能。

2. 安全监管的客体——企业

企业作为安全监管的客体，承担企业安全生产的主体责任，其主要职责是：遵守有关安全生产的法律、法规、规章的规定，加强安全生产管理，建立安全生产责任制，完善安全生产条件，执行国家、行业标准确保安全生产，以及事故报告、救援和善后赔偿的责任。各种城市公共设施又涉及建设、施工、

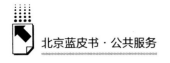

监理、经营、运行维护五类单位。

综上所述，城市公共设施安全监管形成了综合监管、行业监管和专项监管三类监管主体，以及市政府、市行业管理部门、区县管理部门三个管理层级。

城市公共设施安全监管主体与客体之间相互依存。政府制定的安全监管策略、计划，需企业最终执行，并且企业要维护政府的权威，对政府安全监管行为进行监督、评价，行业安全生产状态需要通过企业的行为实现。同时，企业安全生产也离不开政府的安全监管，否则会导致整个行业安全生产出现混乱状态。

城市公共设施行业安全监管现行格局既能确保集中领导、统一指挥，又有利于强化专业化管理。但各职能部门各成体系，横向沟通差，工作容易重复。当出现事故或困难时，各部门特别是同级部门容易互相推诿、指责。

（二）安全监管职责分析

1. 安全监管主体职责

综合监管部门——根据相关法律法规、规章制度，安全生产监督管理部门的主要职责是对本市安全生产工作实施综合安全监管。其职责内容：①指导、协调和监督政府有关部门履行城市公共设施安全生产监督和管理职责，对城市公共设施经营单位的安全工作实施监督检查；②负责组织对政府有关部门的安全生产工作进行综合考核；③根据国家和本市相关的标准，负责制定本市安全生产的规章、规范和标准；④综合分析本地区安全生产形势，定期向政府报告各行业、各专项安全生产工作意见和建议；⑤制定监督检查计划，并指导、协调和监督政府有关部门履行安全生产监督和管理职责。

专项监管部门——住房和城乡建设委员会的主要职责为依照法律、法规的规定，对建筑施工的安全生产工作实施监管，对安全生产条件和程序进行审查。质量技术监督局的主要职责为加强规划，组织、指导有关安全生产地方标准的制定，及时协调和处理标准化工作中的问题。城管执法局的主要职责为贯彻实施国家及北京市城市公共设施管理方面的法律、法规及规章，治理和维护城市公共设施管理秩序。

行业主管部门——包括市政市容管理委员会、水务部门、通信部门、路政部门等，其主要职责内容有：①负责城市公共设施行业的安全生产监督管理工作；②起草城市公共设施方面的地方性法规草案、政府规章草案，制定相关标准化工作规划、计划，拟定相关地方标准和规范；③定期开展城市公共设施安全生产形势分析，定期向政府报告城市公共设施安全生产工作意见和建议；④按照城市公共设施突发事件发生的紧急程度、发展势态和可能造成的危险程度，建立健全城市公共设施突发事件预警制度，完善应急预案；⑤按照安全生产监督管理部门制定的安全生产监督检查计划，与安全监督管理相关部门对城市公共设施进行联合检查；⑥对城市公共设施的设置和运行维护进行监督检查；⑦组织、指导和协调下级部门及城市公共设施相关单位安全监管及安全检查工作，并对下级部门管理工作进行监督检查；⑧负责市内有关安全监管宣传、教育和培训工作。

2. 安全监管客体职责

经营单位——负责设施维护和管理，并对安全状况进行经常性检查。其职责内容：①根据本单位经营特点进行经常性检查，发现安全问题应立即处理；②经营单位的主要负责人对本单位的安全生产工作负全责；③配合安检人员依法履行的监督检查工作；④根据本单位生产经营活动的特点，建立健全安全生产责任制度。

建设单位——将工程发包给具有相应安全资质要求的施工单位，并对施工单位进行监督。

施工单位——对施工期间的安全全面负责。

监理单位——对施工过程中的安全进行督促和监管。

运维单位——定期进行巡视和维护，对存在安全隐患或者出现破损的，应当及时维修、更新。

三　城市公共设施行业安全监管履责分析

（一）行业安全监管主体履责的原则

行业安全监管主体履责的原则是监管主体在履行其职责过程中所应遵守的基本准则。

一是规范性原则。政府应通过制定法律法规、标准规范对城市公共设施行业的安全生产活动进行规范，行业安全监管主体应依照相应的安全监管规范对城市公共设施安全生产活动进行监督管理。

二是充分性原则。"充分履责"是指针对城市公共设施安全监管工作的现状，行业安全监管主体不断完善安全监管的手段与方法，充分发挥行业安全监管主体在安全监管工作中的作用，充分满足城市公共设施行业安全监管的客观需求。

三是分层分类原则。不同层次、不同类别的安全监管主体所履行的职责的范围和内容有所不同，各政府安全监管部门在各行政区域内履行自己的相应安全监管职责，根据职责类别不同，不同的安全监管部门履行职责的要求和内容也不尽相同。

四是明确性原则。各相关行业安全监管主体应当明确自己履责的要求、范围和内容，并督促、指导下级行业安全监管主体明确自己应当履行的责任，并付诸实施。在履责过程中防止出现界限不清、职责内容模糊等现象。

（二）行业安全监管主体履责的手段

在城市公共设施安全生产监管工作实践中，城市公共设施行业主管部门需要根据综合监管部门的要求，会同相关专项监管部门对城市公共设施安全生产活动进行监督，各级安全监管部门要从实际出发，善于运用各种方法与手段。

1. 制定规章、规范和标准

政府通常通过制定规章、规范和标准来规范企业行为。在城市公共设施安全监管方面，通过制定城市公共设施设置规划标准、管理办法、技术规范来规范企业的安全生产行为。

行业管理部门在安全生产法律法规方面的责任包括：贯彻执行国家有关法律法规、战略规划和政策措施；起草北京市关于城市公共设施的地方性法规草案、政府规章草案，拟订城市公共设施的发展规划、年度计划，并组织实施；制定城市公共设施相关标准化工作规划、计划，拟订相关地方标准和规范，并组织监督实施。

2. 督促指导安全生产工作

督促指导是政府行使监督管理的重要手段，政府各类各级部门都具有相应的督促、指导职能。行业主管部门负责对城市公共设施行业的安全生产督促、指导。①指导行业安全生产工作：行业主管部门具体指导城市公共设施行业安全生产工作的职责，应当加强对有关行业或者领域安全生产工作的指导；②进行行业安全形势分析，实现异常情况下预警，行业主管部门需要定期进行城市公共设施行业安全生产形势的分析，并定期向市安监部门、市政府报告，同时根据安全形势分析的结果对城市公共设施企业进行指导，并要求城市公共设施特许经营者制订应急预案，在异常情况下进行预警。

3. 对企业行为的监督检查

监督检查主要包括两个方面内容：①监管主体要求经营者报告运行情况，城市公共设施经营者按照监管部门的要求将城市公共设施定期检修保养和更新改造等运行情况报告实施机关，对城市公共设施建设、运营、维护保养过程中的有关资料进行收集、归类、整理和归档；②监督检查，安全生产监督检查是督促企业落实安全生产各项政策、法规，治理事故隐患，降低伤亡事故的有效手段，行业主管部门应依法对生产经营单位执行有关安全生产的法律、法规和国家标准或者行业标准的情况进行监督检查；行业主管部门会同安全生产监督管理部门、城市管理执法部门对生产经营单位的安全生产状况进行定期检查或者抽查。安全生产监督检查主要包括不定期检查，如组织开展全面安全生产大检查，对城市公共设施大型工程进行重点检查等；定期检查，按照安全生产检查考核标准进行系统的检查和评定；根据举报进行监督检查，行政部门鼓励举报，并根据举报进行安全检查。

安全监督检查的重点：一是相关制度与组织落实情况，主要是安全生产责任制的落实情况，以及安全生产管理机构的设置和管理人员的配备情况；二是相关用品与设施使用情况，主要是劳动防护用品的发放、安全标志的设置，以及安全设备设施的使用情况；三是应急预案的制定和实施情况；四是从业人员的安全生产教育培训，以及特种作业人员的持证上岗情况；五是事故隐患的整改情况。

4. 对安全隐患的监管

安全隐患包括作业场所、设备及设施的不安全状态，人的不安全行为和管理上的缺陷，是引发安全事故的直接原因。安全生产监督管理部门、行业主管部门、城管执法局都有责令生产经营单位对隐患进行消除和控制的权力，控制安全隐患是搞好安全生产极其重要的环节，也是达到安全受控必须具备的条件，因此行业安全监管部门需要落实安全生产监督管理部门对隐患治理的要求，与专项监管部门密切配合，对隐患进行监督检查，并责令生产经营单位采取相应措施消除隐患。

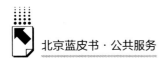

四 全过程动态的行业安全监管履责模式构建

（一）建设思路

城市公共设施行业安全管理是一个需要持续改进的活动，安全监管需要根据行业安全状况、外部环境等的变化，打破现状、创新履责方法与手段，不断改进履责途径，促进安全监管能力的提高，实现城市公共设施行业安全生产状况的持续好转。以促进安全监管职责落实、提升安全监管效能为目标，在各阶段监管内容分析的基础上，基于 PDCA 持续改进循环，构建城市公共设施行业的动态安全监管模式，使行业安全监管系统内部建立起自我约束、自我完善的动态管理体系。

（二）理论基础

PDCA 最早是由美国质量统计控制之父休哈特（Shewhat）提出的 PDS（Plan Do See）演化而来，由美国质量管理专家戴明改进成为 PDCA 模式，所以又称为"戴明环"。PDCA 循环是全面质量管理所应遵循的科学程序，是能使任何一项活动有效进行的一种合乎逻辑的工作程序，它在质量管理中得到了广泛的应用并获得了经济成效，目前在职业安全卫生管理体系方面也得到了广泛应用。全面安全监管活动的运转，离不开管理循环的转动，这就是说，改进与解决安全问题，赶超先进水平的各项工作，都要运用 PDCA 循环的科学程序。

（三）基于 PDCA 的动态监管履责模式构建

根据 PDCA 循环给出的科学程序，城市公共设施安全监管可以分为四个阶段。

第一阶段：确定工作目标，建立工作标准

在前期工作或上一个 PDCA 循环基础上，分析外部环境变化，进行前瞻性思考，判断未来可能的状况，确定行业安全监管目标，并编制安全管理计划。

城市公共设施市级行业主管部门根据安全生产形势分析的结果，结合市安全生产综合监管部门的工作要求和异常天气、大型活动等环境变化情况，确定全市整个行业的安全生产工作目标，编制具体的安全工作计划；城市公共设施区（县）级行业主管部门根据市级行业安全监管工作要求，结合本辖区内城市公共设施安全生产特点，制定本辖区内的安全工作计划；城市公共设施相关企业依据市、区（县）安全监管计划的工作要求，制定本企业细化的安全生产工作计划及其具体的保障措施。

在这一阶段市级行业主管部门确定区县、企业的安全管理目标，建立行业安全生产的工作标准，确定工作流程与机制。

第二阶段：市、区（县）、企业层层负责，逐级落实安全生产措施

依据细化后的安全工作计划，市、区（县）、企业中各有关部门和个人应层层负责、逐级落实，按照既定进度实施。在实施过程中，各部门、各单位或个人可以结合自身的工作实际，采取灵活多样的工作方式，也可在自身的工作范围内进行新的 PDCA 循环（该循环包含于总的 PDCA 循环之中）。

在计划执行过程中，需要市、区（县）、企业之间做大量的沟通，有效的沟通能正确地传达上级制定的方针目的，在执行过程中对安全措施落实情况和实施进度进行分析、协调及修正。

第三阶段：市、区（县）行业主管部门进行监督检查，并对企业实施情况进行评估

当制订的安全目标达到或计划进行了一段时间后，城市公共设施相关企业需要结合自身安全管理中存在的问题找出薄弱环节，进而采取有效的整改措施并取得初步成效，但最终效果的确认还需时间来验证。这种对初步成效进行确认和检验的过程称为成果巩固期。其后，市区行业主管部门应及时对计划实施情况进行全面、系统的最终检查和评估。

监督检查评估的内容一般应包括：安全计划的实施程度（目标是否完成，分析目标没有完成的原因），完成效果（与行业历史上最好阶段、基期及安全工作目标比较）。

第四阶段：总结有效的经验和措施，将其纳入标准化管理程序

PDCA 循环的关键环节是总结阶段，它是改进与提高安全水平的基础。市级行业主管部门对实施情况监督检查评估后，负责人召集与区（县）行业主管部门、城市公共设施企业的负责人对整个实施过程进行全面、系统的讨论、汇总和总结，找到有效的经验或措施，并将经验措施纳入标准化工作流程，依

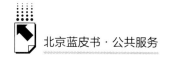
照既定的工作程序纳入城市公共设施安全管理过程之中。

综合对安全监管四个阶段的分析，形成城市公共设施行业安全监管的PDCA循环（见图1），在对一个PDCA循环进行总结的基础上，开展新一轮的PDCA循环，经过不断的循环就形成了基于PDCA的动态安全监管模式。

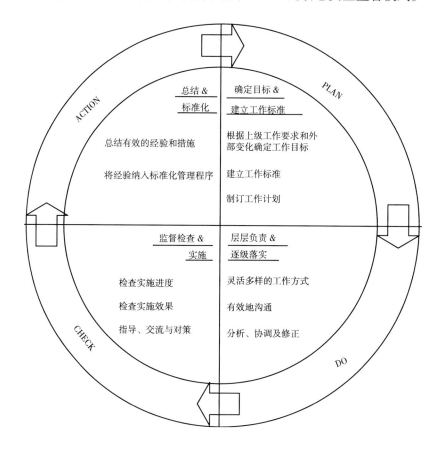

图1 安全监管的 PDCA 循环

五 结语

安全监管是一个循序渐进的动态过程，本文采用PDCA戴明环理论，提出通过对城市公共设施安全生产有效措施和管理经验的总结，将其纳入标准化工作流程，进行安全监管工作标准的持续更新，形成全过程动态的行业安全监管履责模式，促进整个行业安全生产水平的不断提高。

参考文献

肖兴志、宋晶：《政府监管理论与政策》，东北财经大学出版社，2006。

乔庆梅：《我国安全生产监督管理问题探析》，《中国软科学》2006 年第 6 期。

孙泽群、徐纪进：《综合监管：关键在于形成合力》，《湖南安全与防灾》2011 年第 8 期。

周云飞：《基于 PDCA 循环的政府绩效管理流程模式研究》，《情报杂志》2009 年第 10 期。

Research on Industry Safety Supervision Mode of Urban Public Facilities

Zhai Zhengang Liu Kehui Zhu Wei

Abstract：Urban public facilities are the foundation of city operation，their security problems are so important in all problems of city safety operation that they are urgent to be solved. The subject and object of safety supervision was pointed out by the analysis on the subject and the object of urban public facilities safety supervision；through analyzing the laws，regulations and standard specification，the duty of government departments in safety supervision of urban public facilities was specified. The industry safety supervising principle，means and requirements of supervising subject on urban public facilities was put forward. The PDCA responsibility mode of safety supervising is established based on the PDCA theory. A scientific method was introduced to consummating and improving the safety supervising responsibility system in urban public facilities.

Key Words：Urban Public Facilities；Responsibility Mode；PDCA Circulation Management

B.23
北京市执业药师执业情况调查报告

丛骆骆　边明*

摘　要：

为提升药品监督管理层次，更好发挥执业药师在药品监督管理中的作用，本着科学监管的科学理念，深入调查了北京市执业药师执业的实际情况，首次通过大量数据对执业药师的配备率、在岗率、流动性，变动后的执业药师补充等方面问题进行了量化分析，着重探讨了零售药店执业药师执业监管的问题，尤其提出了建立执业药师注册—监管—继续教育三方信息平台，使三部门有机衔接形成对执业药师的闭合管理等措施，从而改善执业药师的执业情况，使北京市执业药师执业情况有实质性的改观与进步。

关键词：

执业药师　执业情况　药学服务　药品监管

随着国家政策进一步明确，药品经营行业不断发展，人民生活水平和卫生需求不断提高，人们进入药店已不再仅仅是买药，而是希望在买药的同时能够享受到更加周到、细致的用药指导和咨询服务。因此，药品经营行业发展的趋势，也应由现在单纯地关注药品销售转变为以提升药学服务为中心带动销售的新模式。那些只停留在经营、推销药品阶段，不具有提供药学服务功能的药店终将会被淘汰。能够指导患者合理用药、提供优质的药学服务、为患者的日常保健当好参谋的药品经营者，将会在药品经营的市场中更具有竞争力，在为社

---

* 丛骆骆，北京市药品监督管理局党组书记、局长，主任药师，博导，研究方向：药品监管；边明，北京市执业药师注册中心主任，执业药师，研究方向：药事管理。

会服务的同时，也会给经营者带来更多的利润，执业药师在卫生保健和安全用药中的作用日益显现。

对公众提供高水平的药学服务，提升执业药师的执业水平，建设一支高素质的执业药师队伍，是药品监管部门的一项重要职责，更对提升药品监管层次具有重要意义。为了能更好地发挥执业药师在药品监督管理中的作用，使之在药品生产、流通、使用环节上，切实发挥"安全阀门"的作用，同时也为了更好地加强执业药师的执业管理，本着科学监管的理念，在深入调查了解北京市执业药师实际执业情况的基础上，对执业药师的配备率、在岗率、流动性，变动后的执业药师补充等方面问题进行了量化分析，着重探讨零售药店的执业药师执业监管的问题，提出了加强执业药师行为规范，建立诚信档案，加大执业药师宣传来提高社会认知，让公众参与执业药师监督，建立执业药师注册—监管—继续教育信息平台，使三部门有效地衔接等实际可行的措施，改善执业药师的执业情况，同时提高执业药师的执业水平与服务水准，为首都百姓健康保驾护航，为建设"具有首都水平、适应首都发展、服务首都人民"的药监管理体系做出贡献。

一　国内外执业药师制度的发展概况

国外执业药师制度经过多年的不断完善已经相对成熟，执业药师执业情况比较稳定。有些发达国家较早通过药房法或药师法对本国的执业药师进行管理，如英国 1933 年就有了《药房和毒药法》（Pharmacy and Poisons Act），1954 年制定了《药房法》（Pharmacy Act），美国药剂师制度建立于 1869 年，由各州政府制定《州药房法》，并依法实行药剂师资格制度。日本也较早地推动药师监管法制化，1898 年便颁布实施了《药剂师法》。目前国外执业药师制度普遍具有准入资格要求高、执业药师教育注重临床与病患服务、重视药学实践的考核、执业药师主要执业于社会药房等特点，普遍制定了执业药师行为准则，形成了较规范的执业药师管理体系。

中国受中医药文化的影响，自古医药一体，直到 19 世纪末随着西方医学的逐渐渗透，药师才成为一个独立的职业出现在人们面前。新中国成立后，根据《中华人民共和国药品管理法》、《中共中央、国务院关于卫生改革与发展的决定》及职业资格制度的有关内容，1994 年与 1995 年国家先后颁发了《执业药师资格制度暂行规定》、《执业中药师资格制度暂行规定》。1998 年国务院机构改革后成立的国家药品监督管理局负有实施执业药师资格制度的职能，联合人事部颁发了新的，即现行的《执业药师资格制度暂行规定》，明确了执业药师资格管理的相关规定①。

中国执业药师制度尚未立法，只有《执业药师资格制度暂行规定》，资格准入的学历要求也不高，最低为中专且还允许相关专业报考，在临床药学的教育上还比较薄弱，缺少执业药师的执业规范。截止到 2010 年底，中国累计有174509 人取得执业药师资格，注册执业药师为 74186 人，注册率为 42.5%，注册在药品零售企业的执业药师 43334 人，占总执业药师人数的 24.8%，全国零售药店为 37 万余家，零售药店执业药师配备率约为 12%。

每万人拥有的药师人数是衡量一个社会拥有执业药师人力资源丰富程度的主要指标。文献统计资料表明，目前拥有药师数量最多的国家是日本，2004年平均每万人中有药师 19 名，而中国截至 2011 年初，平均每万人中仅有 1.39名执业药师，北京为 1.6 名，与发达国家相比差距较大。

表 1　国内外执业药师资源对比

	执业药师人数	每万人药师人数	学历	专业
美国	210300	7.3/万人	博士	药学
德国	53849	6.6/万人	本科	药学
法国	44732	9.1/万人	本科	药学
英国	45434	7.6/万人	硕士	药学
日本	241369	19/万人	博士	药学
中国	185692	1.39/万人	最低中专	药学相关专业
北京	3164	1.6/万人	最低中专	药学相关专业

注：美国为 2009 年数据，德国、日本为 2004 年数据，法国、英国为 2005 年数据，中国、北京为2011 年数据。

---

① 《执业药师资格制度问答》，国家食品药品监督管理局官网，http：//www.sda.gov.cn。

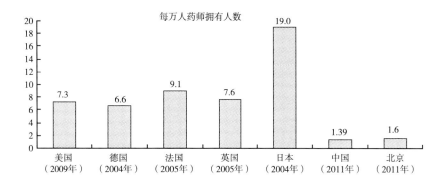

图1 国内外执业药师资源对比

二 北京市执业药师队伍的基本情况

（一）北京市执业药师队伍的基本构成

1. 岗位分布

截至2010年底，北京市具有执业药师资格的人数为7778人，大部分没有进行注册，注册并尚在有效期的执业药师3163人，注册率41%。注册药师主要分布在药品零售（2243人，占比29%）、批发企业（752人，占比10%），较少分布在药品生产与使用环节，分别各占1%。

2. 学历情况

博士、硕士高学历执业药师的比重很小，仅为5%，本科学历执业药师所占比例为30%。中专、大专学历执业药师所占比例为62%，北京市零售药店执业药师的学历普遍为中专与大专。

表2 执业药师学历结构

总数(已注册人数)	博士	硕士	本科	专科	中专	其他
3163	48	102	957	1213	762	81

3. 专业情况

经调查得出，药学专业（中药学、药学）的执业药师比例为80%，医学

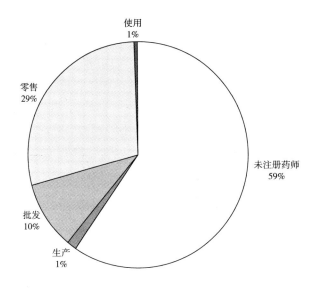

图2 北京市执业药师岗位比率

专业（含中医）的执业药师比例为10%，生物、化学、化工、工程总共占的比例为4%，其他专业的执业药师占6%。

表3 执业药师专业情况

总数(已注册人数)	药学(含中药学)	医学(含中医)	生物及化学	化工及工程	其他
3163	2544	305	99	37	178

（二）北京市执业药师执业情况调查数据分析

1. 北京市药品零售企业执业药师配备状况

我们以2010年底的数据为准，统计北京市的零售药店数量与注册在零售药店的执业药师人数，以此计算全市的零售药店执业药师配备率为41.1%。

表4 北京市零售药店执业药师配备情况

零售药店数	零售药店执业药师人数	配备率(%)
5450	2243	41.1

在《药品管理法实施条例》、《零售药店设置暂行规定》中规定，经营处方药、甲类非处方药的药品零售企业，应当配备执业药师或者其他依法经资格认定的药学技术人员。远郊县人口稀少的边远地区设置药店，可以配备具有高中以上（含高中）文化程度、经地市级以上（含地市级）药品监督管理部门培训合格、能够负责零售药品质量的人员。

按照上述规定，药店除执业药师外还可以聘请其他药学技术人员，如从业药师、药师，远郊县还可以配备高中以上（含高中）文化程度、经培训合格的乡村药师。北京市零售药店执业药师配备率为41.1%，由于相关规定未将执业药师作为零售药店配备的唯一选择，加之执业药师资源有限，未配备执业药师的零售药店应该是配备了其他药学技术人员为患者服务。

2. 北京市药品零售企业执业药师在岗情况

我们采取抽样调查的方法，从北京执业药师信息数据库中以注册在药品零售企业的2243名执业药师信息为基数，随机抽取413份执业药师信息进行电话调查。根据统计学原理与要求，本次随机抽取的样本量具有统计学意义，根据调查数据统计出北京市注册于零售药店的执业药师在岗率。

具体方法为采取两轮电话调查，一轮追加调查的方法。在前两轮的电话调查中都在岗位的认定为是在岗执业药师，都不在岗的为空岗执业药师，第三次为追加确认。调查结果见表5。

表5 执业药师在岗调查结果

轮次	药师人数	在岗	不在岗	在岗率(%)
第一轮在岗调查	413	104	309	25
第二轮在岗调查	413	80	333	19
第三轮在岗调查	74	32	42	43
总调查结果	413	87	326	21

在岗率21%意味着2243名零售药店执业药师只有472名在药店执业，即北京市5450家零售药店日常实际有执业药师在岗为顾客服务的不到500家，比例仅为8.6%。在岗率低使得执业药师配备"虚化"，顾客在药店难以得到

应有的执业药师用药指导。

3. 北京市药品零售企业执业药师注册及变动情况

由于发挥执业药师的作用主要体现在药品销售的终端，即应面对公众直接进行药学服务，因此注册在零售药店执业药师的情况是我们本次调查的重点。北京市零售药店执业药师注册情况（2010 年）调查统计结果见表6。

表6　北京市零售药店执业药师注册情况

区　县	注册人数	首次注册	再次注册	变更注册
东　城	136	28	75	33
西　城	170	48	72	50
朝　阳	529	174	206	149
海　淀	371	134	157	80
丰　台	328	100	156	72
石景山	57	18	23	16
房　山	63	23	27	13
通　州	142	49	70	23
昌　平	152	65	47	40
大　兴	132	47	64	21
顺　义	28	9	11	8
门头沟	22	11	9	2
平　谷	15	4	9	2
怀　柔	28	9	16	3
延　庆	22	9	11	2
密　云	41	8	22	11
开发区	7	2	3	2
合　计	2243	738	978	527

北京市具有执业药师资格人员为7778人，注册人数为3163人，注册率为41%，注册在零售药店的执业药师2243人，占有执业药师资格总数的29%。办理变更注册的执业药师为527人，占注册零售药店药师数量的23%。由于变更注册带来了变动后执业药师补充问题，因此进一步对执业药师的执业单位变动情况及执业药师补充情况进行了深入调查。以2011年1月至8月的执业

药师变更及再次注册信息为准，从中了解执业单位变动情况，以及原执业单位的执业药师补充情况（见表7）。

表7 变更、再次注册（单位变动）及补充情况

区　县	变动数量 （变更＋再注册）	涉及药店数量 （变更＋再注册）	补充数量 （变更＋再注册）	补充率(%) （变更＋再注册）
东　城	18＋3	18＋3	9＋0	42.9
西　城	18＋7	18＋7	10＋6	64.0
朝　阳	39＋18	39＋18	21＋10	54.4
海　淀	39＋12	39＋12	23＋10	64.7
丰　台	25＋13	25＋13	10＋5	39.5
石景山	6＋2	6＋2	3＋0	37.5
房　山	5＋0	5＋0	2＋0	40.0
通　州	7＋4	7＋4	2＋0	18.2
昌　平	13＋1	13＋1	5＋0	35.7
大　兴	10＋3	10＋3	6＋0	46.2
顺　义	5＋0	5＋0	3＋0	60.0
门头沟	1＋0	1＋0	0＋0	0.0
平　谷	1＋1	1＋1	0＋0	0.0
怀　柔	0＋2	0＋2	0＋1	50.0
延　庆	0＋0	0＋0	0＋0	0.0
密　云	4＋0	4＋0	1＋0	25.0
开发区	1＋1	1＋1	1＋1	100.0
合　计	259	259	131	50.6

　　经调查统计，在2011年1月至8月期间，有259家零售药店执业药师发生了变动，其中131家进行了执业药师补充，补充率为50.6%。

　　期望中的理想状态是，每一家零售药店至少配备一名执业药师，注册的执业药师能够在岗执业，并且在一家药店进行持续的药学服务，即使有执业药师因各种原因离开执业单位，执业单位也能够及时地补充执业药师，不会因为执业药师的变动而影响药店顾客的用药服务。目前北京市零售药店的执业药师总体状况为配备率41.1%，在岗率为21%，执业药师流动性较大，变动率为

34.1%，执业药师变动后执业药师补充率为50.6%。显然与理想状态还有一定的差距，如图3所示。

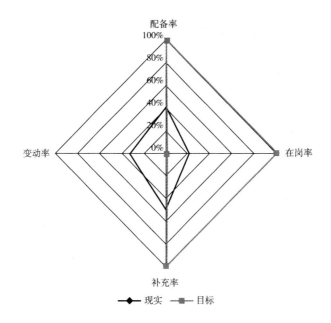

图3 北京市执业药师执业情况目标与现实对比

三 执业药师管理存在的问题及建议

（一）执业药师管理存在的问题

1. 执业药师准入门槛低

一是资格准入低。按照《执业药师资格制度暂行规定》，执业药师的报名资格最低为取得药学、中药学或相关专业中专学历，从事药学或中药学专业工作满七年。低门槛造成了执业药师的学历大部分为中专与专科。专业要求上，除药学外还有医学、化学、生物、化工等其他学科。执业药师制度是一种执业准入制度，准入"门槛"过低，即使通过一次执业药师考试获得了执业药师资格也难以保证高水准执业素质。二是执业准入低。目前执业药师首次、再次、变更注册的条件就是基本要求，基本没有和执业情况相联系，如首次注册只需资格证书、健康证明、执业单位开业许可证、执业单位意见等，再次注册要加上继续教育学分，变更注册也没有任何特殊要求。使得执业药师变动非常随意，给监管带来困难。

2. 执业药师的配备标准低

依照现行的《药品管理法实施条例》和《零售药店设置暂行规定》，药品零售企业对执业药师的配备要求比较低，尤其是在远郊县开办零售药店的配备标准更低，影响了药品零售企业对执业药师的配备，北京市零售药店执业药师配备率为41.1%。调查显示，城区约八成的零售药店进行了配备，远郊县地区只有近三成，由于受行业发展和执业药师资源的限制，长期以来一直是低标准配备。

3. 执业药师在岗率低

药店执业药师在岗率低一直是执业药师监管的难题，也是本次调查的重点。在抽样调查中，问题也较突出，在岗率仅21%。相对于企业数量，执业药师的数量本来就不足，有资格证书后能注册的只有部分执业药师，北京注册率为41%，注册后在岗率又低一些，这种层层衰减的情况，使零售终端所能提供的药学服务能力十分薄弱，更谈不上提升药学服务水平。这里有制度问题、社会认知问题、监管力度问题，也有执业药师素质等问题。执业药师不在岗，谈不上执业，更谈不上药学服务的水平。这种执业情况，不利于公众用药安全、人民的健康与合法权益维护，也不利于提高执业药师的社会地位。

4. 执业药师的流动性大

执业药师的流动性体现在执业药师执业单位变动的整体规模及频率上。调查发现注册于药品生产、使用、批发环节的执业药师执业单位变动并不频繁，而零售药店的执业药师流动性较大。一是总体规模上，一年中办理执业药师变更注册的人数占注册在零售药店的执业药师数量23%，加上再次注册时执业单位发生变化的执业药师数，总变动比例达34.4%，即三分之一以上的执业药师执业单位发生变动。二是变动频次上，有些执业药师一年内变更执业单位多达2至3次。执业药师的执业单位变动带来了原执业单位执业药师补充的问题，从而有可能出现"空挂"现象。

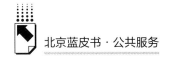

5. 执业药师变动补充率低

现有的零售药店数量远远大于注册在零售药店的执业药师数量，执业药师跳槽或其他原因离开后，原执业单位很长一段时间内执业药师岗位空缺。在针对零售药店执业药师变动及执业药师的补充摸底调查中发现：执业药师变更注册离开原执业单位后，以今年前七个月的时间为准，近一半的零售药店未进行执业药师的补充，有的药店甚至二、三年都没有进行执业药师的补充。

（二）完善执业药师监管的建议

1. 提高准入条件，建设高素质的执业药师队伍

一要从源头上加强管理约束，对执业药师的准入资格提高要求。参照国外一些国家的做法，对执业药师的报考资格如毕业院校、学历水平、实习实践情况、所学专业明确要求，建议取消"相关专业"人员报考，逐步提高学历要求，从源头上保证执业药师的专业素质。

二要加强执业药师注册管理。国家对执业药师实行注册管理是一种干预力度较强的前置性管理，即执业许可管理制度。这一制度限制了随意进入或退出药学业务的行为，将不符合条件与资质的人员排除在执业领域之外，可以说是执业药师执业前的一道"屏障"。因此，执业药师的注册不应只限于资格的审查，尤其在变更注册和再注册环节上，要和在岗情况、执业情况相联系，也就是说和我们的监管挂钩。如监管部门将对执业药师的检查次数、在岗情况、其他违规情况等信息传输给执业药师注册机构，注册机构制定详细实施办法，如根据其不在岗的次数与违规情况增加其办理注册的限制；对执业药师办理变更注册也可以设立一个时间限制，以防执业药师的随意变更执业单位所带来的监管难题。

2. 促进立法进程，规范执业药师的执业行为

目前中国还没有"执业药师法"、"执业药师规范"一类的法律法规，这和国外一些国家和地区有较大的差距，也是出现监管难题的根源所在。制定相应的法律法规或标准以规范执业药师的执业行为，对加强执业药师的监管，提高执业药师行业的地位，提升药学服务的水平都具有重要意义。中国某些省市对此有所探索，如湖北武汉市制定了《零售药店执业药师服务规范》、《药学服务八条公约》等①。北京市可以根据实际情况，制定《北京市执业药师药学服务规范》，与开展"药学服务示范药店"和"优秀执业药师"评选活动结合起来，扩大执业药师在社会上的影响，提高执业药师的社会地位，提高社会的认知与认可，同时也为推进立法进程做一点贡献。

3. 采取信息管理，建立监管的联动机制

将执业药师注册—监管—继续教育相关部门的执业药师信息进行整合，建立统一的信息平台，将注册管理与日常监管相结合，实现从执业药师的注册部门到监管部门的信息互动，将执业药师注册信息传输到监管部门，由监管部门动态地掌握执业药师的变动情况，从而加强管理。例如执业药师从 A 家变更到 B 家药店，A 家执业药师变更的信息通过"平台"传递到监管部门，监管部门将对它进行执业药师补充的要求和限制，对监管空白实现无缝衔接。同样市场监督管理部门与注册管理部门的互动，是将市场监督管理部门对执业药师的日常在岗情况与执业行为违规情况传给执业药师注册管理部门，对不在岗或行为违规的执业药师在注册方面加以限制。同时也可与继续教育部门进行互动，根据执业药师在岗情况及注册有效期间的表现浮动其继续教育学分，提高不在岗与有违规的执业药师增加继续教育学分，并将这一信息传输给继续教育部门，加强他们的专业素质与职业道德的继续教育。

4. 丰富继续教育形式，强化执业药师自身素质

提高准入条件，从源头上把住入口，是提高执业药师队伍素质的有效举措。但现有执业药师队伍素质的提升必须强化多形式的继续教育。建议在目前继续教育的基础上，应增加继续教育的针对性，不同岗位采取不同的继续教育课程，因岗施教。如注册在零售药店的执业药师要增加直接面对顾客服务的药学知识，注册在药品生产企业的执业药师要增加药品质量控制方面的课程。设置不同的学分档次，以弥补准入标准造成的执业药师水平参差不齐的问题。如针对相关专业考入的执业药师，增加药学基础课程，并且继续教育学分要求高一些。同时也可在执业药师中开展学历教育，以改善执业药师大、中专学历比

---

① 罗志：《武汉市推行〈零售药店执业药师服务规范〉试点》，《中国医药报》2010 年 7 月 12 日第 5 版。

重过大的现象，从而提高执业药师自身素质，进一步提高执业药师的社会地位。

5. 加大宣传力度，提升执业药师的社会认知度

一要通过各种形式的宣传，塑造执业药师良好形象。在提升执业药师自身素质和服务水平的同时，提高认知度和树立良好形象同样重要，必须外树形象，内强素质双管齐下，才能加速执业药师队伍的发展。可以以公益广告的形式在各种媒体上进行宣传，扩大执业药师在公众中的知晓度，使公众日常在药店购药时能主动寻求执业药师的帮助。公众对执业药师的认可，可以大大提高零售药店对执业药师配备的积极性与执业药师的执业态度，同时广泛的公众监督对药品监管部门的市场监督也有很大的帮助。二要发挥示范的带动作用，提高药学服务的整体水平。根据零售药店的布局，按一定比例建设一批"药学服务示范药店"并挂牌明示，让公众在药店购买药品的同时了解到药学服务带来的益处。同时，零售企业也会在优质的服务中享受丰厚的利润。示范效应有利于提高药学服务的整体水平。

参考文献

国家药品食品监督管理局：《执业药师资格制度问答》，http：//www. sda. gov. cn。

罗志：《武汉市推行〈零售药店执业药师服务规范〉试点》，《中国医药报》2010 年 7 月 12 日第 5 版。

Investigation Report on Professional Service of Licensed Pharmacists in Beijing

Cong Luoluo   Bian Ming

Abstract：To enhance drug supervision and management level and play the role of licensed pharmacists better in drug supervision and management，in line with the spirit of scientific supervision, we have investigated thoroughly the actual professional service of licensed pharmacists in Beijing. According to a large number of data, we have done a quantitative analysis to the staffing rate, on-the-job rate, personnel liquidity, supplement of licensed pharmacists after personnel changes, etc. Focused on the problem of supervision and management to the licensed pharmacists in retail drug stores, especially puts forward the three-party information platform: licensed pharmacists registered-supervision-continuing education and make the three departments organic link and form closed management measures to licensed pharmacists, so as to improve the practitioners situation of licensed pharmacists, make the practitioners situation of licensed pharmacists have substantial change and progress.

Key Words: Licensed Pharmacist; Professional Service; Pharmacy Service; Drug Supervision

B.24
北京市药品零售企业准入
标准优化研究报告

王福义　李江宁*

摘　要：

　　近年来，北京市药品零售市场发展迅猛，全市企业数量及营业总额呈连续、大幅增长态势。但北京药品零售行业集中度不高的局面未见明显改善，药品零售业低水平扩张和市场竞争的同质化趋势日渐明显，由此引发的药学服务水平降低、质量管理投入减少等问题日渐突出。这些问题已经成为制约药品零售行业发展和药品监管效能进一步提升的重要因素。进一步优化提升药品零售行业准入标准，完善药品零售行业监管制度体系，落实"严格准入"、"鼓励集中"、"规范运行"的思路，是提升企业整体经营水平，提高监管效能的有效途径。通过对北京药品零售行业的现状分析提出了药品零售行业准入标准优化的思路和一系列建议。

关键词：

　　药品零售　零售连锁　企业准入　标准优化　药品安全

一　标准优化研究背景

　　药品是一种特殊商品，直接关系到人民群众身体健康和生命安全。目前，北京药品零售行业集中度不高的局面未见明显改善，低水平扩张和市场竞争的同质化趋势日渐明显，个别零售药店盲目追求经济利益而导致的药品安全隐患

---

*　王福义，北京市药品监督管理局党组成员、副局长，高级政工师，研究方向：药品监管；李江宁，北京市药品监督管理局市场监管处处长，主管药师，研究方向：药品监管。

依旧存在，成为制约药品零售行业良性发展和药品监管效能进一步提升的重要因素。

为解决药品零售行业发展的上述瓶颈问题，北京市药监局于2010年3月起，针对农村药师人员配备情况、药品零售连锁发展情况等问题，先后在系统监管人员和企业范围内以现场调研、问卷调查、座谈会等形式进行充分的前期调研、数据收集、统计、分析准备，最终完成药品零售企业准入标准优化课题的研究工作。

二 药品零售企业发展中存在的问题及原因

（一）增长快，数量多，盈利性差

2001~2011年，北京药品零售企业从921家增加到5400余家，10年间增长了4.9倍，特别是2004年8月实施《北京市开办药品零售企业暂行规定》以来，零售企业数量呈不断上涨态势（见图1），并由此带来了一系列的问题：一是相对于北京市约16410.54[①]平方公里地域和2018.6万[②]常住人口（2011年统计）而言，北京药品零售企业店均服务人口数量为3000~3500人/店，大大低于5000~7000人/店的发达国家平均水平，证明药品零售市场已经基本趋于饱和状态（见图2）[③]。二是企业之间竞争日趋激烈，全市药品零售总收入增长相对缓慢（见图3），大部分企业销售额下降，甚至出现亏本情况，进而导致企业压缩成本，减少人员配备、缩水经营面积，采购超低价药品，成为药品安全隐患。

造成此种现象的原因：一是市场主体盲目进入药品行业，对市场分析不足，同时自身缺乏经济实力，经营管理能力差，有的药店甚至开办几个月就倒闭；二是药店分布不合理，城镇集中，竞争激烈，而农村地区分布很稀缺；三

---

① 《首都之窗》网站：人文北京—北京概况。
② 于秀琴：《"2011年北京市经济运行情况"新闻发布会》，《首都之窗》网站，2012年1月。
③ 中国医药商业协会课题组：《现行〈药品质量管理规范〉实施10年来取得的成绩和存在问题》，《GSP修订课题研究成果汇编》，2011，第1~36页。

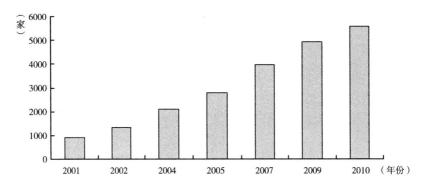

图1　2001~2010年药品零售企业数量

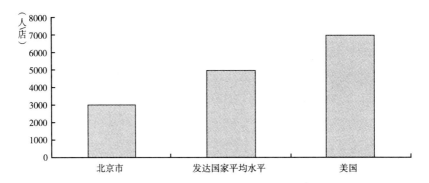

图2　零售药店平均服务人口对比

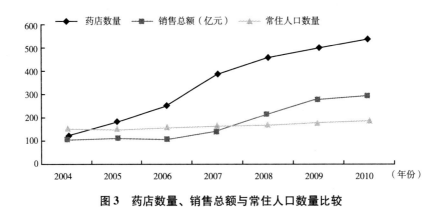

图3　药店数量、销售总额与常住人口数量比较

是社区药品零差率政策,使药店流失大量目标顾客;四是退出机制不健全,部分应该退出市场的企业未及时退出,造成药店数量只增不减,总数不断攀升。

（二）零售连锁集中度低，规模效益不强

相对于药品零售企业总体的大幅增加，零售连锁的行业集中度增长缓慢。2002~2005年，药品零售连锁的发展呈现上升趋势，到2006年逐年下降，到2011年药品零售连锁的单体店仅1091家，仅占总数的20%（见表1），与全国35%的平均水平有一定的差距（见图4）[①]，与美国、日本等发达国家连锁占主导地位的格局更是相差甚远。单体与连锁的比重倒置，也体现在效益方面，2010年药品零售连锁药品销售总额约为24亿元，占零售总收入的51.3%，而美国连锁总收入占药品零售市场的85%。

表1 北京药品连锁企业发展情况

年份	单体店数量	连锁企业数	连锁率（%）
2000	493	93	16
2002	925	379	29
2005	1850	939	34
2007	3070	860	22
2008	3594	859	19
2009	4119	917	18
2010	4422	1009	19
2011	4309	1091	20

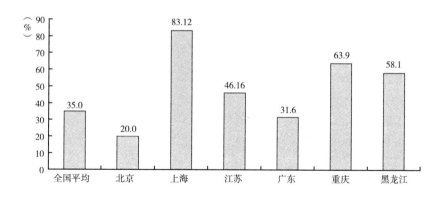

图4 药品零售企业集中度对比

---

① 中国医药商业协会课题组：《现行〈药品质量管理规范〉实施10年来取得的成绩和存在问题》，《GSP修订课题研究成果汇编》，2011，第1~36页。

造成集中度低的原因：一是零售在发展中遇到政策的瓶颈，例如跨省市连锁税收问题未解决，使连锁的发展空间狭小，不能形成规模优势；二是连锁企业自身管理水平低和人力资源欠缺。部分连锁企业以加盟方式发展连锁，造成"连而不锁"的结果，限制了规模和资源的集约化发展。

（三）药店从业人员素质结构有待提高

从药品从业人员配备上看，与满足消费者日益增长的药学服务需求存在较大差距。一是药学技术人员配备不足，不能保证营业时间内在职在岗，特别是执业药师注册在药店的总量不多。2011年统计，执业药师注册在药店的仅占37%（见图5）；二是从业人员文化程度低，以某城区256家药店从业人员为例，大专以上学历的人员仅占6%（见图6），农村药店更低；三是人员流动性较大，新员工缺乏系统的专业知识和药事法规培训，药学服务能力差。

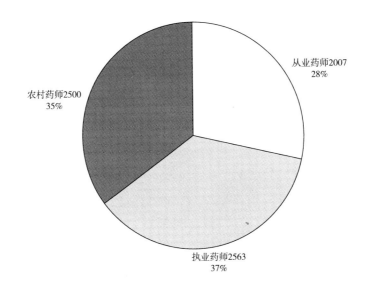

图5　2011年零售药店驻店药师构成比例

造成上述原因：一是现有准入标准未对从业人员数量、学历予以限制，企业往往从经济利益出发，只执行最低限标准；二是城乡药店准入审批条件不一致。城镇药店要求配备执业药师，而农村药店则只要求是经过培训的农村药师；三是大部分企业不愿意投入培训经费，造成行业从业人员整体水平较低。

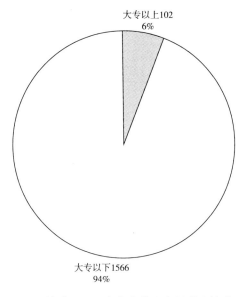

图6 某城区256家药店从业人员学历构成

（四）重经营轻管理现象突出

日常监督检查发现，一部分药店在 GSP 认证（GSP 是英文 Good Supply Practice 的缩写，GSP 认证即药品经营质量管理规范认证）后放松药品质量安全管理，出现"重经营、轻管理"现象。2011 年全市对 765 家零售药店进行 GSP 跟踪检查，大部分企业都不同程度存在问题，其中按照《药品零售企业 GSP 现场检查评定标准》出现严重缺陷项目 245 家，占 32%。分析其主要原因：一是市场竞争激烈，药店以放松药品质量安全管理为代价，降低经营成本；二是部分企业法制意识和诚信意识不强，特别是城乡结合部和广大农村地区是违法违规行为的易发、多发区；三是广大人民群众对药品安全的要求越来越高，社会舆论对药品安全事故"零容忍"，政策层面上对药店的质量管理提出更高的要求。

三 北京市药品零售企业准入标准设置情况

（一）准入标准发展的历史沿革

北京市药品监督管理局成立以来，药品零售企业的准入标准经历了二次优化。2002 年，本着总量控制的原则，北京市开始以公开竞标、集中受理的方式受理新办药店审批。由于门槛相对较高，程序繁杂，药店增长幅度不大。2004 年 8 月，《北京市开办药品零售企业暂行规定》发布实施，在北京市行政区域内，只要符合公布的法定条件都可以申办药店，药品零售企业许可由特事审批进入一般标准时代（见表 2）。

表 2　北京市药品零售企业准入标准发展情况

类别/年份		2001 年前	2002 年	2004 年
距离	—	0(医药总公司前置审批)	350 米	350 米
	繁华商业街		0 米	0 米
面积	不含中药饮片	50 平方米	150 平方米以上	100 平方米以上
	含中药饮片		190 平方米以上	130 平方米以上
	商场超市		100 平方米以上	超市开乙类非处方不要求面积
	十区县乡镇以下		50 平方米以上	40 平方米以上
库房		不少于 50 平方米	不少于店堂 1/3 面积	相适应
人员	—	执业药师、主管药师或相应的同级工程技术人员	至少有一名是执业药师	必须配备执业药师(含从业药师)
	十区县乡镇以下	—	至少有一名从业药师	配备专职考核合格的人员(农村药师)
	城镇外	—	至少有一名培训的药师	—
审批方式		先取得合格证后	参加竞标	随时可申报

（二）北京与其他省市部分标准比较

2009 年全国药店数量排名，广东和四川分列第一、第二名，北京和上海排在第 25 和 24 名。比较各省市准入标准，北京对面积设置要求最高，上海则在人员准入上要求最严（见表 3）。

通过比较可以看出，实行药品经营主体准入制度，特别是直接服务于终端消费群体的零售主体准入制度是提高药品质量、保证消费者安全健康的需要，是药品市场监管的一项重要内容。在推崇制度价值的同时必须清醒地看到，任何制度设计必然要以现实为基础体现与时俱进。因此，伴随着管理制度运行实践，优化是制度体系自我完善、持续改进的必然要求。

表3 四省市现行部分准入标准比较

项目	北京	上海	广东	四川
距离	350 米;商业中心零距离	300 米;商业中心零距离	0 米	0 米
面积	100 平方米;130 平方米(含饮片)	普通 40 平方米	40 平方米,珠三角地区 60 平方米	大型 100 平方米;中型 50 平方米;小型 40 平方米
库房	相适应	不少于 20 平方米;大型开价不少于 100 平方米	不要求	大型 30 平方米;中小型 20 平方米
人员	执业药师或从业药师	1 名执业药师和 1 名药师;100(含)平方米以上配备 4 名;经营中药饮片,另配备执业中药师或中药师	2 名执业药师或药师,面积增加,人员增加	执业药师或药师

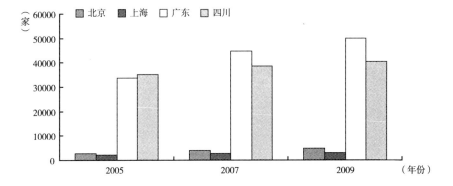

图7 北京等四省市药品零售企业数量

四 对策与建议

针对目前药品流通领域存在的问题,提出以"优化"作为新准入标准制定的导向,以"提高准入门槛、降低运行成本、优化行业结构、强化退出机制"为思路,积极探索制定新的准入标准。

(一)对于零售连锁企业的政策扶持

鼓励发展药品零售连锁企业是提升药品质量管理水平和提升监管效能的有

效途径。在连锁经营模式下，门店药品质量风险相对较低，办公资源、物流配送、仓储资源等可以共享，现有药品零售连锁企业质量管理相对规范，应当给予适当的政策扶持。

一是进一步精简行政许可程序。企业在并购或改制中转为药品零售连锁企业直营非法人门店后，在原有人员和质量管理体系未发生重大变化的情况下，可以在企业提交相关证明文件的前提下，合并原许可证注销、新企业筹建和许可证验收、GSP 认证等环节，或直接核发《药品经营许可证》，鼓励药品零售连锁企业通过并购方式做大做强。

二是充分发挥市场配置资源的效率优势，合理布局，加快药品零售连锁企业市场布局进度。建议同一药品零售连锁企业设立的直营非法人门店之间不受距离限制、大型购物中心设立的直营非法人门店不受距离限制。

三是进一步发挥连锁经营资源共享的优势。在实施药品零售企业准入时应充分考虑和尊重连锁物流配送和信息化管理标准化这一客观实际，对于新筹建的药品零售连锁企业的直营非法人门店可以不要求其设立专门的药品存储区，对于通过自有物流和质量管理信息系统对门店商品和质量管理进行统一管理的，其直营非法人门店可以不单设办公区，所以使用面积可以适当降低。

四是鼓励药品零售连锁企业向农村发展，以直营非法人门店形式为农村居民提供药品。店堂使用面积可以适当降低，提高农村居民用药可及性、可靠性。

五是降低企业经营和管理成本，鼓励集中设库企业向零售连锁企业转化。集中设库企业达到 10 家直营非法人门店后即可批准其为药品零售连锁企业。

六是科学安排日常监管，在提高监管效能的同时减轻零售连锁企业负担。在日常监管和 GSP 认证中可以对其直营非法人门店采取抽查的方式进行现场检查。

（二）对人员配备数量和质量的提升

满足公众药学服务需求和药品安全需求的核心问题是提升人员配备水平，其意义在于：一是配备具有相应专业知识的技术人员开展用药咨询与药品信息服务、指导合理用药，正确履行处方审核、调配和药品发放的职能，是药品零售行业必须要承担的服务功能和社会职责；二是在药品管理法规中对药店的营业时间及销售行为有明确规定，但调查发现 95% 以上的药店夜间无药学技术人员，存在违规销售药品的现象，迫切需要提高人员配备数量和质量标准。

一是对经营处方药、甲类非处方药的药品零售企业要求同时配备 1 名执业药师和 2 名药师以上职称的药学技术人员，药师的数量较现有标准有所提高。

二是提升对中药饮片经营企业人员配备的要求，要求具备至少 1 名中药类别的执业药师和中药专业技术人员，而现有规定未对此提出要求。

（三）对零售企业信息化建设的全新布局

运用信息化手段提高监管效率，实现科学监管已经成为各级药品监管部门信息化工作的指导方向。其意义在于，一是传统的质量管理手段已不能满足现有管理需求，庞大复杂的药品质量信息和供销渠道信息需要充分应用计算机系统进行全面、系统的管理；二是北京市目前药品零售连锁企业已初步完成电子监管和票据追溯试点工作，对药品零售企业的信息化管理要求势在必行；三是在近几年信息化管理工作的推行中，北京市药品零售企业已具备了实行信息化管理的基础。同时根据国家相关规章修订方向，信息化管理也将成为对药品经营企业的基本准入条件。

标准优化进一步强化企业实行信息化管理的规定，要求药品零售企业及药品零售连锁企业必须配备计算机等硬件和信息化管理系统；配备药品电子监管数据采集、上传等相关设施设备；配备销售票据打印设备；具备接入互联网的条件等。

（四）对营业场所及仓库设置的需为本

药品管理法律所追求的核心价值，是维护市场良性竞争和为群众提供便捷安全的购药场所。因此，准入标准应围绕"合理布局、方便群众购药"，在选址要求、面积设置等方面进行优化。

一是继续坚持原有按照可行近距离 350 米的布局进行设置的原则。"合理布局"原则是方便首都居民购药、保证公众用药可及性的重要举措，大大降低了因过度竞争造成的药品安全风险，但作为例外，例如在大型购物中心开办连锁直营非法人门店或经营乙类非处方药可以不受距离限制的规定。

二是在营业场所设置中坚持适当限制原则。例如违法建设、非商业用房的2层（含）以上及地下建筑内应该不能开办药店，关于筹建的相关要求，可与市政府228号令以及工商部门的企业注册登记的有关规定进行对接。

三是在使用面积上可依据方便群众购药原则，以经营范围不同做出科学设定。在调研基础上可以对大型购物中心内乙类非处方药的专营店面积设定要求，降低其设置的随意性。

关于仓库设置，可从监管现实和需求出发提出不同要求。一是随着药品流通行业的发展，绝大多数药店采取勤进勤销的管理方法，库房闲置或改作他用的情况较普遍，设置库房的必要性降低。因此在标准优化中可以提出"如果具备可靠的药品供应渠道，售出的药品能够得到及时的补充，可以不设置仓库"的规定；二是由于中药饮片贮存保管条件要求高，还必须设立仓库并且应对面积提出要求。

（五）对许可程序及退出机制的指向性优化

关于许可程序，结合国家局《药品经营许可证管理办法》修订工作和审批实践中出现的一些问题，可以对现有的规定进行完善和补充。如对于筹建环节，要求申请人提交工商行政管理部门出具的《企业名称预先核准通知书》，将房屋合法性审查提前，要求提供房屋产权证明和使用意向证明，可降低行政成本和企业运营成本；又如增加跨区变更注册地址的规定，增加关于许可证信息管理的规定，对审批实践提出的新需求予以了考虑。

建立健全药品零售企业退出机制是保障药品流通行业的有序竞争，良性发展的有效措施之一。目前，有些药品零售企业已经关闭，但依然没有办理《药品经营许可证》注销手续，造成一些名存实亡的药品零售企业充斥市场，干扰了药品市场的正常秩序。在标准优化过程中应进一步强化对企业的注销以及暂停经营情形进行完善和补充。

（六）提升药品从业人员能力要求

强化药品从业人员的服务水平是满足老百姓合理用药、安全用药需求的重要保障。在准入标准研究中应是重点优化的内容之一。其意义在于，一是药品是特殊行业，对从业人员的要求就要有特殊的要求，才能保证质量安全，增加企业负责人的学历、法律法规、药品知识等要求势在必行；二是随着近几年药学技术人才的培养，药学技术人员在总量上有了较大的提升。在当前城乡一体化的发展趋势下，农村药品安全保障水平需要提升，同时也具备了提升的现实条件，因此适当提高农村药学从业人员的准入标准是可行的；三是加大对从业人员培训教育考核的力度，针对药品人员水平低等问题，药品监管管理部门创造条件为企业不同层次专业技术人员提供继续教育和岗位培训，补充新的知识，提高药学服务能力，保证人民用药安全有效。具体优化标准：

一是提高企业负责人要求。应当有学历的要求，熟悉国家有关药品管理的法律、法规、规章，具备基本的药学知识；

二是对乙类非处方药人员配备适当提高。建议配备药师以上职称的药学技术人员；

三是适当提升农村药店人员配备标准。建议农村乡镇以下地区的药品零售企业配备药师或以上职称的药学技术人员，现行标准为经过药监人员培训的药师；

四是对国家有就业准入规定岗位的工作人员提高要求。仍需通过职业技能鉴定并取得职业资格证书方可上岗；

五是建议对各岗位人员增加培训教育考核要求。

参考文献

中国医药商业协会课题组：《现行〈药品质量管理规范〉实施 10 年来取得的成绩和存在问题》，《GSP 修订课题研究成果汇编》，2011 年。

吴正善：《浅谈 GSP 认证跟踪检查中存在的问题及对策》，《海峡药学》2009 年第 21 卷第 5 期。

Research on Beijing Retail Pharmacy Industry Access Standard Optimization

Wang Fuyi   Li Jiangning

Abstract: In recent years, Beijing drug retail market is developing rapidly, and the enterprise quantity and total business continued to grow at a strong pace. But the geographical distribution of Beijing retail pharmacy is not focus. The low expansion and market competition homogenized emerge obviously. Individual retail pharmacy pursuits of economic interests, leads to the pharmaceutical service level lower and quality management investment reduce. Aboved problems restrict the development of pharmaceutical retail enterprises, and restrict the efficiency supervision of Drug Administration. "Strict Access", "Encourage Concentration" and "Standard Operation" are effective measures which can promote the enterprise overall management level and the supervision level. This article carried on thinking and proposal which about retail pharmacy industry access standard optimization.

Key Words: Drug Retail; Retail Chain; Enterprise Access; Standard Optimization; Drug Safety

环境保护篇

Environmental Protection

$\mathbb{B}.25$
国外 PM2.5 治理经验对北京的启示

摘　要：

　　从战略目标，实施措施及保障措施等方面对北京市治理 PM2.5 的方案进行评估，分析了治理 PM2.5 面临的挑战。通过对欧盟、日本和美国大气治理经验的分析，提出治理北京 PM2.5 的建议：优先处理机动车 PM2.5 的排放问题，建立生态补偿和区域联防联控机制，通过 PM2.5 数据检测社会化的方式来提高公信力，并提高社会公众参与水平。

关键词：

　　PM2.5 治理　国外经验　启示

引　言

2011 年 10 月和 2013 年 1 月，北京连续出现灰霾天，严重影响了居民的日

---

*　潘家华，中国社会科学院城市发展与环境研究所所长，研究员，博导，研究方向：气候变化经济学；刘长松，国家应对气候变化战略研究和国际合作中心，博士，研究方向：公共管理、环境经济学。

常生活，引发了社会公众对空气质量与健康问题的担忧，并对政府公布的空气质量监测结果表示怀疑，甚至还产生了恐慌。其实，大气污染问题不是中国特有的问题，发达国家在工业化进程中也出现了类似事件。著名的"马格河谷事件"、"多诺拉事件"、"洛杉矶光化学烟雾事件"、"四日市哮喘事件"等，当局部大气污染物浓度较高时，会对人体健康造成较大的危害。世界卫生组织（WHO）的报告显示，即使在监控标准最严格的欧洲，每年仍有约38.6万人因PM2.5致死，欧盟国家人均期望寿命也因此减少8.6个月。

据2011年世界卫生组织的全球城市空气污染的调查报告，在全球1100个城市中，北京市空气质量排名第1035位，成为名副其实的"污染之都"。2012年的北京市两会会议，PM2.5也是代表委员们热议的问题。实现"世界城市"的长期战略目标，生态环境建设是重点指标之一。未来较长一段时期内，如何治理PM2.5，加强生态文明建设是亟待破解的关键问题之一。

对此，北京市提出了应对PM2.5的措施，至于这些措施能否实现既定的政策目标，措施的实施与执行面临哪些挑战？国外有哪些经验可供借鉴，这是本文将要重点探讨的问题。

一　北京市治理 PM2.5 的政策解析

（一）战略目标与挑战

当前，北京市PM2.5年均浓度为70mg/m³，离WHO建议的目标35mg/m³还有很大的距离。为此，北京出台了《北京市2012～2020年大气污染治理措施》，制定了"三步走"的战略目标，实现目标大约需要20年左右。第一步：2015年，PM2.5浓度要下降到60mg/m³，比2010年下降15%；第二步：2020年，PM2.5浓度控制在50mg/m³以下，比2010年减少30%，相当于目前密云水库上空的空气质量；第三步：长期目标：实现PM2.5治理达标，按照WHO为发展中国家设定的最低空气质量标准，年均浓度要达到35mg/m³。由于治理PM2.5任务的艰巨性，预计到2030年才可能实现达标。

要实现北京三步走的战略目标，治理PM2.5的工作面临以下挑战：

第一，北京市 PM2.5 的成因及扩散途径还需要进一步研究。PM2.5 形成的机理过程比较复杂，工业排放源产生的污染很复杂，甚至包括餐饮业、其他行业的污染情况，此外，经过化学反应以后形成过程一些还不是非常清楚。西方国家因为出现大气问题做了大量的研究，中国最近 30 多年来也产生了大气污染问题。现在首先要做的是观测 PM2.5 的分布特征，其次是研究其形成过程。结合国外比较成熟的方法，可以针对中国大气污染的问题有所突破。

第二，PM2.5 治理能否实现达标，还取决于能否实现区域联防联控。PM2.5 治理是一个长期的过程，空气污染有很强的流动性和区域性，仅靠北京市的努力，也许可以实现前两个阶段性的治理目标，如果没有周边河北省、内蒙古自治区、山西省、天津市等兄弟省市的联防联控和共同治理，长期目标难以实现。

第三，产业结构调整能否取得实效。产业结构调整是一个长期、持续的过程，中间面临很多不确定因素。当前，北京市已形成了以服务业为主的产业结构，2011 年底，北京市服务业比重已达到 75.7%，产业结构的调整空间已十分有限。服务业本身 PM2.5 的排放则取决于技术进步程度，而未来技术进步速度显然也是难以预测的。

（二）措施与评价

大气环境的治理和改善是一个漫长的过程，相关的制度与政策设计要有前瞻性和一致性。过去几年里，尤其是举办奥运会期间，北京市花大力气治理大气污染，使得空气质量不断提高，颗粒物浓度下降 39%。据测算，PM10 里含约 50% 的 PM2.5，所以在颗粒物下降的同时，微颗粒物 PM2.5 也得到了一定程度的改善。为进一步治理 PM2.5，2012 年北京市政府印发了《北京市 2012～2020 年大气污染治理措施》，针对主要污染源提出了治理措施，即：换车，压煤，调结构。

第一，控制机动车污染。机动车是 PM2.5 最主要的排放源，占 22% 左右，所以治理大气污染，首要的是控制机动车污染。北京要从三个方面着手：其一，采取经济激励手段，促进淘汰高排放老旧机动车。按照规划提出的目标，到 2013 年完成淘汰 40 万辆的目标；2015 年再淘汰 30 万辆，到 2020 年再淘汰

90万辆。其二，实施机动车总量控制，提高新车排放标准。2012年在全国率先实施第五阶段机动车排放标准，配套供应相应标准的油品，计划在2016年实施第六阶段机动车排放标准。同时，大力发展公共交通，采取限行措施减少小汽车的使用频率，鼓励新能源汽车。

第二，控制煤炭消费总量。煤炭污染也是PM2.5的重要来源，其比例为16.7%。2011年，煤炭占北京市能源消费总量的比重达30%，到2015年，北京市煤炭消费总量将比"十一五"减少43%；到2020年，煤炭消费在"十一五"的基础上下降62%，占总能耗的比重控制在10%以下，煤炭消费总量控制不超过1000万吨。减少煤炭消费的主要途径是对燃煤机组清洁能源改造，以及对所有远郊区县乡镇政府所在地区域实施燃煤设施清洁能源改造，扩大无燃煤区范围，同时推进农村采暖的清洁能源工程。

第三，深化产业结构调整。主要通过环境准入标准与产业调整目录，促进高耗能、高污染行业调整，加快淘汰落后产能和工艺。实施更加严格的工业企业大气污染物排放标准，鼓励企业进行清洁生产，加大污染治理力度，减少污染排放。

此外，为减少城市扬尘污染，北京市将对城市扬尘进行精细化管理。制定《关于实施平原地区百万亩造林工程的意见》，计划利用5年的时间，实现新增林地面积100万亩，平原地区森林覆盖率达到25%以上。

尽管北京市制定了治理PM2.5的具体措施，但能否实现政策的治理目标，还面临着一系列不确定因素。

第一，这些政策能否得到有效执行，依赖于能否建立长效的工作机制。尤其是大气污染治理属于典型的"公共物品"，其治理不仅需要花费大量投入，还不能带来直接的经济收益，按照"GDP"导向的发展评价规则，显然不会得到官员的重视。从大气污染治理的特点来看，治理过程需要长期、持续投入，很难产生立竿见影的效果，官员出于任期的考虑，通常不会选择这些"隐形"工作，更倾向于塑造"政绩工程"。如果经济社会评价导向与官员的评价标准得不到切实转变，PM2.5治理的工作就很可能流于形式，从而难以产生实效。

第二，机动车保有量激增，使得控制机动车尾气污染变得非常困难。2001

年北京私人小汽车仅 32.1 万辆，10 年之后，机动车保有量达到 501.7 万辆，北京迅速迈进汽车社会。预计未来小汽车保有量仍将保持高速增长。机动车数量猛增，不仅会带来交通拥堵，还会带来大气污染。即使提高新车的排放标准，由于标准的提高速度往往跟不上数量的扩张速度，所以控制汽车尾气污染面临巨大挑战。

第三，优化能源结构受制于现有的产业结构和能源供给情况。为减少细微颗粒物排放，用较清洁的天然气替代"煤炭"技术上可行，但由于北京市天然气供给完全依靠省外调入，推行煤改气，不仅面临资金问题，还受外部天然气供应的影响。随着经济社会发展，北京市对天然气的需求量迅速增加，使得"天然气缺口"不断加大，这就限制了能源结构优化的空间。

二 国外治理 PM2.5 的经验分析

（一）欧洲：实行严格、统一的大气排放标准

20 世纪 80 年代开始，欧盟已经开始着力监控空气的颗粒物，2005 年欧盟关于限制 PM10 相关的法律就已经生效，2010 年提出了 PM2.5 的限制标准。现在欧盟空气质量标准既包含对 PM10 年均浓度的监测和日均浓度的监测，也包含对 PM2.5 浓度的监测，是世界上对大气质量监控最严格的地区之一。欧盟作为一个多国组织，在欧盟空气质量法实施的初期阶段，允许各成员自己去决定空气质量的标准，但是这种各自为政的措施就导致了有些成员有法不依，尤其是东欧一些国家。2005 年欧盟大部分国家出现了 PM10 浓度超标的情况。但 2008 年欧盟委员会通过了新的空气质量法，对超标的行为进行了严厉惩罚，有些超标的城市一度面临每天高达几十万欧元的罚款，现在基本上整体平均标准能够保持一致性。

（二）日本：通过立法与技术有效控制工业和汽车尾气排放

日本东京曾经空气污染严重，引发多起光化学烟雾事件，但现在成了世界上最清洁的大都市之一，东京在治理空气污染方面的经验值得我们借鉴。日本

东京2003年就推出了日本历史上第一个对PM2.5以下颗粒，尤其是柴油机、汽车尾气排放的微粒立法。东京的地方立法迅速影响到了东京周边的各县，最后成为一个全国的立法。然后又使日本各大汽车厂家不得不修改了自己柴油机车的排气设备、排气设计，同时目前所有的二手车、旧车，行驶在公道上的各种柴油汽车也都装备了过滤器，因而带来了整体环境的改善。

在20世纪80年代之前，东京是日本主要的工业中心之一，工业污染是其最迫切需要解决的问题。为了治理大气污染，东京都政府制定了完善的开发计划。通过调整产业结构，优化能源结构，对产业布局进行调整，实行污染行业限制与准入等。这些措施有效解决了工业污染问题。但随着小汽车的普及，汽车尾气引发的污染成为东京市的新"公害"。东京都政府采取以下措施来治理汽车尾气污染。

第一，控制机动车总量，减少其使用频率。东京大力发展公共交通，减少机动车的出行比例。根据统计数据，东京仅轨道交通就承担了86.5%的城市交通客运量，这一比例远高于其他国际大都市。

第二，积极开发低排放汽车技术和燃料技术。东京都政府联合汽车生产企业开发低排放汽车技术，推广使用天然气汽车、电力汽车和低排放汽车。通过提高排放标准，来提升大气环境质量。积极研发新型环保汽车、燃料电池汽车和混合动力汽车。

第三，控制温室气体排放。2006年，东京都提出应对全球变暖的政策。2007年颁布并实施了《东京都大气变化对策方针》，率先提出二氧化碳减排对策，要求高碳排放企业承担减排任务，积极开发低碳排放产品。

（三）美国：完善的政策法规体系是大气治理的基础和保障

20世纪50年代以后，美国陆续建立大气污染治理的法律体系。1955年，第一部治理空气污染的法律《空气污染控制法》颁布；1965年出台针对机动车污染问题的《机动车空气污染控制法》；针对跨界空气污染问题，1963年通过《清洁空气法案》；1990年开始实施《清洁空气法案》修正案，机动车尾气排放标准更加严格。

颗粒污染物对公众健康影响巨大。按照《清洁空气法案》的规定，联邦环保署负责定期审查空气质量监测标准。其中，PM2.5 标准是主要内容之一，最近的一次修订是在 2006 年，环保署制定了城乡统一的 PM2.5 排放标准，规定 PM2.5 日均最高浓度不超过 35mg/m³。

在联邦标准的基础上，美国各州还要提交实现空气达标的具体计划，由环境署负责监督执行。此外，能源部等部门也有类似的大气污染治理计划，为促进社会公众监督，环境署还在其网站公布大气质量指数。

（四）国外治理 PM2.5 的政策选项

（1）完善法律法规。2005 年欧盟制定了关于限制 PM10 的相关法律。日本通过立法管制机动车的尾气排放。美国环境署以《清洁空气法案》修正案为基础，积极推动大气污染治理。2005 年《州际清洁大气法案》充分考虑大气的跨界污染属性，建立了区域协调机制。欧盟各成员国通过签署各类国际公约，提交国家环境治理计划来实现整体的环境目标。

（2）技术手段。技术手段是美国解决跨界大气污染的一种强有力手段。美国的南海岸大气质量管理区（SCAMQD），美国东岸的臭氧传输委员会（OTC），以及美、加、墨成立的北美环境合作委员会（NACEC），都有一支强大的技术力量，来研究新的治理技术、应用现有可行的技术，研究公共政策，并对技术和政策进行评估，激励和引导多方参与共同治理。实践证明，加强技术手段的应用，加强对固定污染源和流动污染源排放控制技术和企业的技术进步是一种行之有效的方法。

（3）排放税和补贴。运用经济手段刺激企业采用先进技术。欧洲国家对排放超标的企业收取排放税，通常只是针对排放规模较大的发电厂、供热厂等。所筹集的资金用来投资于减排项目，补贴企业研发，企业可根据新技术申请补贴，根据技术的减排效果分步给予不同的补贴额度。一般来说，减排效果越好、采用的技术越先进，所得到的补贴力度也越大，这种机制调动了企业使用先进减排技术的积极性。欧洲的经验表明，这种方式有效改善了大气质量。

（4）实行污染物排放总量控制。传统的浓度达标排放管理在人口和工业非密集地区，可以取得较好的环境控制效果。但在人口和工业密集区，即使单个排放源实现了浓度达标排放，排放源总数以及污染物排放总量也会不断增长而可能超过当地环境容量，导致环境质量恶化。只有根据环境容量采取污染物总量控制，才是污染治理的根本之策。日本、美国、英国等国家建立了各自的大气污染物总量控制制度，取得了良好的效果。实行总量控制，严控增量。有助于建立产业结构调整的"倒逼机制"。

三　对于完善北京 PM2.5 治理框架的若干建议

第一，优先处理机动车尾气排放。随着机动车的快速增加，汽车尾气日益成为北京市大气污染的第一大来源，北京市的大气污染从单纯的煤炭燃烧污染转变为汽车与煤炭的双重污染。东京治理汽车尾气污染的经验为我们提供了有益的启示。但是当前国家大气排放标准较低，建议北京探索实行更严格的大气排放标准。率先针对机动车尾气处理进行限定，以促进低排放技术的创新。

第二，探索区域协调机制治理 PM2.5。近年来中国区域性大气污染问题明显，管理手段落后，尚未建立区域联防联控机制，是中国进行跨界大气治理的主要障碍。美国、欧盟的治理经验表明，只有通过区域协调，联防联控才能实现整体的环境目标。对此，北京可率先探索 PM2.5 治理的区域协调机制。

第三，探索区域生态补偿制度，实现区域的协同发展。PM2.5 具有明显的传输性特征，影响范围更广，一地的超标会影响到其他区域，因此需要加强区域联防联控。但各地发展程度不一，利益诉求不同，统一规划有难度，协调起来有障碍。受制于行政区划限制，可以尝试建立区域生态补偿机制。第一阶段建设期主要实施政府主导型政策。主要形式是一般性转移支付和规划专项资金相结合，逐步提高补偿标准，资源主要来源于中央财政。对落后地区调整产业结构进行合理补偿。第二阶段可以尝试市场机制。通过对未达标企业征收排放税，所得收入用于补偿欠发达区域。

第四，PM2.5 监测社会化提升数据的公信力，强化公众参与。PM 2.5 的数据检测行政色彩浓厚，要提高数据的公信力，就需要创新工作机制，以政府购买服务的方式，探索社会团体参与第三方独立检测的途径。同时，完善社会公众及媒体对 PM 2.5 排放数据的监督渠道。

第五，综合运用法律、行政、经济、技术与标准等手段。国外的治理经验表明，一般通过法律确定相应的治理主体和机制、体制建设，然后就是综合采用各种手段调动企业、个人参与进来，最终通过各方的努力，实现大气质量控制目标。

参考文献

Allouche J., "International Water Treaties: Negotiation and Cooperation along Transboundary Rivers", *Global Environmental Politics*, 2009, 9 (1): 142 – 143.

汪小勇等：《美国跨界大气环境监管经验对中国的借鉴》，《中国人口·资源与环境》2012 年第 3 期。

Foreign Experience of PM 2.5 Regulation and Its Implications for Beijing

Pan Jiahua   Liu Changsong

Abstract: This article tries to assess PM2.5 regulation program from strategic objectives, policies and supporting measures; also analyizes the challenges faced by Beijing. To sum up the experience of the European Union, Japan and the United States to control air pollution, and forward the following suggestions for Beijing's PM2.5 regulation: the priority is to deal with PM2.5 produced by vehicles; establish ecological compensation and regional joint prevention and control mechanism; to publish the PM2.5 data and raise the level of public participation.

Key Words: PM2.5 Regulation; Foreign Experience; Implications

B.26
北京城市转型与绿色发展的
主要障碍与路径选择

陆小成*

摘　要：

城市转型与绿色发展作为北京节能减排和经济发展方式转变的重要手段，把经济发展与环境保护有机结合，开创低碳、生态、宜居的新型城市发展模式。北京在城市转型与绿色发展方面还存在高碳能源结构制约，环境污染严重，低碳创新激励不够等障碍。加快北京城市转型与绿色发展，应以提高生态绩效为重要目标，形成由产业体系再造、城市空间重构和消费模式转变三个实施领域以及网络治理和低碳创新系统两个保障体系的共同支撑，构建一个具有操作意义的实施框架和推进路径。

关键词：

城市转型　绿色发展　世界城市　北京障碍　路径选择

一　现状考察：北京城市转型与绿色发展的主要成效

城市转型与绿色发展模式已成为人们应对能源安全危机和全球气候变化的根本手段。由于许多城市对不可再生资源大规模、高强度、大面积的常年开采，使得资源耗损严重，生态环境遭到破坏，城市可持续发展受到严峻挑战，迫使城市加快转型与绿色发展[①]。城市转型与绿色发展是开拓新型城市发

---

*　陆小成，北京市社会科学院管理所副研究员，博士后，主要研究方向：城市转型、绿色发展、低碳创新。

①　吴宗杰、李亮、王景新：《我国资源型城市低碳转型途径探讨》，《山东理工大学学报》2010年第6期。

展理论和规划理论的有利契机，也是寻找新的经济增长点，实现低碳发展的必经之路①。城市转型与绿色发展作为北京节能减排和经济发展方式转变的重要手段，把经济发展与环境保护有机结合，开创低碳、生态、宜居的新型城市发展模式。北京各级政府重视城市转型，重视发展绿色经济、循环经济和低碳经济，采取一定措施加强节能减排和环境保护，取得了一定成效，主要表现在以下几个方面。

（一）从工业主导向服务业主导转变的经济绿色转型

北京近些年来加快经济发展方式转变，加大结构调整力度，促进城市发展格局的重大转型，绿色、低碳、宜居等城市特质不断增强。北京作为国家首都，承担经济、政治、文化等多方面的历史重任，面临资源能源、生态环境、社会发展等多方面的压力。面对诸多困境，特别是低碳经济、创意经济等多方面的需求，北京加大经济结构调整，以文化产业、绿色经济为关键词，促进经济增长的重大转型。创意时代的来临，为北京城市经济增长提供了有利的转型机遇，城市产业结构与发展内涵、城市资源开发与利用、城市生态系统的恢复与优化等均出现重大调整②。北京从 1978 年到 2011 年，三次产业结构比重从 5.2∶71.1∶23.7 转变到 0.8∶23.1∶76.1。从 1992 年前后就开始实行了由工业主导型经济向第三次产业主导的经济结构，并呈现服务业不断加大增强的趋势，如图 1 所示。

加快产业结构调整，降低能源消耗，形成服务业主导型的低碳经济结构。2011 年，北京市服务业比重已超过 76.1%，达到世界发达国家平均水平，在国内构建起以服务业为主导的产业结构。北京中心城区大量工业企业制造环节外迁，近年来四环内有 200 多家工业企业相继搬到郊区乃至周边省市。北京与周边地区以"总部—制造基地"模式的分工合作也不断加强。北京市依托自身丰富的低碳科技资源，重视低碳产业结构调整和低碳产业选择，进一步加大北京市服务业比重，大力发展低碳型、知识密集、技术密集型服务业。

---

① 顾丽娟：《低碳城市：中国城市化发展的新思路》，《未来与发展》2010 年第 3 期。
② 刘玉、冯健：《创意北京发展：经济、社会和空间转型》，《城市发展研究》2008 年第 6 期。

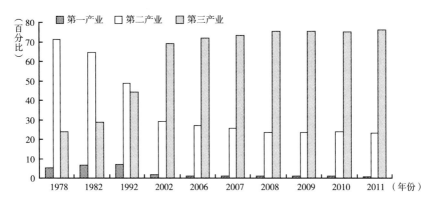

图 1　北京地区生产总值构成变化情况

（二）从服务业主导发展到全国文化中心的文化战略转型

早在北京"十一五"规划中，已将文化创意产业确定为支柱产业，实现从"工业立市"到"文化立市"的转变。把文化建设作为首都的战略转型，既可以发挥北京文化资源丰富的优势，又可以减少对劳动力和自然资源的需求，以文化建设和文化产业实现首都城市绿色发展与低碳转型，展现新型的城市发展理念。2005～2010 年，北京市文化创意产业增加值从 674 亿余元增加到 1697 亿余元，占 GDP 的比重从 9.7% 提高到 12%，成为第三产业中的第三大支柱产业。2011 年，北京市文化创意产业实现增加值 1938.6 亿元，同比增长 14.2%。北京力争在"十二五"末期实现文化创意产业占 GDP 的比重达到 15%，2020 年力争达到 18%[1]。北京先后建立了四批文化创意产业集聚区。文化对经济产出的影响越来越大，成为支撑北京新经济增长点发展和实现北京城市转型与绿色发展的关键因素。

（三）充分发挥科技资源优势，实现城市赋予创意、宜居特质

北京拥有在全国领先的科技智力资源优势，这些资源为北京城市转型与绿色发展打下了坚实的基础。依托科技创新和创意产业发展，促进北京由污染城市

---

[1]　《2012 北京文化创意产业增加值预计突破 2000 亿元》，《中国新闻出版报》2012 年 6 月 18 日。

到创意城市、宜居城市的转变。许多制造业属于高资源消耗、高污染排放型，长期以来对北京城市生态环境与可持续发展造成巨大的压力，北京的"大城市病"已发展到较为严重的地步。依托科技创新和文化创意产业转型，诸多"城市问题"将得到有效解决，北京城市污染得到一定缓解，创意和宜居特质不断增强。大力发展文化创意产业，充分发挥科技资源优势进行文化创新创意，实现节能减排、绿色发展和构建现代宜居城市。北京加快城市转型与绿色发展，充分发挥首都科技智力资源优势，推动科技创新和成果产业化，北京已初步形成文艺演出、新闻出版、广播影视、文化会展等具有创意创新特质的现代高端产业体系。

（四）以旧区改造为契机，加快都市空间重组再造

利用传统工业资源和旧城区改造的重要契机，打造创意产业基地已成为北京未来产业发展的重要举措之一，这将带动北京城市旧区发展进入一个全新的阶段。以旧区改造为契机，北京在20世纪90年代初规划建设了一批卫星城镇，分担城市中心区的部分职能，有效缓解诸多城市问题。北京在城市规划中，确定建立昌平、大兴、怀柔、密云、门头沟、通州、亦庄等11座新城，以疏解中心城人口和功能、集聚新的产业。实现生产区、居住区、消费娱乐区和生态涵养区等功能区在空间上的分离是近年城市规划与建设的重要内容之一。

北京通过城市转型与绿色发展，一定程度上实现了都市空间扩张创新。在传统的城市化进程中，"摊大饼"成为人们对北京都市空间扩张的形象概括。但通过绿色发展和文化价值挖掘，北京加强对过去的胡同、四合院、机关大院、"城中村"、废弃的企业厂房等的文化价值的深挖和绿色发展理念的不断强化，北京各级政府逐渐认识到这些旧宅空间的都市历史文化价值，加强都市空间扩张的绿色发展和创新，逐渐告别"摊大饼"空间扩张模式，选择和构建更加环保、低碳、生态、紧凑、和谐的现代都市空间重组再造模式。

（五）以低碳技术创新为动力，促进城市能源环境转型

北京重视城市转型与绿色经济、低碳经济的密切关系，以低碳技术创新为重要动力有效促进了城市能源环境改善和转型发展。北京加强环境污染治理，从平均每万元地区生产总值能源消费量来看，如图2所示。2002～2011年能

源消费总量、煤炭、石油等指标均呈现下降态势，平均每万元地区生产总值能源消费总量由 2002 年的 1.03 下降到 2011 年的 0.43，煤炭指标由 2002 年的 0.6 下降到 2011 年的 0.15，石油指标下降幅度比较平缓，由 2002 年的 0.22 下降到 2011 年的 0.09。

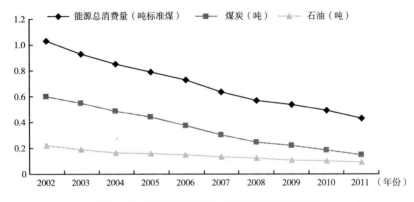

图 2　北京每万元地区生产总值能源消费结构

2011 年公园绿地面积达到 19728 公顷，较 2010 年增加了 708 公顷，人均绿地面积为 15.30 平方米，城市绿化覆盖率达到 45.60%，比 2001 年高出 6.82 个百分点，林木绿化率从 2001 年的 44% 增加到 2011 年的 54%，北京城市绿化基础设施建设不断得到加强，城市绿化水平不断提升，如表 1 所示。

表 1　北京市公园绿地面积和林木绿化率（2001～2011）

年份＼类别	年末公园绿地面积（公顷）	人均公园绿地面积（平方米/人）	城市绿化覆盖率（%）	林木绿化率（%）
2001	7554	10.07	38.78	44
2002	7907	10.66	40.57	45.5
2003	9115	11.43	40.87	47.5
2004	10446	11.45	41.91	49.5
2005	11365	12	42	50.5
2006	11788	12	42.5	51
2007	12101	12.6	43	51.6
2008	12316	13.6	43.5	52.1
2009	18070	14.5	44.4	52.6
2010	19020	15	45	53
2011	19728	15.30	45.60	54.0

资料来源：《北京市统计年鉴 2012》，中国统计出版社，2012。

二　问题剖析：北京城市转型与绿色发展的主要障碍

建设世界城市和首善之区，需要加快北京城市转型与绿色发展，要求实现城市经济社会的全面、和谐、低碳、可持续的发展。北京城市发展长期受到资源能源瓶颈性制约和环境污染挑战，尽管已加大节能减排力度，但作为建设世界城市的战略要求，在城市转型与绿色发展方面还存在许多实际问题，严重制约城市首善之区建设。

（一）以煤炭、石油为主的能源消费结构制约城市转型

北京能源消费结构主要依靠的是煤炭、石油等高碳能源，主要能源日均消费总量从 2002 年的 12.2 万吨标准煤增加到 2011 年的 19.2 万吨标准煤，其中煤炭则从 2002 年的 70726 吨增加到 2005 年的 84081.4 吨，达到最高峰，随后逐渐降低到 2011 年的 64809.3 吨，煤炭日均消费量占整个北京市主要能源日均消费总量的 33.75%；焦炭从 2002 年的 10353.4 吨减少到 2011 年的 911.8 吨，原油等各燃料都呈增加态势。如图 3、图 4 所示。

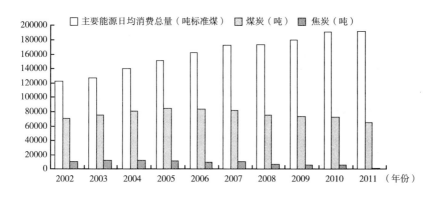

图 3　北京主要能源日均消费总量与煤炭、焦炭日均消费量（2002~2011）

由以上可以发现，北京的能源消费结构还不够优化，高碳能源消耗必然导致城市环境污染非常严重，能源利用效率低，碳排放强度大，而可再生的低碳新能源比重较低，严重制约城市能源结构转型，进而影响到城市转型与绿色发

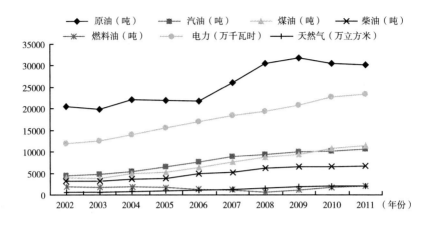

图4 北京原油、汽油、煤油等日均消费量（2002～2011）

展。尽管北京地热能比较丰富，但北京地热能并没有得到很好地勘探和开发。北京光照时间长，但太阳能的利用还不够广泛，太阳能路灯、太阳能热水器可能在郊区还能多见，在核心城区却没有广泛使用，风能资源也没有得到更多的开发和使用，农村沼气在郊区也没有全面普及，从整体上看，清洁、低碳、可再生的新型能源在北京能源消耗结构中比重非常低。北京对一次性资源能源依赖程度高，城市绿化率较低，能耗高，交通拥堵、尾气排放严重、城市噪音大，环境污染严重，对可再生能源利用的程度不够高，未能在全国树立低碳发展的典范和绿色城市形象[①]。作为能源资源匮乏的大都市，主要能源还是依靠外援，但这些高碳能源的输入留下来都是高碳排放为主的环境污染后果。北京汽车保有量不断增加，尾气排放也不断增加，除了在地面上造成交通拥堵的同时，留在空气中的是温室气体的拥堵和长期积累，使北京空气污染不堪重负，宜居、绿色、生态的城市转型建设任务还任重道远。

（二）环境污染形势依然严峻，环境噪声依然较大，三废排放呈增长态势

2011年，美国驻华使馆发布的北京PM2.5监测数据再次爆表，将北京的

---

① 陆小成：《区域低碳创新系统理论与实践研究——基于全球气候变化的思考》，中国文史出版社，2011，第187页。

环境污染问题推上了风口浪尖。尽管评价标准不一致，但事实上北京空气污染严重既成事实，2012 年北京环境污染形势依然严峻。如表 2 所示，2000 ~ 2011 年，北京可吸入颗粒物年日均值由 2000 年的 0.162 毫克/立方米下降到 2011 年的 0.114 毫克/立方米；二氧化硫年日均值由 2000 年的 0.071 毫克/立方米下降到 2011 年的 0.028 毫克/立方米；二氧化氮年日均值由 2000 年的 0.071 毫克/立方米下降到 2011 年的 0.055 毫克/立方米；化学需氧量（COD）排放量由 2000 年的 17.9 万吨下降到 2010 年的 9.2 万吨，但 2011 年却激增到 19.3 万吨；二氧化硫（SO_2）排放量由 2000 年的 22.4 万吨下降到 2011 年的 9.8 万吨；空气质量二级及好于二级的天数由 2000 年的 177 天增加到 2011 年的 286 天，与 2010 年持平；区域环境噪声平均值，2000 年为 53.9 分贝，2010 年为 54.1，2011 年为 53.7，基本维持在 53 ~ 54 分贝的水平，说明北京区域环境噪声比较大，近十年来没有很大的改善；道路交通干线噪声平均值 2000 年为 71.0 分贝，后逐年有些降低，2010 年为 70.0 分贝，2011 年为 69.6 分贝，基本维持在 69 ~ 71 分贝的水平，说明北京道路交通干线的噪声平均值也比较大，近十年来没有很大的改善。

表 2　北京环境保护主要指标（2000 ~ 2011 年）

年份	可吸入颗粒物年日均值（毫克/立方米）	二氧化硫年日均值（毫克/立方米）	二氧化氮年日均值（毫克/立方米）	化学需氧量（COD）排放量（万吨）	二氧化硫（SO_2）排放量（万吨）	空气质量二级及好于二级的天数（天）	区域环境噪声平均值（分贝）	道路交通干线噪声平均值（分贝）
2000	0.162	0.071	0.071	17.9	22.4	177	53.9	71.0
2001	0.165	0.064	0.071	17.0	20.1	185	53.9	69.6
2002	0.166	0.067	0.076	15.3	19.2	203	53.5	69.5
2003	0.141	0.061	0.072	13.4	18.3	224	53.6	69.7
2004	0.149	0.055	0.071	13.0	19.1	229	53.8	69.6
2005	0.142	0.050	0.066	11.6	19.1	234	53.2	69.5
2006	0.161	0.053	0.066	11.0	17.6	241	53.9	69.7
2007	0.148	0.047	0.066	10.7	15.2	246	54.0	69.9
2008	0.122	0.036	0.049	10.1	12.3	274	53.6	69.6
2009	0.121	0.034	0.053	9.9	11.9	285	54.1	69.7
2010	0.121	0.032	0.057	9.2	11.5	286	54.1	70.0
2011	0.114	0.028	0.055	19.3	9.8	286	53.7	69.6

资料来源：《北京统计年鉴 2012》，中国统计出版社，2012。

从北京市三废排放情况来看工业废水排放量由 2008 年的 8367.22 万吨增长到 2011 年的 8634.12 万吨；化学需氧量（COD）排放量由 2008 年的 101264.3 吨增加到 2011 年的 193184 吨；二氧化硫排放量从 2008 年的 123214.2 吨下降到 2011 年的 97883 吨，烟尘排放量从 2008 年的 48330 吨增加到 2011 年的 65848 吨，工业粉尘排放量由 2008 年 15251.2 吨增长到 2011 年 29405 吨；工业固体废物产生量由 2008 年 1156.69 万吨减少到 2011 年 1125.59 万吨，略有下降（图5）。北京 PM2.5 爆表事件发生和多次发生的城市空气雾霾现象，表明北京环境污染较为严重，与世界宜居城市、生态绿色城市要求还相差甚远，转型的压力和挑战还很大。

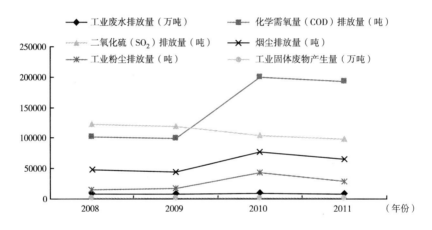

图5　北京三废排放情况比较（2008～2011年）

（三）城市绿化发展空间不足，绿地总量偏低

北京因人口集聚、城市建筑和交通用地不断扩张，城市绿化发展空间严重不足，绿地总量偏低，难以体现绿色、生态、自然的城市景观。受部门利益驱动，过分重视经济利益，而忽视了城市在生活、生态、生存等方面的宜居和绿色要求，忽视城市自然景观、清新空气、绿色低碳环境对市民工作、生活、学习的重要性，房子越建越多，越建越高，却没有很好的规划和严格限制，城市绿地越来越少、生活休闲空间越来越少，与世界城市的宜居性、生态性等要求越来越远。过分追求经济利益，会严重影响北京城市历史文化和生态环境的维

护与保存。受中央部委、央企、国企等机关部委、企事业单位的限制，北京城市规划和绿化建设难以很好地统筹协调，受建筑用地扩张的现状，北京市在城市绿化规划和建设过程中明显感觉力不从心，缺乏制约力和控制力。从整体上看，北京作为平原地区森林覆盖率较低，北京森林资源主要分布在山区，但山区森林质量不高，结构不尽合理，生态系统脆弱，功能不强。

（四）低碳技术创新激励不够，对城市转型与绿色发展的撬动作用没有显现

北京作为科技创新资源发达的城市，在技术、人才、信息等方面与全国其他城市相比较，具有绝对优势，但是在面向城市转型与绿色发展、低碳发展方面，却不能显现低碳技术创新的优势，低碳技术对城市能源消耗、环境治理的效应还没有充分显现，低碳技术创新激励不够，低碳技术的转化和应用对北京城市转型与绿色发展的撬动作用没有充分显现。一方面，北京在低碳技术创新方面，主要依靠的是政府临时拨款和科技投入，没有形成有效的低碳技术创新投入、转化、应用的系统化机制，重大低碳技术产业化应用没有得到推广，低碳技术在实现城市转型与绿色发展中的功能没有充分发挥。同时金融、风投等机构对低碳技术项目支持力度不够，CDM 机制的应用还不够广泛，社会影响力不够，难以形成全社会重视和参与低碳技术创新的良好氛围和环境，资金不足，创新不够，参与缺失，转化乏力，应用面窄，这些因素均影响了低碳技术创新和北京低碳创新系统的构建，进而制约了北京实现城市低碳转型与绿色发展。

（五）区域发展不平衡，城市转型统筹困难，高碳消费模式没有得到转变

北京尽管属于首都，但是核心城区与远郊区县、城乡结合部等之间的差距较大，无论在能源供给、产业发展、人口分布、基础设施、公共服务等方面均存在发展不平衡现象，贫富差距较大，其直接导致城市转型与绿色发展的利益统筹困难。核心城区追求经济利益，集聚了大量科技、信息、教育、医疗、行政等资源，这些资源受到部门利益的限制，难以分散和统筹协调到

其他区县，追求经济利益至上，必然会忽视城市环境和能源的承载力，忽视对城市转型与绿色发展的重视，结果是核心区绿色空间不足，交通过度拥堵、产业过分集聚、人口过于集中等现象难以得到根本性转变。北京面临长期目标与短期目标、经济目标与环境目标、中央服务目标与地方发展目标、核心城区与远郊区县等多对矛盾体，统筹协调这些方面的关系比较复杂和困难。北京实现城市转型与绿色发展，必然要求解决城市特别是落后区域的经济发展问题，而经济发展又要兼顾环境治理、民生改善、社会建设等多重目标，这些目标的统筹涉及利益的重新配置和协调问题。此外，社会改变传统的面子消费、奢侈浪费等高碳消费模式并不容易，开私家车炫富和满足体面生活的虚荣心理还普遍存在，而乘坐公交车和地铁却长时间等待、拥挤不堪、换乘疲惫进一步强化了购买私车的欲望，这些矛盾和问题的存在制约了城市转型与绿色发展。

三　政策建议：北京城市转型与绿色发展的路径选择

加快北京城市转型与绿色发展是北京建设世界城市、首善之区和"三个北京"、"五个之都"的重要战略选择，是基于全球的视野对城市经济社会发展格局的未来预期与价值定位，是中国走向世界前台后首都建设世界城市的全新目标与长远谋划，是"十二五"期间北京在新的起点上谋求更高层次的实现绿色、低碳、和谐发展的路径选择。具体而言，应树立一个目标，实施三个领域，建立两个保障体系，并选择有效的发展路径。

（一）北京城市转型与绿色发展的目标定位：提高生态绩效

北京城市转型与绿色发展要实现经济增长与自然资本消耗、福利改善的"双脱钩"，促进经济、社会、文化、自然环境的协同发展和共赢互惠，这是城市绿色发展的基本目标定位。有研究①将脱钩分为"绝对脱钩"与"相对脱

---

① 诸大建：《让经济增长与资源环境"脱钩"》，《文汇报》2006 年 9 月 5 日。

钩"，如图 6 所示①。在提高单位自然资本投入的经济产出的同时，以最低的资源和能源消耗获取最大的经济利益，即有效提高碳生产效率②，提高单位经济产出的质量、效益和社会福利，最终提高绿色发展绩效。提高生态绩效包括资源能源环境的生态绩效提升与民生改善、社会福利增长。结合北京城市转型与绿色发展的目标定位，以提高生态绩效为重要目标，应该由产业体系再造、城市空间重构和消费模式转变三个实施领域以及网络治理和低碳创新系统两个保障体系共同支撑，构建一个具有操作意义的城市转型与绿色发展的实施框架和推进路径。

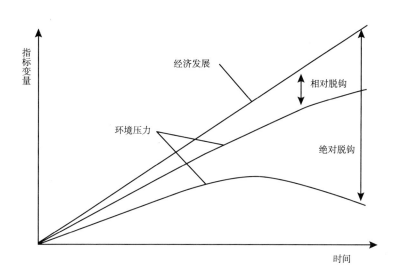

图 6　经济发展与环境压力的脱钩状态

（二）构建城市转型与绿色发展的三个实施领域

1. 构建绿色低碳产业体系

构建循环经济的产业体系和生态产业园区，实现资源再利用和生产系统循环利用的"资源—生产—废物—资源"的产业闭环结构体系。北京要大力培

---

① 黄海峰、李博：《北京经济发展中的"脱钩"转型分析》，《环境保护》2009 年第 2B 期。

② McKinsey Global Institute. "The carbon productivity challenge：curbing climate change and sustaining economic growth"［R］. McKinsey Climate Change Special Initiative，June 2008.

育低碳节能环保产业，增加可再生能源利用率，注重热泵技术的使用，对地热资源实行规模化开发，加大太阳能开发力度，积极发展风电产业，提高风能利用技术。大力发展服务经济，以服务业集群发展促进北京城市转型与绿色发展，提高服务业技术创新水平。大力发展总部经济，创新区域利益协调机制，优化和提升北京总部经济发展总量、层级和效益，深化北京核心区、远郊区县之间的经济联系、分工合作、资源集约、环境保护的互动协调。

2. 构建低碳城市空间布局

第一，实现多元化的城市空间布局。北京城市转型与绿色发展，需要加强城市空间布局的调控与治理，从资源整合的视角，应该加强构建多元化、多结构、多层次的城市空间布局，避免城市社会空间分异现象的发生。第二，构建城乡一体化的发展空间。加大城乡一体化的统筹协调发展，从广覆盖、多元化投入、多方参与等层面加大对城乡经济、社会、环境等多领域的建设力度，促进城乡统筹融合与一体化发展。第三，形成生态化的城市转型空间。以循环经济、绿色经济和生态经济等理论为基础，从城市运行系统的输入端、过程端和输出端三端入手加强控制，营造更加生态、低碳、绿色、宜居的城市环境。建立职住结合的生态化的城市建筑体系，转变传统的中央商务区（CBD）的城市空间布局，构建更加宜居、宜商、宜业的生态化的中央生活区（CLD）。

3. 构建绿色低碳消费模式

第一，转变传统消费模式。要转变消费理念、消费模式和消费文化，提高节约、节俭、生态、低碳、实用的生活观念和消费习惯，拒绝奢侈和浪费，建立与城市转型与绿色发展相适应的生产方式和消费模式。第二，提升消费效率。通过技术创新，提高资源能源利用水平，减少能源消耗水平和速度，通过技术进步实现消费效率提升。积极践行低碳消费理念，强化低碳消费的企业责任和公民个人的公共责任。第三，鼓励公众参与。鼓励公众参与低碳行动，包括低碳消费、绿色出行等生活的各个方面，多使用绿色包装、绿色用品和器具，多参与植树造林和城市绿化美化。特别要鼓励公众参与城市绿化建设，增加碳汇，鼓励社会公众参与植树造林，促进城市低碳转型与绿色发展。

（三）完善城市转型与绿色发展的两个保障措施

1. 构建公共治理网络体系

以政府为主导，构建多方协同治理的网络体系。基于新公共管理理论，城市转型需要发挥政府、企业、社会组织、公民个人多方面力量，形成以政府为主导、社会参与为动力的强大的综合治理模式。从制度层面融合多个主体的合作参与，构建政府（public）、企业（private）、社会公众（people）的公私合作的长效综合治理模式。构建城市绿色低碳发展的战略框架。城市低碳发展规划是进行城市转型与绿色发展、推进城市低碳发展模式的根本所在[①]。把城市转型与绿色发展模式纳入城市战略视野，明确城市转型与绿色发展的任务、重点和保障措施等，在产业结构调整、空间布局、低碳技术创新、公共服务平台和基础设施建设等方面为城市转型与绿色发展创造条件。公共治理网络体系的构建离不开完善的充分的功能强大的支撑条件的保障作用，主要包括完善基础设施建设、强化人力资源支撑、强化城市转型与绿色发展的财政金融支撑条件建设等。构建多元化的城市绿色发展投融资渠道和机制，积极利用 CDM 机制加快城市绿色发展。

2. 构建区域低碳创新系统

北京城市转型与绿色发展需要构建区域低碳创新系统作为重要保障。结合科学发展观、可持续发展、低碳经济和区域创新系统等理论，需要构建区域低碳创新系统[②]。加快北京城市转型与绿色发展，构建区域低碳创新系统，关键在于通过绿色能源技术和低碳减排技术的创新，以及由此而致的低碳产业结构调整、低碳制度创新以及人类消费观念的根本性转变，建设生态、低碳、宜居的首善之区和世界城市。第一，加强低碳技术创新和服务体系建设。无论是建设绿色城市、节约型城市还是发展循环经济，技术创新都是最为深厚的基础工程[③]。整合北京丰富的科技创新资源和科技优势，尽快布局和规划低碳技术创

① 楚春礼、鞠美庭、王雁南、王圆生：《中国城市低碳发展规划思路与技术框架探讨》，《生态经济》2011 年第 3 期。

② 陆小成：《基于区域低碳创新系统的生产性服务业集群模式研究》，知识产权出版社，2010。

③ 余文烈：《绿色城市、循环经济与技术创新》，《南方论丛》2006 年第 2 期。

新的重点项目,抢占未来经济竞争的制高点,加强相关创新服务体系的建设与完善。第二,加强制度层面的绿色低碳创新。强化清洁、低碳能源开发和利用的鼓励政策和制度安排,制定与可再生能源法相配套的法规和政策,加大对绿色低碳技术创新、低碳产业发展的制度引导和政策鼓励。第三,加快绿色交通建设,鼓励绿色出行,大力发展绿色建筑。第四,大力发展可再生能源,加强能源消耗结构转型,促进低碳科技资源整合,构建首都区域低碳创新系统。以低碳技术创新、低碳制度创新为动力,大力发展可再生能源,降低和减少对传统高碳型、外输入能源的依赖,提高能源利用效率,减少碳排放。加强低碳科技资源整合,加强北京与河北、天津等周边省市区的合作,健全区域低碳创新联盟机制,构建首都区域低碳创新系统,加强低碳创新领域的跨区域和国际合作,构建北京绿色、低碳的世界城市形象,促进北京城市转型与绿色发展。

参考文献

McKinsey Global Institute. The carbon productivity challenge:curbing climate change and sustaining economic growth[R]. McKinsey Climate Change Special Initiative,June 2008.

楚春礼、鞠美庭、王雁南、王圆生:《中国城市低碳发展规划思路与技术框架探讨》,《生态经济》2011年第3期。

顾丽娟:《低碳城市:中国城市化发展的新思路》,《未来与发展》2010年第3期。

刘玉、冯健:《创意北京发展:经济、社会和空间转型》,《城市发展研究》2008年第6期。

陆小成:《区域低碳创新系统:综合评价与政策研究》,中国书籍出版社,2012。

陆小成:《基于区域低碳创新系统的生产性服务业集群模式研究》,知识产权出版社,2010。

陆小成:《区域低碳创新系统理论与实践研究——基于全球气候变化的思考》,中国文史出版社,2011。

吴宗杰、李亮、王景新:《我国资源型城市低碳转型途径探讨》,《山东理工大学学报》2010年第6期。

余文烈:《绿色城市、循环经济与技术创新》,《南方论丛》2006年第2期。

北京市统计局:《北京统计年鉴2012》,中国统计出版社,2012。

Research on the Main Obstacles and Path Choices of City Transformation and Green Development in Beijing

Lu Xiaocheng

Abstract: City transformation and green development, as the important carrier of the energy-saving emission reduction and transformation of the mode of economic development in Beijing, are the organic union of economical development and environmental protection, to create the new pattern of development of the low-carbon, ecological livable city. In the city transformation and green development, Beijing still exist main obstacles such as high carbon energy structure, environmental pollution, insuiffient low carbon innovation incentive. To accelerate city transformation and green development, Beijing should improve ecological performance as an important target, formed by three implementation of the industrial system reconstruction, reconstruction of city space and the change with consumptive pattern, and two system common support of the network management and the low carbon innovation system, constructing an operation significance of the implement frame and a forward path.

Key Words: City Transformation; Green Development; World City; Beijing Obstacles; Path Choices

B.27

对中国低碳发展的思考

吴向阳[*]

摘 要:

中国经济持续增长的同时碳排放也迅猛增长,"十二五"减排目标面临较大压力。当前低碳发展存在认识问题、政策不完善、资金缺口、能力不足等问题,建议建立长期减排预期、发展碳交易等市场手段、完善补贴激励政策、发展绿色金融、建立可再生能源配额制度等。

关键词:

节能减排 低碳发展 温室气体

引 言

最近几年,中国经济并没有像西方国家那样受到金融危机的拖累,而是继续快速增长,为世界经济增长做出了贡献。但是,温室气体排放也呈快速增长态势。根据 BP 石油公司估计,2010 年中国一次能源消费量超过美国,全球第一,达到 24.32 亿吨标准油[①],人均 1.82 吨油当量,超过世界平均的 1.74 吨油当量。按照 IEA 的统计,中国人均二氧化碳的排放量从 2007 年开始就超过了世界平均水平。作为负责任的大国,在哥本哈根世界气候大会上,中国高姿态承诺,到 2020 年中国单位国内生产总值二氧化碳排放比 2005 年下降 40% 到 45% 。

在中国"十一五"基本完成减排目标之后,中国政府又确定了"十二五"

---

[*] 吴向阳,北京市社会科学院管理所,副研究员,主要研究领域:环境经济学。

[①] 1 标准油 = 1.4286 标准煤。中国官方数据是 32.5 亿吨标准煤。

期间的碳强度约束性指标，即 2015 年单位 GDP 能耗降低 16%，单位 GDP 二氧化碳排放降低 17%[①]。为了实现这个目标，国家发改委 2010 年决定实施"五省八市"低碳省区和低碳城市试点。鼓励这些地区制定低碳绿色发展政策，积极探索有利于节能减排和低碳产业发展的体制机制，探索有效的政府引导和经济激励政策，研究运用市场机制推动控制温室气体排放目标的落实。

2011 年是"十二五"规划的开局之年，2012 年理应步入正轨，承上启下。然而，从节能目标完成情况看，形势异常严峻。2011 年原定 GDP 能耗下降目标为 3.5%，实际前三季度仅降低 1.6%，最终全年只下降了 2.01%。非化石能源（水电、风电、太阳能、生物质能等）占一次能源消费总量的比重，不升反降，由 2010 年的 8.6% 下降至 2011 年 8% 左右，距离年均增长 3.1% 的目标更相距甚远。综合这两项指标可以推断，单位 GDP 二氧化碳排放目标也不可能完成。2011 年国民经济与社会发展统计公报显示，全国能源消费总量 34.8 亿吨标准煤，比上年增长 7.0%。同比增长 2.3 亿吨标煤，是自 2004 年以来中国能源消费增量最多的一年，远远超过"十二五"合理控制能源消费总量目标预期的年增量。能源弹性系数 0.76，创 2006 年以来的新高，电力、煤炭弹性系数均超过 1。

2011 年未完成的目标必然加大后续工作的压力，节能形势十分严峻。发改委加大了工作力度，不仅年初确定 2012 年单位 GDP 能耗下降 3.5% 以上的节能目标，2012 年 7 月还对各地节能形势进行了预测分析，印发了 1～5 月份各地区节能目标完成情况的晴雨表。内蒙古、辽宁、广西、甘肃等 4 个省区亮起了二级预警的黄灯，表示节能形势比较严峻，海南、青海、宁夏、新疆等 4 个省区亮起了一级预警的红灯，表示节能形势十分严峻。

一 中国碳排放现状与节能减碳成效

处于快速城市化与工业化阶段的中国，碳排放量也快速增长。同时中国也在采取措施，努力降低碳排放强度，节能减碳取得了一定的效果。

[①] 国务院：《国民经济和社会发展第十二个五年规划纲要》，http：//news. xinhuanet. com/politics/ 2011－03/16/c_ 121193916. htm。

改革开放 30 多年来，中国经济发展保持年均约 10% 的增长速度，综合国力和人民生活水平不断提升。按中国统计局的数据，2010 年中国国内生产总值（GDP）397983 亿元约合 6.04 万亿美元，同年，中国一次能源消耗总量超过美国，成为全球第一（图 1）。

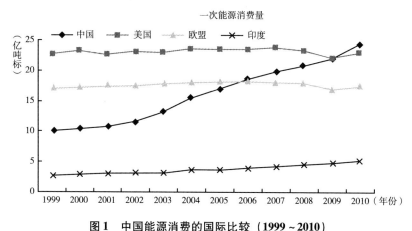

图 1   中国能源消费的国际比较（1999～2010）

资料来源：世界银行数据库（http：//data. worldbank. org）

中国的能源禀赋是煤炭为主，约占七成。能源消费量的不断上升，温室气体的排放也必然同步上升。根据 IEA 的数据，中国人均二氧化碳排放量从 2002 年开始显著上升，目前已达 5.14 吨，超过世界平均水平 4.29 吨（2009）。排放总量超过 80 亿吨。尽管在具体上数值上与国内统计存在一些差异，但相同的事实是：中国温室气体总量与人均都在迅速增加。

中国一直注重环境保护和节能减排，在气候变化成为国际环境问题后，把节能减排放到更突出的地位。中国政府已经把节能减排当作中国转变经济增长方式、实现科学发展的重要着力点。通过完善法规标准、加大问责力度、淘汰落后产能、实施重点工程、推动技术进步、强化政策激励、加强监督管理以及开展全民行动等措施，"十一五"期间，全国单位 GDP 能耗下降 19.1%，能源消费弹性系数由"十五"时期的 1.04 下降到 0.59，减少二氧化碳排放 14.6 亿吨[①]。但

---

① 国家发展改革委员会：《节能减排取得显著成果——"十一五"节能减排回顾之一》，http：//fgs. ndrc. gov. cn/gzdt/t20110929_ 436501. htm。

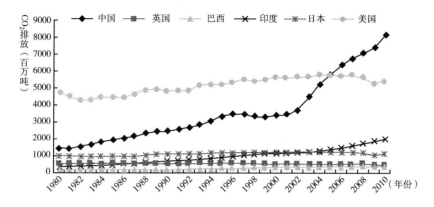

图2　中国 CO_2 排放总量的国际比较（1980～2010）

数据来源：http：//cdiac.ornl.gov/。

是，中国的单位 GDP 能源强度仍然偏高，与美国、欧盟，以至于印度和巴西都还有很大的差距。

二　中国低碳发展和节能减排面临的问题与挑战

从"十一五"到 2011 年的节能减排中，我们发现减排难度越来越大。一方面客观上，中国正处于工业化、城市化加速发展的特殊阶段，减少贫困和发展经济的任务繁重，大规模基础设施对能源密集型产品的需求旺盛，经济结构调整空间有限，加之能源结构以煤炭为主难以根本改变，造成随经济增长能源消费和排放增长过快。另一方面，也存在主观认识不到位、政策不完善、资金缺乏、技术不足、能力欠缺等问题。

（一）认识障碍

地方政府认识不到减排的重要性，过分追求经济增长。温室气体所造成的气候变化是全球性的，一些地方官员认为某个地区减少或增加碳排放对全球影响甚微，花大成本减排是得不偿失的。还有些官员对气候变化的科学性表示怀疑。长期以来，中国没有建立起科学合理的核算体系，总是片面地用 GDP 来衡量国家和地方的发展，以此考核地方政府和官员的政绩，造成地方政府只重

视经济发展，忽视环境资源的保护。

企业的低碳意识有待加强。目前，节能减排和低碳发展还没有成为绝大多数企业的自觉行动。节能减排和低碳发展对企业而言，往往意味着设备和技术的改造，投入的增加，管理环节的增加，即使节能减排项目具有很强的社会效益和一定的长期效益，但在开发初期投资大，即期经济效益不确定，投资存在一定风险。因而企业没有节能减排的内在动力。

公众对节能减排的认识不深入。节能减排需要政府、企业和社会公众的共同参与。绿色低碳环保理念还没有成为公众的价值观念，不能把环保理念化为行动。调查还显示，多数（78%）公众把治理环境的责任寄托在政府身上，企业与商家也是公众期望的责任主体，就是没有把自己作为责任主体。这就是公众在节能减排、环保上的现实。

（二）政策不完善

1. 政策工具偏颇：节能减排过于依赖行政手段

在中国，政府一直是节能减排最主要的推动力量，而在政府的推动中，行政力量从来都是首要的手段，其中，最常用的两个手段就是：财政资金投入、立法及依法进行微观规制。不可否认，政府作为节能减排的社会主体具有权威性和较强的行动能力，政府的直接规制和行政干预手段对节能减排能起到立竿见影的作用。但是政府的行政手段具有不可避免的弊端。首先，行政手段具有不可持续性。其次，在节能减排目标实施过程中，政府行政命令的结果往往是"一刀切"、前松后紧、临时突击、治标不治本等。第三，行政命令是对市场经济的扭曲，错配了资源要素，使减排成本低的企业不能尽最大限度减排，使减排成本高的企业付出更高的边际成本。

2. 政策时间周期不平衡：缺乏长期稳定可预期的激励政策

没有长期稳定可预期的激励政策，也是中国节能减排政策的一个致命弱点。政策多变朝令夕改的情况时有发生，特别是对节能减排的技术研发没有明确的优惠时间和明确的优惠幅度。比如对风能发电的鼓励政策很快由于风电"一窝蜂"上马而转为限制政策，最早投资风电的企业就会面临亏损。早期开展的电力行业二氧化硫交易试点不成功的原因之一就是因为企业对未来政策预期不确定，而不愿意出售排放指标，造成市场没有供给方。

没有远期的全国减排图景，影响企业中长期的战略规划，不能给企业未来的减排力度、减排方向等预期，企业没有决心参与减排。

3. 政策对象偏颇：缺乏针对居民的节能减排制度

前面的提到的政策，无论是行政手段，还是财税激励手段，都主要是针对企业的，针对居民的节能减排激励政策非常少，多停留在口头宣传层面上。例如，我们还没有建立居民节能减排统计制度，还没有可操作的居民节电节水奖励制度。中国拥有 13 亿人，如果能积极节能减排，每人每天的节能和减排量非常巨大。按由科技部组织专家编写的《全民节能减排实用手册》计算的结果，如果大家都积极参与，36 项日常生活行为的年节能总量约为 7700 万吨标准煤，可减少大量的二氧化硫和 COD（化学需氧量）排放，相应减少二氧化碳约 2 亿吨[①]，经济、社会和环境效益显著。

（三）资金障碍

"十二五"期间，中国节能减排资金需求约达 5 万~6 万亿元，破除资金障碍非常迫切。

1. 从资金供给方看，节能减排资金来源渠道单一

目前的节能减排的投资除来源于政府渠道外，主要是依靠企业自有资金和银行贷款，其他资金来源少。以钢铁行业为例，"十一五"节能减排投资 60% 都来源于此，但在下一个五年计划中将难以为继。为什么融资渠道少，一方面是因为中国资本市场发育不良，另一方面是因为低碳和节能减排的投资效益缺乏专业性的评估和判断，社会资金是以获利为目的的，当缺乏碳定价时，节能减排项目的投资收益就无法确定，投资风险无法得到可预期的回报。

2. 从资金的需求方看，节能减排项目融资困难

在中国，90% 以上的能效项目都需要通过金融机构进行融资。而现行的节能减排鼓励政策大都是针对耗能企业的，缺乏对金融系统的激励。[②] 碳金融、

[①] 科学技术部社会发展科技司等：《全民节能减排实用手册》，社会科学文献出版社，2007。

[②] 《发行"碳券"突破节能减排投融资障碍》，http：//news.163.com/09/1222/13/5R52T923000120GU.html。

绿色信贷在中国还没有起步。融资困难对于中小企业尤其明显。按市场化运作的银行一般不愿意把资金借贷给中小企业。另一方面，财政资金也难以流入中小企业，更乐于向有规模的大型国有企业和央企投资。

（四）技术障碍

1. 节能减排技术信息服务缺乏

由于技术市场的信息不对称和技术服务不到位，企业的技术选择困难。各种节能产品的节能效果、技术适用性等缺乏专业的节能技术鉴别人员和机构，技术鱼目混杂，企业很难获得权威的信息，很难从市场中选择适合自身的节能减排技术。节能咨询服务、能源审计力量不足。中国节能咨询服务往往成立时间较短，人员配置较少，能力还不到位。

2. 低碳技术研发和推广力度不足

总体而言，中国能源利用效率比国际先进水平低10%左右，只利用了能量的33%，单位 GDP 能耗是世界平均水平的 3 倍,[1] 这可以说明，中国的节能减排技术还处于较低水平，中国的节能减排技术研发和推广还有许多亟待改进的地方。例如节能技术服务市场还没有成型，节能服务公司的数量与技术很不足，节能技术信息服务网络还不发达，项目服务机制还不完善，等等。

（五）能力障碍

温室气体统计和核算、能源统计与监测是节能减排最基础性数据来源，是决策的依据，必须准确可靠。但中国目前的能源统计力量还很薄弱，难以适应当前节能减碳的工作需要。要监测核算碳排放量，就要统计企业使用的能源数量、品种、排放因子，这些基础统计数据我们非常残缺，碳核算无法进行。另外，我们还没有温室气体的统计、报告、披露的制度设计。

行业能源统计数据不全。统计部门对县级及以下，非规模以上工业企业没有进行有效的能源统计。不仅如此，中国的能源统计目前只涉及能源生产和消费领域，对能源流通统计的具体办法还处于真空状态。第三产业涉及范围广

---

① 《加快我国节能减排技术的研发和推广》，http：//www. china. com. cn/xxsb/。

泛，单位数量众多，耗能相当大。而中国对第三产业的节能减排政策、制度和统计还处于空白。

三 中国低碳发展和节能减排的对策思考

综上所述，"十二五"节能工作开局不利，阻碍节能工作深化，无论是客观原因还是主观原因，归根到底是粗放型的经济发展方式没有根本转变。实现"十二五"节能目标，必须加速推进绿色低碳转型，建立健全促进节能的法律和政策体系，形成长效机制。

（一）建立全社会对节能减排目标的长期预期

长期目标和定期评估机制有利于建立全社会对节能减排的长期预期，及早采取行动。英国在世界上率先通过立法制定了清晰连贯的中长期目标，到2050 年温室气体要减排 80%，同时建立了每 5 年一个周期的碳预算目标，每年进行政策进展的评估。中国的温室气体减排目标和节能减排目标仍然是 5 年制定一次，2020 年的目标非常模糊和具有弹性。对于 2050 年的排放量要达到何种水平、何时达到排放峰值这些问题没有给公众以明确的目标。由于没有明确的中长期目标，企业对未来的节能减排政策的松紧程度具有不可预期性，企业无法决定其减排的努力程度。

尽管在现阶段，中国在复杂的国际气候谈判中，受到日益强大的国际压力，未来的减排目标具有一定的敏感性和一定的不可预知性，但绿色低碳发展之路既是国际大趋势也是中国的必然选择。建议尽早通过相关立法，并制定相应的国家战略和中长期规划，明确绿色低碳发展的长期愿景。

（二）尽快建立碳交易市场，让市场机制发现碳价格

目前节能减排工作中存在的一个突出问题是政府参与过深、责任过重，而市场作用发挥则相对不足。在未来五年的节能减排工作中，政府必须从一手包办中解脱出来，制定规则，减少行政干预，更好地发挥市场机制的作用。

碳市场能发现碳价格，是破解当前中国节能减排众多难题的最有效的突破

口，也是下一步工作开展的重要抓手。碳市场能推动各种减排资源的优化配置，有利于整体经济效率的提高。与此同时，碳交易市场的建立还可以调动起地区和企业开展节能减排的积极性，鼓励企业进行相关的技术创新和投资，形成相应的低碳产业，使得节能减排成为各地经济乃至全国经济增长的新动力。应在省级层面上开展碳交易试点的基础上，尽快建立区域性乃至全国性碳市场。碳排放权交易属于"虚拟"资产市场，只有涵盖区域范围足够大，买卖双方的参与者足够多，市场的流通性才能好，市场定价的权威性才能高，市场机制的有效性和优势才能发挥。

（三）优化节能补贴的激励制度

政府节能补贴激励机制是深化节能工作的必要手段。应按照"目标明确、公平公正、整合资金、突出重点、完善机制"的思路设计和稳步推进。改变只针对大企业节能项目的事前直接补贴，实行事后"以奖代补"，改变补偿性质的固定补贴，根据节能成效实行浮动补贴。在补贴激励政策的设计中应考虑给予消费者（顾客）一定的购买刺激，引导"绿色消费"，以扩大清洁节能产品的需求市场。政府实施绿色采购，给予节能减排相关产品一定的市场，"绿化"政府的消费行为。在建立碳交易市场的基础上，可把部分资金用于碳价格的保护和支持，使所有参与交易的企业都受益。此外，公共财政资金的补贴，还应更多投向低碳技术和产品的研发、示范和商业化，鼓励第三方机构在节能服务产业的发展，完善统计、监测、评估体系能力建设等。发达国家的经验还表明，公共资金建立的基金，建立"公私伙伴关系"（PPP）进行市场化运作，不仅提高财政资金的使用效率，还产生"杠杆效应"，有利于带动更多私营部门投资。

（四）发展绿色信贷，培育碳金融市场

绿色信贷（Green Credit），源于国际上公认的赤道原则（Equator Principles，EPs），是指商业银行和政策性银行等金融机构在提供项目信贷融资活动时，依据不同项目的环境风险，实行差别利率待遇，或者禁止发放贷款，从而引导信贷资金流入环境友好型及资源节约型的项目，并从对环境不利

的项目中适当退出，实现资金的"绿色配置"，促进经济社会环境的可持续发展。

目前金融体系对不符合产业政策和环境违法的企业和项目进行信贷控制工作开展较好，但在鼓励金融企业向节能低碳项目提供信贷支持方面还需要加强。绿色低碳产业的发展，需要大力培育碳金融市场。应逐步制定科学的、可操作性强的绿色信贷标准体系，提高环境信息的充分性、及时性和有效性，建立有效的环境信息收集、披露和共享机制；加强金融部门与发改委、环保局等的政府部门在节能减排方面的信息共享机制；鼓励多种金融机构积极参与碳金融市场的直接投融资业务，包括鼓励节能减排技术研发、推广、应用的中小企业到中小板与创业板的上市融资；鼓励风险基金投资低碳产业；鼓励碳基金和碳金融债券的发行；鼓励开发碳交易保险，等等①。

（五）建立可再生能源配额制度

许多发达国家都有可再生能源配额制度，对鼓励可再生能源的开发利用发挥了积极作用。可再生能源义务（The Renewables Obligation，RO）是英国政府支持可再生能源发电的主要机制。自 2002 年推出可再生能源义务以来，它已成功使可再生电力水平提高了三倍多（英国的总供电量比例从 1.8% 提高到了 2009 年的 6.7%）。中国《可再生能源电力配额管理办法》已起草完成进入征求意见的过程中，建议能尽快出台管理办法并组织实施。在启动配额制的同时，还要完善配额制政策相关规则，建立配额交易制度，明确相关管理机构职责，定期对配额制度进行评估，完善修改配额分配和管理制度。

参考文献

赵书新：《节能减排政府补贴激励政策设计的机理研究》，北京交通大学学位论文，2011。

---

① 谢太峰、吴一凡：《我国碳金融发展面临的困境及出路》，《金融理论与实践》2011 年第 2 期。

高良谋、谭姝：《节能减排的政府主导机制及存在的问题》，《辽宁师范大学学报》（社会科学版）2008 年第 6 期。

吴向阳：《北京：低碳城市的路径选择》，《北京公共服务发展报告（2010～2011）》，社科文献出版社，2010。

国家发展改革委环资司：《"十一五"节能减排回顾（之一）》，《中国经贸导刊》2011 年第 6 期。

谢太峰、吴一凡：《我国碳金融发展面临的困境及出路》，《金融理论与实践》2011 年第 2 期。

吴向阳：《对北京市城市生活垃圾资源化的思考》，《北京公共服务发展报告（2011～2012)》，社科文献出版社，2012。

Considerations on China Low-carbon Development

Wu Xiangyang

Abstract：Rapid development of Chinese economy leads to its high carbon emission. It is a huge mitigation challenge in the 12th Five-year Plan. The problems of low-carbon development in China include unawareness of the important of mitigation, imperfectness of carbon policies, Financing Gaps and lack of capacity. Some suggestions are to set up long-term expectation on emission reduction, to develop market-based policies such as ETS, to improve subsidy policy, to formulate green credit and to establish renewables obligation.

Key Words：Energy Saving and Emission Reduction；Low-carbon Development；Greenhouse Gas（GHG）

法 律 声 明